Karl Zimmermann

Onkel Sam

Amerikanische Reise- und Kulturbilder

weitsuechtig

Karl Zimmermann

Onkel Sam

Amerikanische Reise- und Kulturbilder

ISBN/EAN: 9783956560644

Auflage: 1

Erscheinungsjahr: 2013

Erscheinungsort: Bremen, Deutschland

weitsuechtig

Onkel Sam

Amerikanische
Reise- und Kulturbilder

Von

Karl Zimmermann

Travel is the great source
of true wisdom.

Lord Beaconsfield.

Inhalt.

Vorwort zur ersten Auflage.

Die während meines erstmaligen mehrjährigen Aufenthaltes in Nordamerika von mir gemachten Erfahrungen und Beobachtungen ließen mich erkennen, daß das Gros der Schriften über genanntes Gebiet keineswegs die dortigen Verhältnisse der Wirklichkeit entsprechend schilderte und daß sowohl die amerikanischen wie außeramerikanischen Autoren von den dortigen Zuständen ein Bild entwarfen, das geeignet war, falsche Auffassungen über die amerikanischen Verhältnisse zu erzeugen. Die Beobachtungen, die ich während meiner zweiten Amerikareise machte, bestätigten diese Wahrnehmung, nur fand ich diesmal aus, daß die Darlegungen in dem Maße noch mehr schönfärberisch gehalten waren, als in der Zwischenzeit die Verhältnisse im ganzen einen Rückgang erfahren hatten.

Während der Verfasser in vorliegender Schrift bemüht war, Onkel Sams Land und Leute in Form einer Darstellung dem Leser vorzuführen, wie sie der Niederschlag eines unparteiisch urteilenden Beobachters ist, hat er nicht verfehlt, in derselben die dort überaus stark vertretene deutsche Nationalität daran zu erinnern, daß eine engere Zusammenschließung ihrer Vertreter zur Erhaltung und Förderung ihrer überkommenen Sprache, Sitten und Anschauungen äußerst dienlich wäre und daß das Deutschtum in Nordamerika nach einer erfolgreichen Organisation nicht mehr wie bisher gezwungen wäre, seine nationalen Eigentümlichkeiten mit fremdländischen zu vertauschen.

Mannheim, im Juni 1904.

Der Verfasser.

Vorwort zur zweiten Auflage.

Die unverhältnismäßig große Nachfrage nach der ersten starken Auflage, welche einen Neudruck notwendig machte, ist dem Verfasser ein Beweis, daß seine aus eigener Beobachtung und Erfahrung geschöpften kritischen Darlegungen des amerikanischen Lebens unter dem Deutsch redenden Publikum das regste Interesse gefunden haben.

Das Buch, das in seiner Grundtendenz einen Appell an das Deutschtum Nordamerikas enthält, erscheint in seiner Neuauflage unverändert und möchte sich wiederum an alle diejenigen wenden, die den hohen Wert zu schätzen wissen, den die Erhaltung und Verbreitung deutschen Wesens und deutscher Sitten sowohl für das dorten ansässig gewordene wie für das Deutschtum im Heimatlande besitzt.

Mannheim, im September 1904.

Der Verfasser.

Erstes Kapitel.

Von Neuyork nach San Francisco.

Eine Landreise von annähernd 6000 km, wenn sie nicht ausschließlich durch Wüstengebiete führt, wird wegen der fortgesetzt wechselnden Eindrücke unser Interesse jederzeit mächtig anregen und in unserem Geiste bleibende Erinnerungen hinterlassen. Findet eine solche Reise zum ersten Male und daher durch völlig unbekannte Gegenden statt, so wird das Interesse am höchsten gesteigert und der Eindruck am nachhaltigsten sein.

* * *

Eine Reise von Neuyork nach San Francisco, also vom Atlantischen zum Stillen Ozean, ist vorwiegend im Hinblick auf den großen Wechsel interessant, den der Reisende in bezug auf die geographischen und Produktionsunterschiede wahrnimmt. Der Weg führt ihn durch die verschiedensten geographischen Zonen, wie Flach- und Tiefländer, Hochplateau und Gebirge; ebenso beobachtet er auf seinem Wege Kulturländereien, dürftige Prärien und Wüstengebiete. In klimatischer Beziehung hingegen sind die Unterschiedsmerkmale zwischen Ost und West nicht sehr bedeutend, nur Kalifornien, Oregon und Washington, die sich als mäßig breite Landstreifen entlang dem Westrande der Felsengebirge hinziehen, bilden mit ihrem sehr gemäßigten, nahezu stationären Klima eine Ausnahme. Die übrigen Teile der nördlichen Hälfte des amerikanischen Kontinents zeigen gleiche Merkmale in Betracht des großen Gegensatzes von Winter- und Sommertemperaturen, während hingegen die Produktionsverhältnisse sehr verschieden sind, wie sie eben durch die Differenzen in Ackerbaugebieten, Prärieländereien und Gebirgsregionen bedingt werden.

* * *

Da eine Ozeanreise ermüdend auf Körper und Geist wirkt, was neben anderen Ursachen dem Mangel an wechselnden Bildern und Eindrücken zuzuschreiben ist, so ist es für den Reisenden äußerst wohltuend, wann er festen Boden unter seinen Füßen fühlt und er wieder mehr Herr seiner Situation ist. Die physischen und geistigen Kräfte, die durch die Monotonie der Seereise abgespannt wurden, erhalten neuen Impuls und die Stimmung wird zuversichtlicher. Zählt der Reisende zu jenen Personen, die sich in fremden Landen eine neue Heimat zu gründen gedenken, so wird ihn die Ungewißheit des Schicksals vorerst wenig beunruhigen, da er sich der Schwierigkeiten, die ihm bevorstehen können, nicht bewußt ist. Er ist froh, die Gefahr, die eine Seereise in sich birgt, überstanden und das Ziel seiner nächsten Wünsche und Hoffnungen erreicht zu haben.

* * *

Neuyork[1] ist die große Ablagerungsstätte für diejenigen Bevölkerungselemente, die unter dem Gesamtbegriff „Einwanderer" (immigrants) oder Auswanderer (emigrants) figurieren. Die übrigen nordamerikanischen Einwanderungsplätze, wie Boston in Massachusetts, Baltimore in Maryland, Charleston in Süd-Karolina, Neuorleans in Louisiana und Galveston in Texas nehmen nur einen geringen Prozentsatz des Einwanderungsstromes auf, der jährlich über Nordamerika sich ergießt. Die Masse der Einwanderer landet in Neuyork. Doch nur einen Teil dieser Fremden (foreigners) hält die Weltstadt auf Manhattan Island in ihrem Schoße fest, die überwiegende Mehrheit zerstreut sich bald nach ihrer Ankunft nach allen Richtungen der

Windrose, um ihre entweder bereits zuvor oder erst bei ihrer Landung gefaßten Pläne bezüglich ihrer Niederlassung zur Ausführung zu bringen.[2]

* *
*

Ehe wir unsere große Reise nach dem Westen fortsetzen, machen wir für einige Tage in Neuyork Rast, um das Leben und Treiben einer Großstadt in einem fremdem Weltteil, wenigstens soweit es sich auf seiner Oberfläche zeigt, kennen zu lernen.

Was dem neuen Beobachter in Neuyork am meisten auffällig erscheint, das ist der internationale Charakter der Bevölkerung. Die meisten auf dem Erdball bestehenden Rassen, sowie die unter diesen höheren Begriff fallenden Nationalitäten, haben hier sozusagen ihr gemeinschaftliches Rendezvous, und das auf einem Raum von beschränktem Umfange. Chinesen und Japaner als Repräsentanten der mongolischen, Schwarze als solche der Neger oder äthiopischen, Indianer als solche der indianischen oder amerikanischen, Europäer oder Abkömmlinge derselben als solche der kaukasischen Rasse tauchen auf der Bildfläche auf. Von Europa sind so ziemlich sämtliche Nationalitäten vertreten: Deutsche, Irländer, Engländer, Franzosen, Italiener, Spanier, Schweden, Dänen, Polen, Czechen, Russen, Türken und Griechen. Während die Chinesen und zum Teil auch die Japaner durch ihre sonderbar gebildete Kopfform, ebenso durch ihre seltsame Haartracht und Kleidung, die Neger und Indianer durch ihre Hautfarbe dem Fremden leicht erfaßliche Unterscheidungsmerkmale bieten, wird er bei der Feststellung der verschiedenen Nationalitäten Europas anfänglich auf gewisse Schwierigkeiten stoßen und erst bei längerem Verweilen in diesem Völkergewimmel wird es ihm gelingen, die charakteristischen Merkmale der einzelnen Nationalitäten und damit auch ihre Stammesangehörigkeit herausfinden. Naturgemäß sind in diesem Menschengewimmel auch Sprache, Sitten und Anschauungen höchst verschieden. Es läßt sich jedoch leicht die Wahrnehmung machen, daß die beiden letztgenannten fundamentalen Verhältnisse im Menschenleben, nämlich die überkommenen Sitten und Anschauungen, bald durch die neuen Verhältnisse stark beeinflußt werden und daß es dem Neuling schwer fällt, auf die Dauer seine überkommene Eigenart im Denken, Fühlen und Handeln zu behaupten. In Rücksicht der Sprache sehen wir, wie zwar der einzelne bestrebt ist, an seiner Muttersprache festzuhalten, daß aber Umstände und Verhältnisse mächtiger sind als seine Herzenswünsche und er, wie die Verhältnisse liegen, sich veranlaßt sehen wird, der in Nordamerika am meisten gesprochenen Sprache, nämlich der englischen, seine Aufmerksamkeit zu widmen.

Unter den verschiedenartigen Typen, die uns in der Weltstadt Neuyork begegnen, besitzt der Volkstypus des Yankee die größte geographische Verbreitung und den ausgedehntesten Einfluß innerhalb der früher oder später von Europa aus in Nordamerika ansässig gewordenen Bevölkerungsteile. Der Yankee ist der wahre Typus oder das Urbild des Amerikanertums; in ihm finden sich alle Merkmale dieser amerikanischen Rasse, die guten wie die schlechten, am ausgesprochensten vor, und da er im öffentlichen Leben die einflußreichste Machtstellung einnimmt, so drückt er auch dem Charakter des Gesamtlebens seinen eigentümlichen Stempel auf. Dieser eigenartige amerikanische Typus läßt sich von anderen Volkstypen mit leichter Mühe unterscheiden. Wer diese Menschenrasse einige Zeit beobachtet, wird bald auf die Rassenmerkmale aufmerksam werden, die sie von anderen unterscheiden. Der Yankee verrät in seinem Wesen, seinem hastigen Gang und unruhigen Haltung jenes Naturell, wie es Menschen, die fortgesetzt mit neuen Plänen und Projekten sich beschäftigen, eigentümlich ist. Sein Blick ist unsicher, seine Gesichtszüge hager und eingefallen, seine Haltung steif und eckig; eine schwach übertünchte Höflichkeit und geschmeidiger Sinn ist ihm eigen. Mit einer völligen Unempfindsamkeit und Verständnislosigkeit gegen alle Ideale verbindet er eine alles Gemüt tötende und auch das Geistesleben in nachteiligem Sinne stark beeinflussende Habsucht und Erwerbsgier; sein Herz trachtet allein und hängt allein am Golde. Eigentümlich ist diesem Typus noch seine Skrupellosigkeit und Verwegenheit in geschäftlichen Unternehmungen, der Mangel an fester Charakterbildung, sowie seine Nachgiebigkeit und Schwächen dem weiblichen Geschlechte gegenüber. Diesen eigentümlichen Typus wird der Fremde bald herausfinden und ihn von anderen Volkstypen zu trennen wissen.

Es ist natürlich, daß jeder Eingewanderte für seine Landsleute, die er beobachtet, ein gewisses Interesse, das im Gefühl und in seiner Anhänglichkeit zu der Heimat wurzelt, hegt und auch bestrebt sein wird, irgendwelche diesbezügliche Anknüpfungspunkte, die seinem Interesse dienlich wären, zu suchen. Er wird indessen aus diesen Annäherungsversuchen nicht immer den Vorteil finden, den er erhoffte und bald lernen, daß es besser in fremden Landen ist, auf sich selbst zu vertrauen und sein Interesse selbst zu wahren, als es anderen, seien es auch Angehörige seiner Rasse, anzuvertrauen.[3]

Neuyork ist der große Ankerplatz für die überseeische Schiffahrt und der große Stapelplatz für den ausländischen Import und den inländischen Export. Ein Gang entlang des Hudson oder North River und des East River führt uns an den Pieren vorüber, wo europäische, zentral- und südamerikanische Schiffe ankern und ihre Ladung löschen und Gegenstände oder Artikel der nordamerikanischen Produktion an Bord nehmen. In der Nähe dieser die Stadt wie ein Gürtel umschließenden Anker- und Stapelplätze liegen die großen industriellen Etablissements (factories), und vor allem entwickelt sich hier, wie naturgemäß, der Großhandel und der Zwischenhandel. In diesem unteren Teile der Stadt (down town) findet sich auch die größte Anzahl der Bank-, Börsen- und Versicherungsgeschäfte, daneben Agenturen und Kommissionsgeschäfte als Vermittlungsgeschäfte zwischen Produzenten und Konsumenten. Je mehr man sich von den unteren Teilen der Stadt Neuyork, die den Brennpunkt des Geschäftslebens darstellen, nach der Oberstadt (up town), d. h. den nördlich gelegenen Teilen, bewegt, um so mehr verflacht sich das Geschäftsleben in jene Formen, wie sie aus dem direkten Verkehr zwischen Käufern und Verkäufern resultieren.

So aufreibend und sinnverwirrend das Leben und Treiben in Neuyork ist und so interessant uns dasselbe anfänglich wegen der rasch wechselnden Bilder und Eindrücke erscheint, so werden wir doch bald gewahr, daß dieses geräuschvolle Leben im Grunde einer geradezu abstoßenden Einförmigkeit und Einseitigkeit nicht entbehrt. In diesem Rennen und Jagen nach Erwerb sind alle Interessen, die außerhalb des Gebietes der Geld- und Gewinninteressen liegen, erstickt, so daß dem Fremden es schwer verständlich wird, wie ein solches Menschentum dem Erdenleben dauernd Interesse abgewinnen kann. Aber wenn er in den Produktionsprozeß eingreift und Gewinnchancen sucht, wird er sich der Eigenart des dortigen Erwerbslebens nicht lange entziehen können. Er wird ganz so handeln, wie die übrigen handeln, sein Denken und Fühlen wird den anderen ebenbürtig sein, und er wird sich mit ihren Sitten und Maximen vertraut machen, ehe ihm das zum vollen Bewußtsein gekommen ist.

Man kann nicht erwarten, daß der Eingewanderte in kurzer Zeit mit den lokalen und Geschäftsverhältnissen auch nur oberflächlich vertraut sein wird. Zwar ist der Umfang der eigentlichen Stadt im Verhältnis zu ihrer an zwei Millionen zählenden Einwohnerschaft nicht übermäßig und ist auch ihrer weiteren Ausdehnung auf der Manhattan-Insel, d. h. der Landzunge, auf der sich das Neuyork (im engeren Sinne) aufbaut, durch den beschränkten Umfang dieser Insel eine natürliche Schranke gezogen. Denn obgleich die am Nordende der Manhattan-Insel bei der Harlembrücke beginnenden und über 20 km sich hinziehenden neueren Stadtteile zu Neuyork gezählt werden, so wird auch noch fürderhin das Neuyork, wie es unserem Vorstellungsvermögen am geläufigsten ist, auf der Landzunge zu suchen sein, die vom Hudson oder North River, dem East River und dem Harlem River eingeschlossen ist und die Manhattan-Insel bildet. Aber immerhin bleibt es keine leichte Aufgabe, in diesem gewaltigen Häusermeer und in den vielfach komplizierten Straßennetzen, wie dies insbesondere in der Unterstadt — down town — in Erscheinung tritt, sich in kurzer Zeit zu orientieren oder eine

Übersicht über den Umfang und die Art der Gewerbe zu gewinnen. Noch länger wird es seine Ausdauer auf die Probe stellen, wenn er versuchen sollte, in diejenigen Beziehungen des amerikanischen Lebens einzudringen, wie sie in kirchlichen, politischen und in den engeren Kreisen des Familienlebens bestehen. Will man das Leben in der einen oder anderen dieser Beziehung kennen lernen, so muß man in den Kreisen dieser durch irgendwelche Interessen und Beziehungen zusammengehaltenen Körperschaften Anschluß suchen, was bei der Abgeschlossenheit der gesellschaftlichen Zirkel, dem Vorurteil und dem Kastengeist der amerikanischen Rasse für einen Fremden nicht leicht zu erreichen ist.

Indessen wird der frische Ankömmling nicht so neugierig sein und einen Einblick in alle Geheimnisse machen wollen, sondern er wird von den übermächtigen Eindrücken, die eine fremde Weltstadt mit ihrem Verkehr und Menschengewühl, mit der Neuheit ihrer Verhältnisse naturgemäß in ihm hervorruft, dermaßen befangen sein, daß ihm für ein Nachsinnen über die Natur und Beschaffenheit der weniger offen zutage liegenden Verhältnisse vorerst keine Zeit und kein Interesse erübrigt. Läßt er sich irgendwo für längere Zeit oder dauernd nieder, so wird er bei einiger Aufmerksamkeit genügend Gelegenheit finden, die Besonderheiten und das Eigentümliche des amerikanischen Lebens kennen zu lernen, der Ort seiner Niederlassung spielt hierbei keine Rolle. Denn das Leben der amerikanischen Rasse ist in seinen Grundzügen überall dasselbe: ob an den Ufern des Hudson oder in den Prärien von Texas, ob in den Steppen von Dakota und Montana oder in den angesiedelten Tälern der Felsengebirge; derselbe Geist, der den Neuyorker Börsianer in der Wallstreet antreibt, erfüllt auch den Bewohner der Prärie und den Bewohner der Gebirge; es ist der Geist der Habsucht, der Geldgier, der Rücksichtslosigkeit gegen fremde Interessen.

Zur Orientierung über die lokalen Verhältnisse Neuyorks mögen für den Besucher folgende Angaben dienen: Die Länge der Stadt (im engeren Sinne, des „Neuyork proper“) beträgt etwa 20 km, die durchschnittliche Breite etwa 2 km. Zwischen dem Südostende oder dem Battery Place, am Neuyorker Hafen gelegen, und einer Linie, die die Endpunkte der 45. Straße verbindet, zeigt sich der Verkehr und das Geschäftsleben in seinen bedeutendsten und markantesten Formen. Doch schon nicht weit über Cooper Union hinaus, von wo aus die lokalen Verhältnisse eine übersichtlichere Gestalt erfahren, hat das Geschäftsleben, soweit es sich in der Großfabrikation, dem Großhandel und dem Zwischenhandel äußert, seinen Höhepunkt bereits überschritten. Zwischen Cooper Union und Battery Place besteht ein wahres Labyrinth von Straßenverbindungen, worin sich der Neuling erst nach längerer Zeit zurechtfinden kann. Die beiden bedeutendsten Straßenlinien in dieser Unterstadt sind die „Broadway" und die „Bowery". Diese letztere Straße, die sich in einer Länge von annähernd 2 km — von Chatam Square bis Cooper Union — hinzieht, ist, abgesehen davon, daß sie ein Geschäftszentrum bildet, besonders dadurch merkwürdig, daß sie einen Rendezvous-Platz bildet für alle Nationen und Rassen. Das Leben auf ihr ist in dieser Richtung international. Ein Gang durch die „Bowery" — bei Tag oder bei Nacht — führt uns an all den Rassen und Nationen vorbei, die uns die moderne Völkerkunde kennen gelehrt hat, und alle die als Unterarten zu der Rasse oder Nationalität gehörigen Typen. Die erstgenannte Straße, die „Broadway", ist die Hauptverkehrsader Neuyorks, das sie in seiner ganzen Länge durchzieht. Unweit Cooper Union endigt das Straßenlabyrinth, und die Orientierung in der Stadt bietet von jetzt ab keine größeren Schwierigkeiten mehr: die Längsstraßen führen von da den Namen „Avenues" (11., 10., 9., 8., 7., 6., 5., 4., 3., 2. Avenues) und die Querstraßen resp. die Kreuzungsstraßen der „Avenues" werden fortlaufend mit Zahlenbezeichnungen aufgeführt. Eine gute Orientierung verschafft uns eine Fahrt auf der Hochbahn (elevated railway) von Süden nach Norden, und zwar auf der 3. Avenue-Hochbahn, und eine Fahrt von Norden nach Süden auf der 9. Avenue-Hochbahn. Die erstere zieht von Cooper Union bis an die Harlem-Brücke (128. Straße), die zweite von der 109. Straße südwärts bis unmittelbar an den Neuyorker Hafen (Battery Place).

Der Sehenswürdigkeiten gibt es in Neuyork, wie in jeder Weltstadt, so viele, daß wir daraus nur einige hervorheben können. Abgesehen vom Hafen und den Piers, wo man tagtäglich die Bewegung der Schiffe beobachten kann, werden es vor allem die großen Etablissements sein, die den Beschauer interessieren. Da sind es die riesigen Zeitungsgebäude, insbesondere das der „World“, die zu mächtiger Höhe emporstreben und von weiter Ferne aus sichtbar sind, ferner die mächtigen Bauten der Trinity Church (eine protestantische Kirche), des Postgebäudes, des Rathauses (City Hall), der St. Pauls-Kirche, alle am unteren Teile des Broadway gelegen. Eine Sehenswürdigkeit ersten Ranges ist die riesige, nahezu 2 km lange Hängebrücke, die Neuyork mit Brooklyn verbindet und von deren mittleren Teilen aus man eine große Fernsicht hat. Genießt man den Ausblick von der Brücke aus zur Nachtzeit, so glaubt man sich in Anbetracht der ungezählten Lichtflammen Neuyorks in ein Feenreich versetzt. Für den Touristen noch bemerkenswert sind die Parkanlagen des Union Square und des Madison Square — an der Westseite dieses letzteren Parks liegt das berühmte „Hoffmann-House“, sowie das erstklassige „Fifth Avenue-“ Hotel — ferner das an der 40. Straße gelegene „Metropolitan Opera House“, das vornehmste Theater Neuyorks, und das an der 33. Straße befindliche Waldorf-Astoria-Hotel. Kein Reisender darf auch versäumen, dem zwischen der 59. und 110. Straße gelegenen Zentralpark einen Besuch abzustatten; er ist etwa 3½ km lang und 1 km breit. Für den Kunstliebhaber und Wissenschaftler sehenswert ist das naturwissenschaftliche Museum, zwischen 77. und 80. Straße, sowie das an der östlichen Seite des Zentralparkes gelegene Kunstmuseum (Metropolitan Museum of Art), das Werke und Leistungen aus allen Gebieten der Kunst in sich birgt.

An einem kalten Februartage des Jahres 190 . trat ich in Begleitung einer kleinen Gesellschaft, deren Reiseziel ebenfalls der äußerste Westen war, am Südende der Broadway, am Battery Place, in eine Eisenbahnbilletagentur (ticket office),[4] um über den Kauf eines „through ticket“ (Überlandbillets) zu verhandeln. Die Witterung war zwar keineswegs einladend, denn es wütete ein heftiger Schneesturm, und schien dieser besonders seinen ganzen Grimm auf die durch ihre Winde berüchtigte „Battery Place“ und Umgebung loszulassen. Aber da der Entschluß einmal gefaßt war und Verkehrsstörungen jederzeit eintreten können, so konnte die Stimmung des Wettergottes uns in keiner Weise beeinflussen. Im Geschäftszimmer der betreffenden Agentur, die zur Neuyork-, Ontario- und Western-Eisenbahngesellschaft gehörte, schien rege Geschäftstätigkeit zu herrschen, denn man bemerkte lebhafte Unterhandlungen zwischen mehreren Gruppen von Reiselustigen, die augenscheinlich zum Kontingent der Einwanderer zählten, und den im Dienste der Eisenbahngesellschaft stehenden Geschäftsagenten, die, echt amerikanisch, im Hinblick auf eventuelle Geschäftsgewinne mit großer Höflichkeit und Zuvorkommenheit den Bedürfnissen der Kauflustigen gerecht zu werden suchten. Als Sprecher der Auswanderungslustigen figurierten Agenten jener berühmten Einwanderungsgesellschaften, die unter der Maske von Nächstenliebe und Selbstlosigkeit die Unkundigen gewissenlos schröpfen. Diese Auswanderungsagenten waren ohne Zweifel den Agenten genannter Eisenbahngesellschaft als sog. „runners“ wohlbekannt, und sie durften hoffen, daß bei günstigen Geschäftsabschlüssen eine annehmbare „Tantième“ für sie abfallen würde; daher sie sich alle Mühe geben, ihre Klienten in guter Laune zu halten. Sie wissen den Vertretern der Firma plausibel zu machen, daß solche Ankömmlinge, die unter der Spitzmarke „green horns“ figurieren, aus Unkenntnis der Verhältnisse auch übermäßige Preisforderungen zu befriedigen nicht abgeneigt sind. Auf dem Verkaufstisch (counter) lagen Eisenbahnfahrpläne (time tables oder folders), Ortsbeschreibungen (descriptions) und Broschüren (stiched books oder booklets) zur Einsichtnahme auf. Fahrpläne von mindestens einem Dutzend

Eisenbahngesellschaften standen gratis zur Verfügung. Diese Fahrpläne, mit den bekannten Kursbüchern nicht zu verwechseln, haben einige Ähnlichkeit mit den auf europäischen Bahnhöfen angebrachten Sommer- und Winterfahrplänen, sind jedoch kleiner an Umfang, und da sie leicht in Taschenformat zusammenlegbar sind, eignen sie sich bequem zum Gebrauch auf der Reise. Aus dem Fahrplanheft der Neuyork-, Ontario- und Western-Bahn war zu ersehen, daß ihre Stammlinie bis Oswego, Staat Neuyork, am Südufer des Ontariosees gelegen, hinführt und da von der Watertown-, Rome- und Ogdensburg-Linie abgelöst wird, die ihren „terminus" (Endpunkt) in Suspension Bridge hat. Daran schließt sich die Fahrt auf der „Wabash Line" — einer der größten und verzweigtesten Bahnsysteme Nordamerikas — die von Suspension Bridge aus entlang dem Nordufer des Ontariosees, über Thomas und Welland in der kanadischen Provinz Ontario, nach der Stadt Detroit im nordamerikanischen Staat Michigan sich hinzieht. Von Detroit zieht eine Zweiglinie der Wabash-Bahn südlich nach dem bekannten St. Louis, Staat Missouri, und von da aus westlich nach Kansas City, ebenfalls im Staat Missouri gelegen. In Kansas City ist der westliche „terminus" der Wabash-Linie. Aus dem Fahrscheinheft war des weiteren ersichtlich, daß die Fortsetzung der Überlandreise in diesem projektierten Falle über das Union Pacific-Bahnsystem geht, das über Denver und Cheyenne nach Ogden, Staat Utah, führt, wo die letzte Etappe der großen Überlandreise beginnt und die mit dem Endpunkt der „Ogden Route" der Südpacific-Bahn bei der weltberühmten Pacificstadt San Francisco ihren Abschluß findet. Unter den verschiedenen Anschlußlinien und Überlandtouren einigt man sich endlich zu der oben skizzierten Route: Neuyork-, Ontario- und Western-Bahn: Neuyork—Oswego; Rome-, Watertown- und Ogdensburg-Bahn: Oswego—Suspension Bridge; Wabash-Linie: Suspension Bridge, Detroit, St. Louis, Kansas City; Union Pacific-Bahn: Kansas City, Denver, Cheyenne, Ogden; Ogden-Route der Südpacific-Bahn: Ogden, Reno, Sakramento, San Francisco. Nach Abwicklung des Geschäftes erhält man mehrere zur Benützung der verschiedenen Gesellschaften angehörigen Bahnsysteme erforderlichen Fahrkarten, die teils direkt verwendbar sind, teils beim Übergang auf andere Bahnsysteme umgetauscht werden müssen. In diesem Falle wurde ein auf blaugrauem Karton und ein solches auf grünem Karton hergestelltes Fahrbillet ausgefertigt. Das letztere trug den Vermerk: „Kansas City Exchange", womit angedeutet werden sollte, daß dasselbe am Billetschalter der Station Kansas City gegen ein anderes umzutauschen sei. Der Preis für dieses Überlandbillet betrug 67 Dollars 50 Cents = rund 270 Mark.[5]

* * *

Trotz der kalten Witterung und des heftigen Schneegestöbers, das jede Fernsicht unmöglich machte, herrschte entlang der Weststraße, die längs der Piers am Hudson River dahinführt, ein äußerst reges Leben. Insbesonders zur Zeit der Abfahrt der Abendschnellzüge ist der Verkehr ein überwältigender. Um diese Zeit bemerkt man lange Reihen von Lasttransportwagen der verschiedensten Gattungen durch die Weststraße sich hindurchbewegen, um Fracht- und Expreßgutstücke in die resp. Fracht- und Expreßguthallen zu befördern. Da bis jetzt keine Brücke über den Hudson oder North River führt, gleich der großen Hängebrücke über den East River, so wird der Verkehr zwischen Neuyork, Jersey City und Hoboken, welche beide letztere Städte gegenüber Neuyork am Westufer des Hudson River im Staate New Jersey liegen, und wo sich die großen Zugshallen für die nach Süden, Westen und zum Teil auch nach dem Norden abgehenden Züge befinden, mittelst sog. „Ferry Boats" oder Küstendampfern, die sowohl dem Personen- als dem Güterverkehr dienen, bewerkstelligt. Zur Abendzeit — zur Zeit, wo meine Abreise nach dem Westen erfolgte — sind diese Dampfer geradezu von Reisenden überfüllt. Der größte Teil der Personen, die diese Dampfer benützen, sind, wie leicht begreiflich, Bewohner Neuyorks, von Jersey City oder Hoboken. Die im mittleren Raum des Schiffs befindlichen Ein- und Ausgangshallen sind mit einem dichten Wagenpark angefüllt, während in den an diese Hallen zu beiden Seiten anstoßenden Kabinen, von denen die eine für Männer (for men), die anderen für Frauen (for women) bestimmt ist, ein bunt gemischtes Publikum sich herumtummelt. Während der Überfahrt, die etwa eine Viertelstunde dauert, sind junge Burschen eifrigst bemüht, dem Schuhwerk der Mitreisenden gegen ein Entgelt von 5 Cents (20 Pfennig) den richtigen Glanz beizubringen, während Zeitungsjungen (news boys) die letzterschienenen Ausgaben der großen Tagesblätter, darunter natürlich die „Evening World" und die „Evening Post", unter Ausruf des einen oder anderen der markantesten Tagesereignisse abzusetzen suchen.

Die Überfahrt über den Hudsonfluß, die etwa 7 Uhr abends erfolgte, war stürmisch und von starkem Schneefall begleitet. Von den beiden Schiffsveranden aus oder auch durch die Kabinefenster konnte man die Lichter der hin- und herkreuzenden Dampfer beobachten, unter anderen auch desjenigen, der bestimmt war, um dieselbe Zeit in Neuyork anzulanden, in der wir in der Nähe der West Shore Depot bei dem Städtchen Weehawken ankerten. Beim Verlassen des Dampfers werfen wir einen letzten Blick auf das scheidende Neuyork, von wo ungezählte Lichtflammen, wenn auch infolge der trüben Witterung etwas verschwommen, dem Beschauer noch sichtbar sind.

Auf dem West Shore-Bahnhof standen die Züge zur Abfahrt bereit. Neben der Neuyork-, Ontario- und Western-Bahn, auf die unsere Billete lauteten, wird genanntes Depot auch von der West Shore-Bahnlinie als Station benützt. Da die Ausgänge zu den Zugshallen der verschiedenen Bahnlinien, die eventuell in ein und dieselbe Station — in diesem Falle die West Shore-Station — einmünden, jeweils für sich gesondert benützt werden und außerdem vor dem Ausgange aus den an die Perrons anstoßenden Wartsälen (waiting rooms) die Billete der Reisenden geprüft und coupiert werden, so ist auch für den des Reisens Unkundigsten das Risiko einer Verwechslung der Züge ausgeschlossen.

Die amerikanischen Schaffner (conductors oder controllers) sind ebenso höflich wie zugeknöpft. Sie setzen bei dem reisenden Publikum alle auf ihre Fahrt bezüglichen Kenntnisse voraus und treten nur einigermaßen aus ihrer Reserve, wenn sie bemerken, daß die Reisenden vom Auslande kommen. In diesem Falle geben sie Information, sofern der ausländische Mitreisende sich mit ihnen auf Englisch verständlich machen kann. Denn diese Kondukteure sprechen grundsätzlich nur Englisch, auch wenn sie eine andere Sprache verstehen, als wenn der Gebrauch einer fremden Sprache für ihren Beruf unzulässig wäre. Indessen sind viel Worte infolge der oben angegebenen Einrichtungen nicht nötig, und es bedarf für den Schaffner nur einer leichten Handbewegung, um den Unkundigen auf den von ihm zu benützenden Zug aufmerksam zu machen.

Bei einer amerikanischen Eisenbahnfahrt ist es nicht üblich, sein Handgepäck (Koffer u. dgl.) mit in den Wagen zu nehmen, um eventuell dort, insbesondere bei starker Frequenz, die Mitreisenden zu belästigen, sondern man begibt sich, ehe man einsteigt, in die Expreßguthalle, und zwar in jene Abteilung, wo in großen Lettern angeschrieben steht: „Baggage checked“ (d. h. Abfertigungsstelle für Reisegepäck). Unter Vorzeigung seines Billets erhält man bei der Gepäckabgabe eine Blechmarke (check) zur eigenen Aufbewahrung, während eine gleiche Marke am Gepäckstück befestigt wird. Am Ziele seiner Reise angelangt, braucht man nur in der zur betreffenden Bahnlinie gehörigen Expreßguthalle seine Marke vorzuzeigen, um in Besitz seines Gepäckes zu gelangen. Eine Fahrtunterbrechung (stop over) hat in dieser Richtung nichts zu bedeuten. Denn wenn nicht ausdrücklich darüber bestimmt wird, wird das Gepäck des Reisenden auf demselben Zuge, den man benützt, resp. mit dem jeweils nächsten Anschlußzuge transportiert, so daß es vorkommen kann, daß bei Fahrtunterbrechungen das Gepäck eher am Bestimmungsorte (destination) anlangt, als der Reisende selbst.

Die amerikanischen Züge enthalten keine Coupéwagen, sondern nur Durchgangswagen; besondere Wagenklassen (erste, zweite usw.)

sind nicht vorhanden, sondern nur verschiedene Zugsgattungen: erste und zweite Zugsgattung (first class und second class trains), die beide unter dem Gesamtbegriff express trains (Schnellzüge) figurieren, sowie die dem Lokalverkehr dienenden Lokalzüge oder Bummelzüge (accomodations trains). Die Billetpreise (fare) für die erstklassigen Schnellzüge[1] sind bedeutend höher als für die zweitklassigen Züge und die Lokalzüge, wozu im ersten Falle noch die hohen Gebühren für die Benützung der Schlafwagen (sleeping cars) hinzukommen. Die Wagen, von beträchtlicher Länge und durchschnittlich Raum für etwa 70 Personen bietend, sind durchweg mit gepolsterten Sitzen ausgestattet, von denen jeder Raum für 2 Personen gewährt. Die Polsterung besteht teils aus dunkelrotem, teils aus hellblauem, teils aus mattgrünem Plüsch.

Der Wagen, in dem ich mich befand, erfreute sich einer ziemlich starken Frequenz. Zu meinen Mitreisenden zählte auch jene kleine Auswanderergesellschaft, die ich im Geschäftszimmer der Neuyork-, Ontario- und Western-Eisenbahngesellschaft kennen lernte und denen ich mich in der Folge angeschlossen hatte. In einem fremden Lande nimmt man gern die Gelegenheit wahr, sich Landsleuten anzuschließen, auch wenn man selbst mit Sprache und Sitten des fremdländischen Elements bereits vertraut ist.[2] Denn ein Anschluß an Angehörige seiner Heimat erweckt stets alte Erinnerungen, die um so angenehmer wirken, je weiter man sich von der Heimat entfernt. Da ihr Reiseziel ebenfalls der ferne Westen war, so war ein Anschluß um so naheliegender, was ihnen keineswegs unwillkommen war, da sie der Landessprache völlig unkundig waren. Der Schaffner, schweigsam wie ein Philosoph, bediente sich, als er die Runde durch den Wagen behufs Kontrollierung der Billete machte, nur des Wortes „tickets“ (Billete vorzeigen!), was er auch dem Unkundigsten durch eine Gebärde plausibel zu machen wußte.

In meinem Handkoffer (satchel), den ich bei mir behielt, während ich den größeren Koffer (trunk) als taxfreies Expreßgut befördern ließ, hatte ich neben einigen Lebensmitteln mehrere

Flaschen von dem bekannten „Old Rye", sowie von der Marke Ehretschen Biers aufbewahrt, während die mitreisenden Landsleute — vorsorglich wie alle frischen Einwanderer — sich in einer Weise verproviantiert hatten, als wenn sie für längere Zeit von allem Verkehr abgeschnitten wären. In ihrer Vorsorge hatten sie alle ihre Koffer in den Wagen geschleppt und barrikadenmäßig aufgestapelt, wozu sowohl die Schaffner und Porter als auch die einheimisch Mitreisenden eine süßsaure Miene schnitten und Bemerkungen austauschten, die schwerlich unter die Rubrik der schmeichelhaften Komplimente fielen. Mit Viktualien und Getränken waren sie alle reichlich versehen, und besonders wurde dem schäumenden Gerstensaft fleißig zugesprochen, was bei den mitreisenden amerikanischen Frauenzimmern, die sich der Außenwelt gegenüber stets als strikte Temperenzlerinnen aufspielen, großen Anstoß zu erregen schien. Die neuen Ankömmlinge scherten sich wenig um die abfälligen Äußerungen, da sie erstens nicht wußten, daß die in ihrer Heimat übliche Trinksitte in Amerika verpönt ist, und zweitens, weil sie das Geplauder nicht verstehen konnten. Ich fand in diesem Momente kein Bedürfnis, meine Landsleute über amerikanische Sitten aufzuklären, sondern fand meine Belustigung darin. Gegenüber meinem Sitze saß ein junges Ehepaar aus der Pfalz, das, wie ich erfuhr, seine Hochzeitsreise über den Ozean machte und nun im Begriff stand, einen „steinreichen" Onkel in Quincy, Staat Illinois, zu besuchen, resp. sich dort ein Heim zu gründen. Die junge Frau, eine hübsche, stattliche Erscheinung, mochte etwa zwanzig Lenze zählen, während ihr Ehegespan um ein Dezennium älter schien. Sie war lustig und redselig, und schien mir überhaupt eine geweckte, tatkräftige Person zu sein, während ihr Auserwählter sich mehr und mehr als eine richtige Schlafmütze erwies. In dem Wagen herrschte infolge der intensiven Dampfheizung und der starken Frequenz eine drückende Hitze, so daß der Eiswasserbehälter — ein ständiges Requisitum in amerikanischen Eisenbahnen — stark in Anspruch genommen wurde. Da mir Ehretsche Marke besser mundete als Eiswasser, so machte ich dem Wettlauf um das Eiswasser keine Konkurrenz, so wenig wie die übrige ausländische Reisegesellschaft. Währenddessen fuhr der Zug mit der beträchtlichen Geschwindigkeit von 60 km die Stunde dahin:[8] ohne Gerassel, ohne Gepolter, sanft wie ein Schlitten. Wir waren über eine Stunde gefahren, als der Expreß zum ersten Male anhielt. Das Unwetter schien nicht nachgelassen zu haben, denn im Momente, als die Wagentüre sich öffnete, um die Passagiere ein- und auszulassen, schleuderte der Sturm eine Wolke Schnee an den Eingang der Wagentüre.

Je mehr die Nacht vorrückte, um so einsilbiger wurde das Gespräch der Passagiere, und einen nach dem anderen nahm der gütige Schlafgott in seine Arme auf. Meine Uhr zeigte gegen Mitternacht, als die zum Teil noch von der Seereise abgematteten ausländischen Passagiere so ziemlich alle in die sorgenlose Welt der Träume hinübergeschlummert waren und die Monotonie nur dann und wann durch ein- oder aussteigende Passagiere oder durch den Rundgang des Schaffners oder des Porters, welch letzterer die Stationen ausrief, unterbrochen wurde. Natürlich war keine Gelegenheit vorhanden, die Szenerien der Natur in der Umgebung des Bahnkörpers zu beobachten, da alles in Nacht und Schnee eingehüllt war. Da ich die landwirtschaftlichen Verhältnisse und die Naturschönheiten des Staates Neuyork, den wir in dieser Nacht zu einem großen Teile durchfuhren, von meiner ersten Amerikafahrt her zur Genüge kannte, so bedeutete obiger Umstand für mich geringen Verlust. Die Gegend zwischen dem Städtchen Weehawken im Staat New Jersey, von wo aus unsere Abreise erfolgte, und dem nächsten größeren Punkt, dem wir zusteuerten, nämlich der Stadt Oswego im Staate Neuyork, stellt sich zur Sommerszeit als ein wohlangebautes Ackergebiet dar mit all seinen typischen Formen, wie sie besserem Ackerboden eigentümlich sind: mit Getreidebau, Hopfenbau, Kartoffelbau und Gemüsebau wechseln Weide- und Waldkulturen; hierzu tritt die Viehzucht in erheblichem Umfang und die für die amerikanischen Farmen charakteristische umfangreiche Geflügelzucht. Hätte die Durchfahrt zur Tageszeit anstatt zur Nachtzeit stattgefunden, so hätte der Ausblick in die Winterlandschaft den neuen Amerikareisenden eine gewisse Befriedigung ihrer Neugierde gewährt, indessen hätten sie in dem wellenförmig dahinziehenden Landstrich nichts als ein großes Schneefeld erblickt, daneben zeitweilig ein Dörfchen oder eine einsame Farm, dessen Bewohner jetzt, während des Stillstands ihrer Produktion, einem einförmigen, beschaulichen Leben frönten. Der Gott Morpheus übermannte auch mich endlich, und wenn zwar das Nachtlager keineswegs einen Vergleich mit den „Double berths“ eines Pullmannschen Schlafwagens aushielt, so bot doch der weiß gepolsterte Sitz des „Reclining Chair“ ein annehmbares Ruheplätzchen. Die ruhige, nahezu geräuschlose Gangart des Zuges trug das ihrige dazu bei, für einige Stunden die Wohltaten eines erquickenden Schlafes genießen zu können.

Als der Anbruch des Tages sich in einer schwachen Dämmerung ankündigte, hatten wir bereits das südliche Ufer des Ontariosees erreicht. In Oswego, einer Stadt von etwa 20 000 Einwohnern und von lebhafter Industrie, wovon besonders seine großen Mehlmühlen (flour mills) einen gewissen Ruf erlangt haben, wurde die Neuyork-, Ontario- und Western-Bahn mit der Rome-, Watertown- und Ogdensburg-Linie vertauscht. Die Fahrt zieht sich von Oswego aus in westlicher Richtung fort. Neben Oswego, das wir etwa 5 Uhr morgens erreichten, sind noch als nennenswerte Stationen, die wir passierten, zu bezeichnen: Middletown (etwa 10 000 Einwohner), Summitville, nahe des Südwestabhanges des Catskill-Gebirges, und Oneida. Gegen Morgen hatte der Schneesturm etwas nachgelassen, und da der Himmel nicht mehr denselben Wolkenschleier zeigte wie am Vortage, konnte man auf eine gewisse Fernsicht hoffen. Während der Fahrt von Oswego aus, das 325 engl. Meilen oder etwa 500 km von Neuyork entfernt liegt, war kein häufiger Wechsel der Passagiere mehr zu konstatieren, und die Personen, die an den Zwischenstationen ein- oder ausstiegen, mochten wohl Leute sein, die in dringenden Geschäftsangelegenheiten reisten. Durch das Waggonfenster sah man an zahlreichen

Stellen zur Rechten die dunkelgrünen Fluten des Ontariosees, und zur Linken tauchten aus den schneebedeckten Gefilden einzelne, oft weit auseinander gelegene aus Holzwerk (frame) oder Backsteinen (bricks) aufgeführte Bauernhäuser auf, deren Bewohner, dem Anblick nach zu schließen, einem regelrechten Winterschlaf zu huldigen schienen. Die Fahrt von Oswego bis „Suspension Bridge" auf der Rome-, Watertown- und Ogdensburg-Bahn dauerte etwa 4 1/2 Stunden. Zu den bedeutenden Unterwegsstationen zählen Wallington, Charlotte, von wo aus eine Zweiglinie nach der Stadt Rochester abbiegt, Morton und Lewiston. Bei „Suspension Bridge", wo obengenannte Bahnlinie von der „Wabash-Bahn" abgelöst wird, waren wir 476 engl. Meilen oder 730 km von Neuyork enfernt. Es war etwa 9 Uhr morgens. Das Wetter war kalt, etwa 10° Reaumur unter Null. Die anfänglich begründete Hoffnung, der kommende Tag werde uns eine große Fernsicht gewähren, hatte sich nicht erfüllt. Ein dichter Nebelschleier lagerte über dem ganzen Umkreise und verhüllte uns zum größten Teile den Ausblick auf jene weltberühmten Wasserfälle, die das Ziel so vieler Touristen sind. Es sind dies die weltbekannten Fälle des Niagaraflusses! Schon geraume Zeit vorher, ehe wir an der Endstation der Rome-, Watertown- und Ogdensburg-Bahnlinie, nämlich in Niagara Falls, Staat Neuyork, anlangten, vernahm man ein unheimliches Getöse und Geräusch, das an Gewalt und Wucht von Minute zu Minute anwuchs. Das Rauschen des Wassers, das zeitweilig einem schweren Donnerrollen gleicht, macht den fremden, mit den Fällen unbekannten Reisenden so perplex, daß er glaubt, seine Fahrt gehe direkt einem Höllenschlunde zu. Meine „grünen" Mitreisenden, die ich übersehen hatte, vor der Ankunft in der Station Niagara Falls, N. Y., auf das merkwürdige Schauspiel der Niagarafälle aufmerksam zu machen, schienen um so verwirrter, als sie trotz ihres Auslugs zu beiden Seiten der Waggonfenster von der Ursache dieses donnerähnlichen Rauschens nichts wahrnehmen konnten. Erst als ich sie darüber aufgeklärt hatte, daß wir in unmittelbarer Nähe mächtiger Wasserfälle wären, die solch ein Getöse hervorbrächten, fühlten sie sich beruhigt. Im Zentralbahnhofe des auf der amerikanischen Seite gelegenen Städtchens „Niagara Falls", das ungefähr 6000 Einwohner zählt und nach oberflächlicher Schätzung alljährlich von über 400000 Touristen besucht wird, hatten wir für geraume Zeit Aufenthalt. In diesen Zentralbahnhof münden, abgesehen von der von uns benützten Linie, die Neuyork Zentral-, die West Shore- und die Lehigh Valley-Bahnsysteme ein. Von dem Rauschen und Tosen der Brandungen begleitet, fuhren wir der oftgenannten „Suspension Bridge" zu, die in neuester Zeit den Namen „New Steel Arch Bridge" führt und die große Verbindungsbrücke darstellt zwischen dem Städtchen „Niagara Falls", das zum Staate Neuyork gehört, und der Station „Niagara Falls", die zu Kanada, und zwar zur Provinz Ontario zählt. Auf dieser gewaltigen, aus bestem Stahl verfertigten Bogenbrücke, die über den Niagarafluß sich schwingt und in ihrer Gesamtlänge 1200 Fuß und in ihrer Breite 50 Fuß mißt, genießt man bei heller Witterung ein prächtiges Schauspiel auf die großen Wasserfälle. Den besten Anblick der Niagarafälle hat man von den auf kanadischer Seite gelegenen Punkten „Table Rock" und „Falls View", an welchem letzteren Punkte alle Züge gewohnheitsmäßig 5 Minuten anhalten.

Zur Orientierung des Ganzen führen wir an: Der Niagarafluß fließt vom Eriesee in den Ontariosee und hat eine Gesamtlänge von 56 km. Etwa 22 km nach seinem Ausfluß und etwa 34 km vor seiner Einmündung in den Ontario bildet er die berühmten Fälle. Man unterscheidet zwei Fälle: den „American Fall" auf dem Nordende von „Goat Island", einer Insel, die für eine kurze Strecke den Niagarafluß in zwei Arme teilt, und den „Canadian Fall" oder „Horse Shoe Fall" („Hufeisenfall"), über welch letzteren an 9/10 der gesamten abstürzenden Wassermasse geht. Der erstgenannte Fall hat eine Breite von 1000 Fuß und eine Sturztiefe von 167 Fuß; der letztgenannte eine Breite von über 3000 Fuß und eine Fallhöhe von 158 Fuß. Nicht weit unterhalb der Fälle verengert sich das Flußbett, dessen Breite oberhalb der Fälle über 4000 Fuß betrug, auf 1000 Fuß, also um das vierfache, und bei dem sog. „Whirlpool“ auf sogar 250 Fuß. Wild und tosend und Berge von schneeweißem Gischt tragend, wälzt sich der Niagara unterhalb seiner Fälle durch sein enges, von harten Granitfelsen gebildetes Bett hindurch dem Ontariosee zu, und erst bei der Station Lewiston, nicht mehr ferne seiner Mündung, wird sein Bett breiter und sein Lauf ruhiger.

Wegen des schweren Nebels, der sich über den ganzen Umkreis ausgebreitet hatte, konnten wir die Fälle nicht in ihrem vollen Umfange beobachten. Aber wir konnten sehen, wie am Fuße der Fälle die herabstürzenden Wassermassen nach ihrem Aufprall in Wolken von weißem Gischt sich auflösten und wie von Dämonen gepeitscht hin und her geschleudert wurden, dabei ein nimmer endendes donnerähnliches Getöse hervorrufend, als wenn der Wassergott Poseidon alle seine Furien losgelassen hätte, um die Erdbewohner zu erschrecken.

Nach einem Gesamtaufenthalt von einer Stunde setzten wir unsere Fahrt nach dem Westen fort. Die Linie, die wir von der Station Niagara Falls, die, wie bemerkt, durch den Niagarafluß von ihrer Schwesterstadt Niagara Falls, Staat Neuyork, getrennt ist, bis nach Kansas City, Staat Missouri, benützten, gehört der Wabash-Eisenbahngesellschaft an, die hauptsächlich in den Staaten Indiana, Illinois und Missouri über ein reich gegliedertes Bahnnetz verfügt und deren Hauptaktionäre zu den einflußreichsten Eisenbahnmagnaten der nordamerikanischen Union zählen. Von dem genannten Niagara Falls aus, das zur Provinz Ontario, Kanada, gehört, führte uns der Weg in westlicher Richtung durch die südlich gelegenen Teile Ontarios entlang dem Nordufer des Eriesees. Im ersten Teile der Fahrt ist zur Linken, d. h. in südlicher Richtung der Eriesee sichtbar, späterhin tritt die Bahnlinie mehr ins Land zurück, und man erblickt nur noch in der Ferne die seine Uferränder bedeckenden Schilfgewächse, untermischt mit den charakteristischen Sumpfhölzern. Wir passieren das 2000 Einwohner zählende Städtchen Welland, welches an dem 40 km langen Welland-Schiffskanal gelegen ist, der den Eriesee mit dem Ontariosee verbindet. In St. Thomas, einer Stadt von über 10000 Einwohner, berühren wir auf unserer Fahrt einen der größten Hafenplätze auf dem nördlichen Ufer des Eriesees, von wo aus wir nach einer weiteren zweistündigen Fahrt bei der Station Windsor, gegenüber von der Stadt Detroit gelegen, anlangen. Die Gegend, die wir von den Niagarafällen aus von morgens 10 Uhr bis nachmittags 4 Uhr mit dem Expreß durcheilten und die ausschließlich zu kanadischem Gebiete gehört, zählt in bezug auf Getreide- und Obstkultur zu den besten Ländereien der sog. Dominion von Kanada.

Während der Fahrt von den Niagarafällen bis nach Detroit, die durchweg bei hellem Tage stattfand, hatten die neuen Amerikabesucher alle Muße, sich die Umgebung zu beiden Seiten des Bahnkörpers, soweit es bei der trüben Witterung die Fernsicht gestattete, anzusehen und über deren Beschaffenheit Betrachtungen anzustellen. Da die Landschaft in Schnee eingehüllt war, so bot sie keine besondere Abwechslung, außerdem war die Aussicht durch Nebelmassen stark beeinträchtigt. Es war indessen bemerkenswert zu beobachten, wie die Fremdlinge des Landes die Umgebung trotz ihres einförmigen Charakters während der Fahrt mit seltenem Interesse in Augenschein nahmen, ein Interesse, daß nur durch das Bewußtsein, daß sie in einem fremden Weltteile sich bewegten, eingeflößt sein konnte. Denn obgleich die Details der monotonen Naturszenerien ihnen in der alten Heimat zu dutzendmal aufgestoßen sein mußten, so erschienen sie ihnen doch in der fremden Welt als etwas Neues, Eigenartiges, das aller Beobachtung wert wäre. Die lange Fahrt und eine unruhige Nacht schienen bei den Leuten keine Abspannung ihrer Kräfte hervorgerufen zu haben, denn eine heitere Stimmung und ein lebhafter Gedankenaustausch war unter ihnen zu bemerken, wobei man sich besonders die bisher gemachten Reiseeindrücke zum besten gab. Mit der jungen Pfälzerin, deren neugebackener Ehemann aus seiner stoischen Ruhe nicht aufgerüttelt werden konnte und an dessen Geist alle Ereignisse spurlos vorüberzugehen schienen, war ich während unserer Fahrt durch

Ontario in fortgesetzter Unterhaltung begriffen, wobei sie mir ihre Pläne und ihre Hoffnungen auf die Zukunft offenbarte. Sie setzte ihre Hoffnung auf den reichen Onkel in Quincy, der, wie sie überzeugt war, mit Rat und Tat ihnen beistehen würde. Glückliches Menschenkind, dachte ich bei mir im stillen, das du noch solch Zutrauen in die Welt hegst und dem die Welt noch keine Enttäuschungen bereitet hat! Durch Gründung eines Geschäfts oder durch Ankauf einer Farm, wozu ihr Onkel gewiß behilflich wäre, meinte sie, können sie gewiß ihr Glück machen. Ich war weit entfernt, sie auf all das Riskante der Sache und auf die Schwierigkeiten aufmerksam zu machen, die möglicherweise ihren Projekten hindernd in den Weg träten, denn ich wollte ihren Zukunftstraum nicht zerstören oder wenigstens ihren festen Glauben an eine schöne Zukunft nicht erschüttern. Ich bemerkte nur, daß sich im Leben eben nicht immer alles so wendet, wie man wünscht, und daß auf fremder Erde manches Stück Lebensfreude, das man aus der Heimat mitbringt, verloren geht. Man dürfe sich nie allzu großen Hoffnungen hingeben, auch wenn die Erwartung auf ihre Erfüllung berechtigt wäre, am besten sei immer noch die Möglichkeit vom Eintreffen des Gegenteils im Auge zu behalten, wodurch ein eventuell eintretendes Mißgeschick nicht so schwer empfunden werde.

Auf amerikanischen Eisenbahnzügen werden vielfach während der Fahrt Geschäfte betrieben im Verkauf von Lektüre, Rauch- und Eßwaren. Während unserer Morgen- und Nachmittagstour durch Ontario wurde uns von einem uniformierten dienstbaren Geist der Eisenbahngesellschaft in kurzen Intervallen zum Kauf angeangeboten: Zigarren à 40 Pfennig; Äpfel (apples), Birnen (pears), Feigen (figs), Datteln (dates), Orangen (oranges) und Zitronen (lemons). Die Preise sind durchweg Luxuspreise. Reiselektüre in Gestalt von Romanen (romances) und Erzählungen (tales) wird ebenfalls zum Kauf angeboten und auch viel gekauft; so setzte der uniformierte Verkäufer in kurzer Zeit über ein Dutzend Werke aus seiner, wie es den Anschein hatte, unerschöpflichen Bibliothek an die Reisenden ab und machte dabei

„sein Geschäft“. Da er auch in deutscher Sprache geschriebene Romane und Novellen bei sich führte, so empfahl ich meiner jungen Nachbarin den Ankauf von Bret Harts „Kalifornische Erzählungen“, während ich selbst den Roman Conan Doyle's „The signe of four“ (Das Zeichen der Vier) in englischer Ausgabe erstand. Der Preis für beide Werke betrug 1 Dollar.

Gegen 4 Uhr nachmittags erreichten wir die Station Windsor, von wo aus die Eisenbahnzüge mittelst eines sog. Trajekt-Dampfboots (steam-ferry boat) über den Detroitfluß nach dem gegenüber liegenden Detroit überführt werden. Der Detroitfluß, der die Provinz Ontario von dem Staate Michigan scheidet, stellt im Verein mit dem St. Clairesee und dem St. Clairefluß einen Verbindungsweg dar zwischen dem Erie- und dem Huronsee. Unser Expreßzug der Wabash-Linie lief auf dem Union-Bahnhofe ein, wo noch ein halb Dutzend andere Bahnsysteme, darunter auch die kanadische Pacific-Bahn einmünden. Wir waren jetzt 704 engl. Meilen oder 1127 km von Neuyork entfernt.

Die Stadt Detroit, die bedeutendste Stadt des nordamerikanischen Staats Michigan, zählt etwa z. Z. 300000 Einwohner. Sie hat große Maschinen-, Ofen- und Wagenfabriken und treibt umfangreichen Handel in Mühlenfabrikaten, Wollwaren und Fleischwaren. Die Hauptgeschäftsstraßen sind die Woodward Avenue, welche die Stadt in zwei gleichmäßige Hälften teilt, und die Jefferson Avenue, wo die bedeutendsten Großgeschäfte (wholesale houses) anzutreffen sind.

Nach einem einstündigen Aufenthalte setzten wir unsere Reise fort. Damit unsere Uhren mit der Ortszeit in Übereinstimmung blieben, mußten wir in Detroit dieselben um eine Stunde zurückstellen, denn von Detroit aus beginnt eine neue Zeitmessung: an Stelle der Ostzeit (Eastern Time) tritt von nun ab die sog. mittlere Zeit (Central Time), welche der Ostzeit gegenüber um eine Stunde zurück ist (one hour slower). Auf eine Strecke von 100 engl. Meilen (160 km) durchfuhren wir den Staat Michigan, welcher zu den waldreichsten des nordamerikanischen Staatengebietes zählt. Neben Arkansas und Florida im Süden trifft man nur noch in Michigan auf eine so umfangreiche Holzindustrie. Die Zahl der Holzsägewerke (saw mills, lumber yards) ist in genannten Staaten eine so enorme, daß daraus der Schluß gerechtfertigt ist, daß für die Mehrzahl der dortigen Bevölkerung genannte Industrie den Lebenserwerb bildet.

Während der Fahrt zwischen Detroit und dem nächst größeren Punkte, den wir passieren mußten, nämlich Montpelier, Staat Michigan, nahe der Grenze der Staaten Michigan und Indiana, fing die Dämmerung an, langsam ihre Schatten über die Erde auszubreiten und dem reisenden Publikum die bisherige, wenn auch spärlich bemessene Fernsicht abzuschneiden. Solange das Tageslicht noch Lektüre gestattete, durchmusterte ich die große englisch-amerikanische Tageszeitung „Detroit Free Preß", die ich mir auf dem Union-Bahnhofe in Detroit für einige Cents erstanden hatte. Die lokalen Ereignisse interessierten mich weniger, weit mehr die Vorgänge auf dem großen Welttheater, die im Depeschenteil (dispatches) ziemlich ausführlich aufgeführt waren. Auch interessierte mich der Annoncenteil (advertisments), wo man so recht die Bedürfnisse und Interessen der Menschen studieren kann. Die Fahrt von Detroit bis Montpelier dauerte etwa $2^1/_2$ Stunden. Die Nacht hatte ihre Herrschaft inzwischen angetreten und entzog uns den Ausblick auf die Umgebung, die jedoch dem Anscheine nach nicht mehr in dem Maße den Charakter einer Winterlandschaft zeigte wie die bisher von uns passierten Gegenden. Als wir auf dem Bahnhof in Montpelier anlangten, schritt der Porter des Zuges durch die Wagen, indem er ausrief: Change Cars for St. Louis and Kansas City (Wagenwechsel nach St. Louis und Kansas City). Während von Montpelier aus die Hauptlinie der Wabash-Bahn nach Chicago zieht, geht von da aus eine Zweiglinie in südwestlicher Richtung nach St. Louis, und für diese letztere Linie waren unsere Billete ausgestellt. Eine Fahrt auf der Hauptlinie nach Chicago wäre außerhalb unserer Reiseroute gelegen, da unser Umtauschbillet auf Kansas City lautete und wir außerdem von Chicago aus keine direkte

Verbindung mit der Union Pacific-Bahn über die Wabash-Linie gehabt hätten. Der Schnellzug nach St. Louis stand zur Abfahrt schon bereit, so daß wir ohne nennenswerten Aufenthalt unsere Reise fortsetzen konnten. Der Wagen, in den wir einstiegen, war gut durchwärmt, was bei der frostigen Nachtluft ein doppelt angenehmes Gefühl bei den Reisenden erweckte. Die weich gepolsterten und mit dunkelrotem Plüsch überzogenen Doppelsitze stellten für diejenigen Reisenden, die sich den Luxus eines „Sleeper" (Schlafwagens) nicht gönnen wollten, ein günstiges Prognostikon für ihre Nachtruhe aus. Der Wagen war durchweg hell erleuchtet, so daß auch eine lesensbedürftige Seele sich zufrieden geben konnte. Der Expreß fuhr mit einer Durchschnittsgeschwindigkeit von nicht ganz 60 km pro Stunde, welche er auch auf der ganzen Strecke Detroit—St. Louis innehielt, dann er legte diesen 780 km langen Weg in zirka 14 Stunden zurück. Von Zeit zu Zeit vernahm man während der Fahrt kurze, schrille Pfiffe der Lokomotive, — offenbar geschah dies in der Nähe von Bahnübergängen als Warnungssignale für Personen und Fuhrwerke. Die Stationen, an denen der Zug anhielt, wurden regelmäßig einige Minuten früher vom Porter ausgerufen, um etwaige Unkundige oder Schläfer an das Ziel ihrer Reise zu erinnern. Gegen 10 Uhr nachts gelangten wir nach Fort Wayne, Staat Indiana, einer industriereichen Stadt von etwa 36 000 Einwohner. Um Mitternacht passieren wir Logansport, eine Stadt von etwa 14000 Einwohner, am Zusammenfluß des Wabashflusses und des Wabash- und Eriekanals gelegen, und hierauf La Fayette, mit etwa 16 000 Einwohnern. In Decatur, wo wir gegen morgens 4 Uhr anlangten, befanden wir uns bereits im Staate Illinois, dem Zentrum der Maiszone der Union. Von Decatur biegt eine Zweiglinie (branch) ab nach Quincy, dem Bestimmungsort des jungen Ehepaars aus der Pfalz. Ich verabschiedete mich von den beiden jungen Leuten, die hier umsteigen mußten, und wünschte ihnen zu ihrem großen Unternehmen allen Erfolg und alles Glück für die Zukunft. Nach einer weiteren vierstündigen Fahrt, während welcher wir wenige Stationen von Bedeutung, wovon etwa noch

Litchfield zu nennen ist, passierten, langten wir in Ost-St. Louis, auf dem Ostufer des Mississippi gegenüber von St. Louis gelegen, an. Die Fahrt von Detroit bis St. Louis hatte demnach etwa 14 Stunden gedauert. Der Reisende, der diesen 488 engl. Meilen (780 km) langen Weg zur Winterszeit und gar bei Nacht zurücklegt und aus anderen Anlässen die Gegend nicht kennt, kann sich natürlich kein Bild machen über die Produktionsformen, die das ökonomische Leben der umwohnenden Bevölkerung bedingen. Wir bemerken in dieser Richtung, daß das gesamte Gebiet von Detroit aus bis St. Louis, das sich in die Staaten Michigan, Indiana und Illinois teilt, und von St. Louis durch ganz Missouri bis Kansas City vorwiegend Ackerbaugebiet darstellt, worin alle Getreidearten wie Weizen, Roggen, Gerste, Hafer, ferner eine Menge Gemüsepflanzen, sowie das amerikanische landwirtschaftliche Hauptprodukt, der Mais (corn) vertreten ist. Weide- und Waldkulturen, Viehzucht und Geflügelzucht wechseln mit genannten Kulturen ab, wozu der Handel und die industrielle Produktion als ergänzende Faktoren des wirtschaftlichen Lebens hinzutreten.

Von Ost-Louis (East St. Louis) führen zwei große Brücken über den Mississippistrom, die „St. Louis Bridge" oder die „Eads Bridge" und die einige Kilometer oberhalb davon gelegene „Merchant's Bridge". Die erstere Brücke, auf drei massiven Grundpfeilern — Spannweite über 500 Fuß — ruhend, hat eine Länge von über 2000 Fuß und dient sowohl dem Eisenbahn- und dem Trambahnverkehr, wie dem Verkehr der Lastfuhrwerke und der Fußgänger. Die „Merchant's Bridge" von annähernd gleicher Länge dient nur dem Eisenbahnverkehr. Die Baukosten sollen sich im ersten Falle auf 40, im zweiten auf 12 Millionen Mark gestellt haben.

Die Stadt St. Louis, im Staat Missouri, auf dem Westufer des Mississippi gelegen, zählt gegenwärtig etwa 600000 Einwohner, wovon rund ein Viertel der deutschen Nationalität angehört. Sie liegt 1900 km von Newyork, 425 km von Chicago und 540 km von Cincinnati entfernt. Ihre Lage im Zentrum des Mississippitals war für die Entfaltung ihres Handels und die Entwicklung der industriellen Produktion günstig. Unter den Handelsartikeln sind zu nennen: Baumwolle (cotton), Fleischwaren (packed meats), Rauchwaren (tobacco), Bauholz (timber), Getreide (grain), Woll- und Pelzwaren (wools and furs). Die industrielle Produktion (factories oder manufactures) erstreckt sich auf die mannigfachsten Industriezweige: Wagen- und Maschinenfabriken, Schuhfabriken, Tabakfabriken (diese zählen zu den größten derartiger Unternehmungen), Mehlmühlen und Bierbrauereien. Wenn man von der St. Louiser oder Eads-Brücke aus westwärts sich bewegt, so stößt man zuerst auf die entlang dem Mississippi laufende 1. und 2. Straße, wo die berühmten Kommissionshäuser sich befinden. Die Banken, Versicherungsgeschäfte (insurance Offices) finden sich vorwiegend in der 3. und 4. Straße, der Großhandel spielt sich in der Washington Avenue ab, während die zahlreichen Detailgeschäfte (retail trade), sowie die Fabriken über die Stadt verteilt sind. Die Hauptgeschäftsstraße ist die 5. Straße, auch Broadway genannt, ein Verkehrszentrum ähnlich der Woodward Avenue in Detroit oder der Broadway in Newyork.

Während unserer Fahrt über den Mississippi, die uns über die obengenannte Merchant's-Brücke führte, hatten wir Gelegenheit, eine Menge Fahrzeuge, wie Boote, Schoner u. dgl. zu beobachten, darunter auch einige größere Fracht- und Passagierdampfer. Der Mississippi war eisfrei, und bei dem ziemlich hellen Wetter am Morgen unserer Ankunft konnte man auf mehrere Meilen die gelblich gefärbten Wasserfluten des Stromes verfolgen und beobachten, wie er sich zwischen den zu beiden Seiten aufgeführten Dammbauten in ziemlich unruhigem Laufe hindurchzwängte. Die graugelben Fluten des Mississippi verdanken ihre Entstehung größtenteils dem Zufluß des ungefähr 30 km oberhalb von St. Louis einmündenden Missouristromes, der seine trüben Wassermassen dem klaren Wasser des Mississippi aufnötigt.

Es war gegen 8 Uhr morgens, als wir im Union Depot (Zentralbahnhof) einfuhren. Die Witterung war jenen Morgen milde, die Gegend im allgemeinen schneefrei, so daß unsere Reise, die von hier aus direkt westlich führte, einen besseren Erfolg unserer Beobachtungen als wie bisher erhoffen ließ. Auf dem Bahnhof, in den nicht weniger als 32 Geleise einmünden, war schon lebhafter Verkehr von ankommenden und wegreisenden Passagieren zu bemerken. Auf eine Anfrage erhielt ich vom Schaffner den Bescheid, daß bis zum Abgange des Zuges unserer gewählten Linie nach Kansas City es noch 2 Stunden dauere, eine Zeitspanne, die ich vorerst mit einigen Mitreisenden dazu benutzte, uns einige Erfrischungen (refreshments) zu gönnen. Von einem der Zeitungsjungen, die auf dem Perron und in den Wartesälen die Morgenblätter verkauften, kaufte ich den „St. Louis Globe Democrat“ und die „Westliche Post“, die einzige deutsche Zeitung, die, wie mir erinnerlich, auf einem amerikanischen Bahnhofe zum Kauf angeboten worden ist. Dieser Umstand freute mich sehr, auch belustigte mich die Wahrnehmung, wie diese deutsche Zeitung plötzlich in den Augen des Jungen (newspaper boy) an Ansehen und Bedeutung gewann, als er Gelegenheit fand, im Handumdrehen ein halbes Dutzend abzusetzen, wobei er nicht müde wurde, auf die Vortrefflichkeit der Zeitung hinzuweisen, schade nur, daß meine Landsleute es nicht verstanden. Vom Perron aus traten wir in eines der beiden großen Restaurants und genehmigten uns ein Frühstück zum Preise von 25 Cents (1 Mark), das der Hauptsache nach aus „Beefsteak“, gerösteten Kartoffeln (fried potatoes) und der unvermeidlichen Tasse Kaffee bestand. Das nebenan liegende Restaurant schien ein solches „zweiter Güte“ zu sein, was sich sowohl aus seiner weniger stilgemäßen Einrichtung, als auch den niedriger gestellten Preise folgen ließ. Gern hätten wir nach alldeutscher Sitte einen Stoff vom Gambrinus gekostet, aber der finstere Geist des amerikanischen Temperenzlertums scheint den Verkauf geistiger Getränke aus den Bahnhöfen verbannt zu haben. Doch die Stadt selber ist noch nicht dem Temperenzfanatismus verfallen, und so beschlossen wir, soweit es die Zeit erlaubte, mittelst der „Tramway“ einen kleinen Abstecher nach der Stadt zu machen. Da ich von meiner ersten

Amerikareise her in St. Louis wohlbekannt war, brauchten wir nicht durch zeitraubende Fragen die kurz bemessene Aufenthaltsfrist zu vergeuden, und hatten genügend Muße, in der Zwischenzeit einige Touren per „Tramway“ in der „Broadway“, in der Marketstraße und einigen anderen Straßenverbindungen zu machen. Von den Sehenswürdigkeiten der Stadt konnten wir bei unserer kurz bemessenen Zeit nur wenig erspähen, doch konnte das meine Begleiter wenig irritieren, denn für sie war, was sie in ihren Gesichtskreis bekamen, alles neu und interessant, daher alles sehenswürdig. Daß wir auf unserer Rundtour mehrere Abstecher in einige der berühmten „saloons“ machten, darf als selbstverständlich gelten; unter anderem besuchten wir auch Fausts Restaurant, wo wir den Anheuser Busch-Stoff uns munden ließen.

Auf dem Rückwege nach dem Bahnhofe versahen wir uns noch reichlich mit Viktualien, vornehmlich Konserven, außerdem mit Zigarren, welche Gattung von Genußmitteln im Lande Onkel Sams als erheblicher Posten im Tageskonto eingestellt werden muß, da die Preise pro Stück für geringere Qualitäten sich auf 20 Pfennig, für bessere auf 40 Pfennig belaufen. Bei der Ankunft auf dem Bahnhofe hatten wir einige Minuten über 10 Uhr. Auf den Perrons und in den Wartsälen herrschte lebhaftes Gedränge. Im St. Louiser Zentralbahnhofe hörten wir auch — was sonst im allgemeinen nicht üblich — von einem Porter die Abfahrtszeiten — time of departure — und die Zugsrichtungen — directions — ausrufen, so daß sich jeder Reisende mit einigen englischen Sprachkenntnissen leicht zurechtfinden kann. Etwa eine Viertelstunde nach 10 Uhr (morgens) setzte sich unser Zug — es war der Expreßzug Nr. 3 — in Bewegung. Wir begehen nun die letzte Teilstrecke auf der Wabash-Linie, für die unsere Billete noch gültig sind — die Strecke St. Louis—Kansas City. Die Entfernung beträgt 277 engl. Meilen oder 443 km. Das Gebiet, das wir von morgens 10 Uhr bis zu unserer Ankunft in Kansas City um 6 Uhr abends in westlicher Richtung durchquerten, gehört ausschließlich zum Staate Missouri, der zu den letzten der Ackerbaugebiete zählt, die westlich vom Mississippi liegen, und woran sich die großen Präriegebiete des mittleren Westens anschließen. Die Gegend besteht teils aus Tafelgebiet, teils aus Hügelland, ist im allgemeinen fruchtbar und gut angesiedelt. Neben Getreide-, Mais- und Kartoffelbau findet man auf einzelnen Plätzen in Missouri auch Weinbau, jedoch zumeist auf kleine Bezirke in unmittelbarer Nähe der Niederlassungen (als Gartenanlagen) beschränkt.

In einzelnen Teilen des Staates bemerkt man noch größere Waldgebiete, die der Holzindustrie, und Weideländereien, welche für Viehzucht eine geeignete Unterlage bieten. Während der ersten Hälfte unserer Fahrt zwischen St. Louis und Kansas City befanden wir uns noch inmitten der großen Maiszone (corn belt), die die Staaten Jowa, Illinois, Indiana, Ohio, Missouri und der östlichen Teile des Staats Kansas in sich faßt. Da das Wetter jenen Tag hell und die Umgebung schneefrei war, so hatten wir einen weiten Fernblick auf die Umgegend, und wer mit landwirtschaftlichen Verhältnissen etwas vertraut war, vermochte trotz der zur Winterszeit brach liegenden Landschaft aus der Art der Bodenbeschaffenheit richtige Schlüsse auf die vorhandenen Bodenkulturen ziehen. In der Nähe von St. Charles, etwa 36 km von St. Louis, führte uns eine große eiserne Brücke über den Missouristrom, den wir von da aus bis Kansas City zur Linken hatten. Wir passierten die Station Montgomery und gelangten um 1 Uhr nach der Station Moberly, einer Stadt von 8000 Einwohner, wo der Zug 20 Minuten Aufenthalt hat und den Reisenden Gelegenheit geboten ist, in dem anliegenden Restaurant ihr Mittagsmahl zu halten. Während der Nachmittagsfahrt unterhielt ich mich mit einer Familie aus Oberfranken, die im „Goldlande“ Kalifornien ihr Glück zu finden hoffte und die ihre ganze „Aussteuer“ mit sich genommen hatte. Geschäftliche „Depressionen“ hatten sie verleitet, ihrem alten Heim „Valet“ zu sagen, um auf fremder Erde ein neues Heim zu gründen. Das Haupt der Familie, ein noch junger und, wie es schien, unternehmender Mann, erzählte mir, daß er die wichtigeren

Gegenstände seines Haushaltes, in eine große Kiste verpackt, bei sich führte, da er fürchtete, im Auslande für Haus- und Kücheneinrichtung unerschwingliche Preise zahlen zu müssen. In Bremen, wo er sich einschiffte, zahlte er für den Transport seiner großen Kiste über den Ozean 70 Mark; in Newyork für den Transport derselben bis San Francisco als Frachtgut (freight) 19 Dollars 50 Cents, zusammen Frachtgebühr 148 Mark; ein Betrag, für den er in einem Ramschausstattungsgeschäft in San Francisco dieselben Gegenstände sich neu hätte erkaufen können. Denn der heutige Produktions- und Warenschwindel und geschäftliche Depressionen blühen allenthalben und „bar Geld lacht" überall. Unkundiger Auswanderer! Er hätte sich die Mühe des Transports ersparen, die aufgewendeten Frachtgebühren zum Ankauf verwenden und den durch den Verkauf seiner mitgeführten Haushaltungsartikel ihm zugegangenen Erlös für sich behalten können.

In der Umgebung der vom Bahnkörper aus sichtbaren Bauernhöfe (farms) bemerkte man dann und wann große Obstgärten, die jedoch keineswegs nach ihrem Inhalt dieselbe Reichhaltigkeit aufwiesen wie man es beispielsweise in deutschländischen Obstanlagen zu sehen gewohnt ist. Der Hauptinhalt eines amerikanischen Obstgartens sind die Apfelbäume, dabei nur wenige Arten vertreten, während Birnbäume, Pflaumen- und Zwetschgenbäume zu den Seltenheiten gehören. Eine Ausnahme hiervon machen nun die obstreichen Gegenden Kaliforniens. Ein Fruchtbaum, der ebenso zahlreich auftritt wie der Apfelbaum, dessen Verbreitungszone aber viel weiter nach dem Süden reicht, ist der Pfirsichbaum (peach tree), der in vielen Arten kultiviert wird. Die Rebanlagen, die wir bei einzelnen Bauernhöfen und Dörfern erblickten, bei welch letzteren sie als Gartenanlagen dienen, die jedoch zu dieser Jahreszeit in einer abgestorbenen Verfassung erschienen, ließen bei den aus Rebgegenden stammenden Mitreisenden angenehme Erinnerungen an ihre alte Heimat aufleben, sie dabei jedoch auch an die mühevollen Tätigkeiten erinnern, die der Rebbau dem Winzer verursacht. Gegen halb 4 Uhr nachmittags erreichten wir das Städtchen Brunswik, von wo aus wir bis

Kansas City Gelegenheit hatten, die trüben, etwas hochgehenden Fluten des Missouristromes, der sich hier in östlicher Richtung bewegt, mit unseren Blicken zu verfolgen. Gegen 5 Uhr passierten wir die Station Carrolton, und etwas nach 6 Uhr abends gelangten wir nach Harlem, am Norduser des Missouri gelegen, wo wir den Missouri kreuzten und der Expreß uns nach Kansas City hinüberführte. Kansas City, Staat Missouri, liegt gegenüber Harlem auf dem Süduser des Missouristromes, an dem Orte, wo er seinen südwärts gehenden Lauf ändert und eine ostwärts gehende Richtung annimmt. Nicht allzufern der Stadt mündet der aus dem Westen kommende Kansasfluß (Kansas River) in den Missouri. Die Stadt, die zweitgrößte des Staates Missouri, zählt gegenwärtig etwa 140 000 Einwohner. Sie verfügt über ähnliche Handelsprodukte und Industriezweige wie St. Louis und ist gleich dieser ein großer Absatzmarkt landwirtschaftlicher Erzeugnisse und ein großes Austauschzentrum gewerblicher Artikel. Ihr gegenüber, direkt am Ausfluß des Kansas River in den Missouri, liegt Kansas City, Kansas, auch Wyandotte genannt. Diese Stadt zählt etwa 40 000 Einwohner. In Kansas City, Kansas, liegen die großen, weltbekannten Vieh- und Schlachthöfe (stockyards and packing houses), die nach denen von Chicago zu den größten der Union zählen.

Die Dämmerung, die uns noch vor der Überfahrt über den Missouri überraschte, ging bereits in tiefe Dunkelheit über, als wir auf dem Zentralbahnhof (Grand Central Depot) in Kansas City, Missouri, einliefen. Abgesehen von der Wabash-Bahn, die wir benützten, münden auf diesem Bahnhofe noch folgende Bahnsysteme ein: die „Missouri Pacific"-, die „Chicago- und Alton"-, die „Chicago-, Burlington- und Quincy"-, die „Atchison-, Topeka- und Santa Fé"-, die „Union Pacific"- und die „Chicago-, Rock Island- und Pacific-Bahn". Hier war der Ort, wo wir den schon in Neuyork in Empfang genommenen grünen Fahrschein, der den Vermerk „Kansas City Exchange" trug, gegen eine Austauschkarte, die von hier ab für die Fahrt auf der Union Pacific-Bahn gültig war, austauschen mußten.

Wir traten an das Billetschalter (ticket office), wiesen den grünen Schein vor und erhielten als sog. „counter-chec“ eine auf gelbem Karton hergestellte Fahrkarte, die von dem betreffenden Inhaber mit Namensunterschrift zu versehen war. Diese gelbe Fahrkarte war für das Union Pacific-Bahnsystem, das wir von Kansas City bis Ogden benützten, gültig. Da es Nacht war und die Aufenthaltszeit nur eine Stunde betrug, so konnten wir von der Stadt wenig in Augenschein nehmen, doch gingen einige Fremde und ich in ein nahegelegenes Restaurant, um vor dem Antritt unserer Reise noch einen kräftigen Imbiß zu nehmen. In einem Biersalon, den wir auf dem Rückwege noch aufsuchten, kauften wir uns noch ein halb Dutzend Flaschen „Export“, wofür jedoch geradezu übermäßige Preise gefordert wurden. Während ein Glas offenes Bier (etwa $2^1/_2$ Dezi) zu 20 Pfennig verzapft wurde, stellte sich die Flasche (Inhalt etwa 5 Dezi) auf 15 Cents oder 60 Pfennig. Der Wirt, dem sein Gewerbe die Profitgier auf die Stirn gestempelt hatte, schien uns richtig eingeschätzt zu haben, nämlich als Touristen, die ihr Tageskonto nicht zu buchen brauchen. Als wir nach dem Bahnhof zurückgekehrt waren, machten wir einen Gang durch den Wartesaal (waiting room) für die Emigranten (emigrants), wo mehrere Auswanderergruppen zu bemerken waren. Wir konnten sicher darauf rechnen, daß wir bei unserer Weiterfahrt noch Zuwachs neuer „Touristen“ erhielten. Von einem Zeitungsjungen, der die Wartesäle mit seinen „news“ (Neuigkeiten) unsicher machte und dem man trotz seines kaum zehnjährigen Alters die Geldgier aus den Augen ablesen konnte, kaufte ich mir vor der Abreise die englisch-amerikanische Zeitung „Kansas City Times“, um mich über den Gang der Weltereignisse fortwährend auf dem laufenden zu halten. Die Zeitung enthielt merkwürdigerweise kein sensationelles Ereignis, wie gewöhnlich die Depeschenfabrikanten es dem Leser aufzutischen pflegen, um ihn in Aufregung zu versetzen. Unterdessen rückte die Zeit zur Abfahrt heran und ich beeilte mich, in dem zur Abfahrt bereit stehenden Expreß für die lange

Nachtreise ein passendes Plätzchen zu erhalten. Wenige Minuten später ertönte der Ausruf des dienſthabenden Kondukteurs „all a board“ (alles einsteigen!), und gleich darauf gab auch der Zugführer (engineer) das Signal zur Abfahrt. Die neuen Amerikareisenden, die wir von hier aus als Zuwachs erhielten, hatten nicht wenig Mühe, ihre Koffer und andere Utensilien in die Wagen zu schleppen nnd dort an passender Stelle unterzubringen. Bei einzelnen Einwandererfamilien sah es aus wie in einer Verkaufsbude, und dem Beobachter mußte der Gedanke kommen, daß diese Leute sich im Glauben verproviantiert hätten, sie müßten sich gegen die Gefahr des Verhungerns schützen. Andererseits konnte man diesen keineswegs aus dem Stamme der Krösusse abstammenden Leuten nicht zumuten, daß sie sich eine reguläre Mahlzeit (regular meal) im Speisewagen zum Preise von 75 Cents = 3 Mark erlaubten, auch wäre dies nach ihren Begriffen eine heillose Verschwendung gewesen.

Vom Zentralbahnhof (Grand Central Depot) in Kansas City, Staat Missouri, bewegte sich unsere Fahrt vorerst über den Kansasfluß (Kansas River) nach Wyandotte oder Kansas City, Staat Kansas, und von da aus westwärts entlang dem Nordufer des Kansasflusses. Der erste größere Punkt, den wir erreichten, war die Station Lawrence mit etwa 10 000 Einwohnern, zu beiden Seiten des Flusses gelegen. Diese Stadt ist der Sitz der sog. „Staats-Universität“ (Frequenz etwa 900 Zöglinge) und enthält außerdem eine Indianerschule (das „Haskell Institute“), die von etwa 600 Schülern beiderlei Geschlechts besucht wird. 90 km von Kansas City gelangten wir in die Staatshauptstadt des Staates Kansas, nach Topeka, mit etwa 30 000 Einwohnern, und gleich Lawrence auf beiden Seiten des Kansasflusses sich ausbreitend. Topeka ist eine der Hochburgen der Temperenzbewegung und vollständig auf Gnade und Ungnade dem Temperenzfanatismus ausgeliefert. Wir befinden uns nun von da ab inmitten der großen Prärien des Westens, vorerst noch Ackerbaudistrikte (Getreide- und Maisbau) mit Weideländereien darstellend, weiter westlich in völlige

Grasprärien übergehend. Bei der Station Wamego kreuzten wir einen kleinen Fluß, den sog. „Blue River" (blauen Fluß). Von „Junktion City" aus genossen wir den Ausblick auf den „Smoky Hill River", der nach seiner Vereinigung mit dem aus dem nördlichen Kansas kommenden „Republican River" den Kansasfluß bildet. Wir passierten nach Mitternacht die inmitten eines fruchtbaren Distrikts gelegenen Stationen Abilene und Salina. Drei Uhr morgens erreichten wir Ellsworth, etwa 5 Uhr morgens die Station Ellis, wo die Zeitzone „Central Standard Time" zur „Mountain Standard Time" (Bergzeit) wechselt. Die Uhren sind hier richtig zu stellen, und zwar weil wir westlich fuhren, um eine Stunde zurück. Gegen 9 Uhr morgens gelangten wir nach Wallace und etwa eine halbe Stunde später, zwischen den Stationen Wallace und Cheyenne Wells, betraten wir den durch mancherlei Naturschönheiten ausgezeichneten Silberstaat („Silver State") Kolorado.[9]

Die Gegend, die wir von 9 Uhr abends bis des andern Tages um $3^1/_2$ Uhr nachmittags — bis zu unserer Ankunft in Denver — mit dem Expreß durchfuhren, war mir von meiner ersten Amerikatour vollauf bekannt. Es interessierte mich daher auch ungemein, in Erfahrung zu bringen, ob die Stationen, die wir zu passieren hatten, eine merkliche Änderung in bezug auf Ausdehnung und Zunahme der Bevölkerung in der Zwischenzeit — einem Zeitraum von 15 Jahren — stattgefunden hätte. Leider war die Nachtzeit, obgleich der Himmel unbewölkt war, solchen Beobachtungen nicht günstig, doch konnte ich bei einzelnen eine nennenswerte Veränderung konstatieren. Ich bemerkte, wie etliche Stationen, die solche vor genanntem Zeitraume nur dem Namen nach waren, resp. nur aus einer Ausweichestelle (switch) bestanden, sich zu Dörfern (towns) von beträchtlichem Umfange entwickelt hatten, während größere Plätze, wie Topeka und Lawrence, ebenfalls eine nennenswerte Vergrößerung erfahren hatten. Von einigen Plätzen wußte ich bestimmt, daß sie damals noch gar nicht bestanden hatten, oder daß damals erst Boden und Umgebung geprüft, Fundamente zu Häusern gelegt oder Brunnen gegraben wurden.

Da ich trotz der vorgerückten Stunde nicht sonderlich vom Schlaf gequält wurde, und unser Wagen mit dem berühmten „Pitch Light“ hell erleuchtet war, so benutzte ich die sorgsam aufbewahrte „Kansas City Times“ als zeitvertreibende Nachtlektüre, was angesichts der ruhigen Gangart der amerikanischen Züge keine sonderlichen Schwierigkeiten macht. Ich konnte dieses Vorhaben um so leichter zur Ausführung bringen, als meine Landsleute sich auf ihren weich gepolsterten Sitzen bereits in Morpheus' Armen wiegten und ich daher von dieser Seite nicht zu befürchten brauchte, in meiner Lektüre gestört zu werden. Neben den mehr oder weniger sensationell aufgebauschten Depeschennachrichten enthielt die Zeitung — nach echt amerikanischer Manier — in denkbar größter Weitschweifigkeit eine Unmenge Lokalnotizen und Lokalberichte über private wie öffentliche Vorkommnisse, — die schwerlich ein europäisches Blatt wegen der Geringfügigkeit und Bedeutungslosigkeit des Gegenstands wie der Personen der Publikation für wert gefunden hätte. Aber diese Vielschreiberei im amerikanischen Zeitungswesen ist nun einmal eingebürgerte Sitte, und das Amerikanertum, das wohl gern viel liest, aber herzlich wenig denkt, findet in diesem ungesunden, auf die Sensation berechneten Wortschwall sein Wohlgefallen und seine Befriedigung. Dabei muß man wissen, daß eine erkleckliche Anzahl von Zeitungskorrespondenzen von Frauenzimmern stammen, die in ihren Mußestunden — und solche versteht die Amerikanerin sich zu verschaffen — diese für einen denkenden Leser geradezu ungenießbaren Elaborate fabrizieren, und daher die Erscheinung, daß in amerikanischen Zeitungen die Interessen und Angelegenheiten des weiblichen Geschlechtes eine große Rolle spielen, so daß niemand es mehr wagen wird, an der Wichtigkeit des schöneren Geschlechtes zu zweifeln.

Von Zeit zu Zeit hielt ich scharfen Auslug durch die Waggonfenster, um irgendwelche Naturszenerie zu erspähen. Die Nacht war nicht so dunkel, daß man nicht auf eine gewisse Entfernung Aussicht hatte, aber abgesehen von den wenigen, selten und seltener werdenden Stationen konnte man nur vereinzelt und in großen Distanzen voneinander gelegene Bauernhöfe (farms), die sich wie große Maulwurfskegel aus der zum Teil mit Schnee bedeckten Landfläche erhoben, erblicken. Der geographische Charakter unseres Reisegebiets bot keinerlei Abwechslung, indem auf Hunderte von Meilen derselbe, durch Tafel- und Hügelland gebildete Steppencharakter vorherrscht. Eine fortwährende Änderung in bezug auf die geographische Lage ist jedoch durch das Präriegebiet von Kansas wie durch das des östlichen Teiles des Staates Kolorado zu konstatieren: die zwar allmähliche, doch konstante Steigerung der Bodenerhebung in der Richtung westlich gegen die Felsengebirge hin. Beträgt die Meereshöhe in Kansas City, Missouri, erst 700 Fuß, so steigert sie sich in Topeka zu 800, in Abilene zu 1000, in Ellsworth zu 1500, in Ellis zu 2000, in Wallace zu 3200 Fuß und in Cheyenne Wells, Staat Kolorado, befinden wir uns bereits 4300 Fuß über der Meeresoberfläche. Da diese Bodensteigungen auf eine große geographische Zone sich verteilen, so kann der Reisende während der Durchfahrt davon nichts wahrnehmen.

Als der Morgen anbrach, war die Witterung viel unfreundlicher als am Vortage, der Himmel zum Teil bewölkt. Eine scharfe Brise aus dem Nordwesten, dem berüchtigten amerikanischen Wetterwinkel, wehte über die öden Prärien. In nordwestlicher Richtung sah man über dem Horizont schwere Wolkenmassen von weißgrauer Farbe aufsteigen, und es war zu befürchten, daß einer jener gefährlichen Schneestürme (blizzards), von denen diese Präriegegenden häufig heimgesucht werden, im Anzuge wäre. Wenn auch dieses unliebsame Intermezzo ausblieb, so war doch die Stimmung unter den Passagieren keineswegs eine gehobene, und den an den Zwischenstationen aussteigenden Passagieren konnte man es ansehen, daß sie froh waren, ihr Reiseziel erreicht zu haben.

Unterdessen jagte der Expreß mit einer Geschwindigkeit von 50 km die Stunde durch die endlose Prärie dahin. Die Gegend zeigte jetzt völlig den Charakter einer einförmigen, durchaus baumlosen Grassteppe, die Ackerbaukulturen, die bisher mit der

Wiesenkultur abwechselten, verloren sich allmählich, und man erblickte zu beiden Seiten des Bahnkörpers nur noch große Weideplätze, wo zahlreiche Rindviehherden, welche auch zu dieser Jahreszeit im Freien kampieren, das zum Teil halb abgestorbene, zum Teil an feuchteren Plätzen noch fortgrünende Steppengras (bunch-grass, wie der amerikanische Bauer dieses Futter nennt) gierig abgrasten. Gegen 10 Uhr vormittags passierten wir die Grenze von Kansas und Kolorado und eine halbe Stunde später langten wir in Cheyenne Wells an. Wir hatten also den vom Temperenzfanatismus und von Weibern beherrschten Staat Kansas hinter uns und befanden uns im Staate Kolorado, wo die Maulwurfsarbeit der Temperenzler noch nicht eingedrungen war. In Cheyenne Wells hatten wir 20 Minuten Aufenthalt. Im dortigen Eisenbahnrestaurant (rail restaurant) genehmigten wir uns einen kräftigen Imbiß, wo ich unter anderem mir noch erlaubte, ein Stück Apfelkuchen (apple pie), was als integrierender Bestandteil einer amerikanischen Mahlzeit gilt, für den angemessenen Preis von 10 Cents (40 Pfennig) zu erstehen. Als wir aus dem Bahnhofrestaurant auf den Perron hinaustraten, erblickten wir auf der dem Bahnhof gegenüberliegenden Straße, die die Hauptgeschäftsstraße (business street) des Ortes zu sein schien, mehrere Aushängeschilde (signs) mit der Aufschrift „Saloon“ (Wirtschaft). Mehrere meiner Begleiter konnten sich nicht entgehen lassen, die noch übrig bleibende Aufenthaltspause zum Besuche einer der „Tavernen“ zu benützen, und so gingen wir unsere vier entlang der „Frontstraße“ und traten in den „Saloon“, wo an dem Aushängeschild noch das Abzeichen eines „big schooner“ (Großer Schoppen) figurierte. In der Wirtschaft befand sich nur ein Gast, der, wie es schien, an dem in der Mitte des Zimmers stehenden eisernen Ofen seine erstarrten Glieder aufwärmte, während der Wirt hinter dem Büffet (counter) sich aufgepflanzt hatte, bereit, seines Amtes zu walten. Tische und Stühle waren — wie dies gewöhnlich in all den irisch-englisch-amerikanischen Wirtschaften zu sein pflegt — nicht vorhanden, und so stellten wir uns vor die Bar (bar) hin und forderten einen „drink" Gambrinusstoffes. Da offenes Bier nicht vorhanden war, so bestellten wir zwei Flaschen, die soweit uns gut mundeten, deren Preis jedoch ganz gesalzen war. Er verlangte für die beiden Flaschen Bier 1 Dollar (4 Mark); jede Flasche enthielt etwa 6 Dezi. Ich teilte dies meinen nicht englisch sprechenden Begleitern mit, die über diese Aufklärung nicht sonderlich erbaut waren. Der Wirt, der ein wirklicher Rassentypus war von jener Mischlingssorte, deren nähere oder entferntere Stammesangehörigkeit auch ein gewiegter Physiognomiker und Ethnograph nicht feststellen kann, schien unser Erstaunen zu bemerken, machte indes nur die frivole Bemerkung, daß in Denver oder San Francisco die Bierpreise bedeutend niedriger seien, daß man aber nicht übersehen dürfe, daß man hier mitten in den Prärien (plains) sich befinde. Da wir in der Eile waren, hatten wir keine Zeit, mit diesem Original uns näher zu befassen, und so bezahlten wir unsere Zeche und eilten dem Bahnhofe zu. Man konnte nicht behaupten, daß das aus hölzernem Material hergestellte und an vielen Stellen bedenkliche Löcher und Lücken zeigende Trottoir (side walk) der Sicherheit des Publikums angepaßt war, indessen sind diese mangelhaften Trottoirverhältnisse für die amerikanischen Dörfer und kleinen Plätze charakteristisch. Der Amerikaner richtet eben sein Augenmerk nur aufs Geschäft (business), nicht — von Ausnahmefällen abgesehen — auf äußere Ausstattungen.

Der Verkehr unter den Passagieren war an jenem Tag gering, nur ganz vereinzelt erhielten wir Zugang von neuen Passagieren, die in den Zwischenstationen einstiegen, um bald von der Bildfläche wieder zu verschwinden. Der aufmerksame Reisende wird merken, daß je mehr man sich dem Westen nähert, der Gütertransport wie der Personenverkehr im Lokalverkehr eine geringe Rolle spielt, und daß selbst die übermäßig hohen Tarife für Güter- und Personenbeförderung in diesen schwach bevölkerten Landdistrikten keine hinreichende Verzinsung des Anlagekapitals und keine genügende Verwertung des Betriebskapitals gewähren, und daß daher die Einnahmequellen dieser westlichen durch den Kontinent führenden Bahnen auf anderen Gebieten liegen. Eine dieser Einnahmequellen bildet für die Unternehmer der Durchgangsverkehr, dann darf man auch nicht übersehen, daß diese Besitzer von Bahnsystemen nicht bloß solche des Bahngebietes sind, sondern auch Eigentümer von entlang des Bahngebietes liegenden oder vorhandenen landwirtschaftlichen und industriellen Unternehmungen, die wieder geeignet sind, ihre Betriebskosten zu vermindern, ferner Inhaber fremder Aktien u. dgl. Daher kann es kommen, daß für Bahnbesitzer die Einnahmen aus ihrer Transportunternehmung nicht als Haupt-, sondern nur als Nebeneinnahmequelle figurieren.

Nach unserer Abfahrt von Cheyenne Wells unterhielt ich mich mit einer kleinen Gesellschaft von Schweizern, die in Kansas City, Missouri, unseren Wagen bestiegen hatten und deren Reiseziel ebenfalls das Goldland Kalifornien war. Neben einer Menge zum Teil überflüssiger Utensilien, die sie in den Wagen hereingeschleppt hatten, waren sie auch im Besitze einer riesigen, mit echt Waadtländer Rotem gefüllten Korbflasche, deren Inhalt sie zum Gaudium der amerikanischen Mitreisenden fleißig zusprachen, wobei sie auch die Gastfreundschaft zeigten, ihren gleichsprachlichen Mitreisenden einige Proben zukommen zu lassen. Es war eine Gruppe von fünf Personen, zwei Mädchen von etwa 18—19 Jahren, zwei gleichaltrige junge Burschen und ein älterer Mann, der der Vater des einen Mädchens war. Er war der Führer der Gruppe, schon etwas vorgerückt in Jahren und auf seiner zweiten Amerikatour begriffen. Wenn man annehmen wollte, daß er als älterer Mann bei seiner Ankunft auf seine bloße Arbeitskraft angewiesen wäre, so hätte man Zweifel darüber hegen können, wie er in einem Gebiete, wo nur junge Arbeitskräfte geschätzt werden und altes Eisen keinen Markt mehr findet, sich durchschlagen sollte. Aber der aufmerksame Beobachter konnte aus seinem stahlgrauen, blitzenden Auge eine seltene Entschlossenheit und Energie herauslesen, die ihn trotz seines Alters dazu befähigte, auch unter ungünstigen Lebensverhältnissen „seinen Mann zu stellen“. Er zählte offenbar zu jenen merkwürdigen

Menschen, die vor keinem Schicksal zurückschrecken und die, wenn einigermaßen vom Glück begünstigt, das Zeug in sich haben, in der Welt vorwärts zu kommen.

Gegen 1 Uhr nachmittags, als wir noch etwa 160 km von Denver entfernt waren, wurden wir von einigen landeskundigen Reisenden darauf aufmerksam gemacht, daß wir jetzt Gelegenheit hätten, den östlichen Abfall der Felsengebirge (Rocky Mountains, auch Cordilleran System genannt) zu erspähen. Der Himmel war nicht sonderlich klar, doch da die Wolkenzüge höher gingen als am Morgen, hatte man immerhin eine große Fernsicht, und in der Tat entdeckte ein scharfes Auge eine schwarze, nur in den Umrissen erkennbare Gebirgswand, die sich in lang gestreckter Linie von Norden nach Süden dahinzog. Doch nur der untere Teil der Gebirgskette war dem Auge sichtbar, über den oberen Regionen lagerten schwere Wolkenmassen, die jede Fernsicht dem Auge entzogen. Je mehr wir westlich kamen, um so mehr konnten wir innerhalb des Gebirgskolosses einzelne hervorragende Bergkuppen unterscheiden, unter anderen auch den etwas südwestlich gelegenen „Pike's Peak", einen allbekannten gewaltigen Schneeberg von über 14000 Fuß Meereshöhe, einer der höchsten Berge in der Nordhälfte des amerikanischen Kontinents und nur um einige hundert Fuß niedriger als der „Montblanc" in der Schweiz. Bei der Station Limon kreuzten wir die Chicago-, Rock Island- und Pacific-Bahn und unsere Fahrt bewegte sich von hier ab in nordwestlicher Richtung. Nach einer weiteren zweistündigen Fahrt, etwa 4 Uhr nachmittags, langten wir in Denver, der größten und zugleich der sog. Staatshauptstadt des Staates Kolorado, an.

Die Stadt Denver, die „Königsstadt der Prärie" (Queen City of the Plains) genannt, liegt am Südufer des Süd-Platteflusses (South Platte River) und etwa 30 km vom Ostabhang der Felsengebirge entfernt. Sie zählt gegenwärtig rund 160000 Einwohner und erfreut sich einer regen und vielverzweigten industriellen Produktion, worunter hauptsächlich ihre Maschinerien, Mühlfabrikate und ihre Wollproduktion aufzuführen sind. Und wie

Chicago seinen Aufschwung seiner Lage als günstig gelegenem Absatzmarkt für Viehzucht, Getreide- und vor allem für die Maisproduktion verdankt, so Denver den seinigen seiner günstigen Lage als Absatzmarkt der umliegenden reichhaltigen Minen in Gold, Silber, Blei, Zink und Kupfer. Die großen Hüttenwerke (smelting works) Denvers haben einen weit über ihre Grenzen gehenden Rüf erlangt.

Der Aufenthalt in Denver beschränkte sich auf 1½ Stunden. Diese kurze Spanne Zeit benützte ich, um auf „Kabelwagen“ eine kleine Umschau in der Stadt zu halten. Vom „Union Depot“ (Hauptbahnhof) aus fuhr ich entlang der 17. Straße und einem Teil der Broadway nach der Colfax Avenue, in welch letzterer Straße das „State Capitol“ (das Ständehaus) sich befindet. Genannte zwei Straßen zählen zu den verkehrsreichsten Plätzen Denvers. Die Stadt macht in ihrer Anlage wie in ihren äußeren Ausstattungen auf den Fremden im allgemeinen einen guten Eindruck: man erblickt massive Geschäftsetablissements, geschmackvoll ausstaffierte private Wohngebäude, von reichen Gartenanlagen umgeben, sauber angelegte Straßen, zum Teil mit Asphalt gepflastert. Fast möchte man der Behauptung Glauben beimessen, daß Denver die am geschmackvollsten eingerichtete Stadt der Union wäre, und daß ihre Bewohner in Gesellschaftsformen obenan stünden; besonders wird den Frauen — die natürlich auch in Denver die erste Geige spielen — eine feine Umgangssitte nachgerühmt. Die Preise für Lebensmittel und Getränke fand ich gemäßigt, man trinkt Denver Bier und auch Export aus den großen Brauereien von St. Louis und Milwaukee.

Denver ist ein bedeutender Eisenbahnknotenpunkt (railway centre): hier begegnen sich die von uns benützte Union Pacific, die Chicago, Rock Island und Pacific, die wegen ihrer Durchfahrt durch wildromantische Gegenden berühmte Denver- und Rio Grande-Bahn und die nach Texas und dem Golf von Mexiko führende „Pan Handle Route“ (Denver, Trinidad, Fort Worth, Galveston). In Denver waren wir 639 engl.

Meilen (1020 km) von Kansas City, Missouri, 914 engl. Meilen (1460 km) von St. Louis und 2100 engl. Meilen oder rund 3360 km von Neuyork entfernt, Die Fahrtzeit bis zu unserer Ankunft in Denver betrug etwa 68 Stunden,

Vor der Abreise von Denver kaufte ich an einem Zeitungskiosk (news stall) die Zeitschrift „North American Review" und die hochkonservative, mit den Minen- und Grundbesitzern treu verbündete „Denver Post", worin ich mich mit allen neuesten Ereignissen bekannt machen konnte. Ich las sie während der Fahrt mit großem Vergnügen, da die darin per Telephon oder per Telegraph übermittelten Nachrichten für den Fernreisenden etwas Abwechslung in die Monotonie, die jeder Reise von längerer Dauer anhaftet, brachten. Diesmal schenkte ich auch den Lokalnachrichten (Town Gossips) etwas Aufmerksamkeit ebenso den Berichten über den Geldmarkt oder die Börse (money market) und den Aktienmarkt (stock market). Die englische Börsensprache ist natürlich ebenso amüsant und in der Anwendung der Wörter und Begriffe ebenso kühn wie die anderer Sprachen. Die Aktien von mehreren Industriewerken waren in ihrem Kurswerte sehr hoch, so daß man Bedauernis darüber empfinden mußte, nicht Inhaber solcher Aktien zu sein. Welchem Umstand die Aktien ihren günstigen Kursstand verdankten, war aus den Berichten nicht ersichtlich.

Von Denver aus biegt die Union Pacific ab in nördlicher Richtung und läuft bis zur Station La Salle entlang des Süd-Platteflusses. Zwischen Denver und Greely fällt die Bahn um einige hundert Fuß, um gegen Cheyenne, den nächsten größeren Punkt, dem wir zustrebten, wieder zu steigen. In Denver sind wir in 5200, in der nächsten Station Brighton in 4900, in Greely in 4600 und in Cheyenne in 6000 Fuß Meereshöhe. Fährt man bei Tageszeit und bei einigermaßen heller Witterung, so erblickt man zur Linken ununterbrochen den Gebirgswall der Kordilleren mit einigen dem Beschauer auffallenden Bergkegeln, worunter der „Long's Peak" mit seinen 14000 Fuß Seehöhe der bemerkenswerteste ist. Die 107 engl. Meilen oder 162 km lange Strecke

Denver—Cheyenne, die durch eine Ebene, etwa 50 km vom Ostabfall der Gebirge gelegen, hindurchführt, ist nicht unfruchtbar, ziemlich wasserreich und sehr geeignet unter anderem für Kartoffelbau, ebenso für Viehzucht, wozu die ungeheuren Mengen des bekannten Steppenklees „alfalfa“, einer Abart des Luzernerklees, die hier gedeihen, anregen.

Die Abfahrt von Denver nach Cheyenne war 6 Uhr abends erfolgt. Im Eisenbahnwaggon war eine angenehme Temperatur von etwa 16 ° Reaumur, und die ziemlich große Anzahl Reisender hatte sich diesen gegen die äußere niedrige Temperatur so angenehm kontrastierenden Wärmeunterschied insofern zu nutze gemacht, als sie sich auf ihren gepolsterten Sitzen nach aller Bequemlichkeit einrichteten. Meine Landsleute, die sich bei dieser Fahrtstrecke in zwei Wagen verteilt hatten, waren alle bei gutem Humor und ließen sich während der Fahrt ihre neu ergänzten Vorräte, wie sie Leib und Seele zusammenhalten, trefflich munden. Bis jetzt hatte noch keiner derselben Mine gemacht, den in den Früh-, Mittags- und Abendstunden jeweils erfolgten Ausrufen „First call, second call, last call“, womit die Aufmerksamkeit der Reisenden auf die Mahlzeiten im Speisewagen (dining car) gelenkt werden sollte, irgendwelche Folge zu leisten. Alle diese „Anzapfungen“ schienen auf die zukünftigen Pioniere des Westens keine wahrnehmbare Wirkung hervorzubringen. Meine Nachbarin, eine junge Frau aus dem Bayernlande, fühlte sich offenbar behaglicher dabei, aus ihrer mitgeführten Reisetasche ihre Mundvorräte zu entnehmen, als an der „table d'hôte“ eines amerikanischen Speisewagens zu opuliren. Eine Temperenzlerin schien sie keineswegs zu sein, denn sie machte reichlichen Gebrauch von ihren diversen Flaschenbieren. Auf der gegenüber liegenden Seitenreihe saßen zwei Amerikanerinnen, vermutlich Temperenzlerinnen, die mit großen, weit aufgerissenen Augen dem Trinkgelage meiner Nachbarin zublickten und nicht zu begreifen schienen, wie jemand, und gar noch eine Frau, öffentlich vor aller Augen dem in den Augen der „Puritaner“ fluchwürdigen Getränk des Alkohols huldigen konnte. Durch verschiedene Gesten suchten die beiden ihren Widerwillen und ihr Mißfallen zu bekunden. Sie fühlten sich als reine, hehre Schönen weit erhaben über die Tochter der bayrischen Berge mit ihrer trivialen Landessitte. Indessen lag der Unterschied zwischen der urwüchsigen Bayerin und den zwei von falschem Vorurteil angekränkelten Amerikanerinnen nur darin, daß die erstere weniger verstand, die Rolle des Heuchlers oder des Hypokriten zu spielen, als die beiden Töchter Onkel Sams.[10] Im übrigen muß sich der fremde vorurteilslose Reisende über derartige abstoßende Voreingenommenheiten stets hinwegsetzen und sich von herrschenden törichten Sitten eines Landes nicht alterieren lassen.

Um 10 Uhr nachts passierten wir die Grenze der Staaten Kolorado und Wyoming und 10^{30}, zur fahrplanmäßigen Zeit (on schedule time), langten wir in Cheyenne, der Staatshauptstadt des Staates Wyoming, an. Sie zählt gegenwärtig etwa 12000 Einwohner und ist ein wichtiges Zentrum für die in der Umgebung an einzelnen Plätzen betriebene Viehzucht (cattle raising). Als wir in Cheyenne ankamen, war die Temperatur etwa 10° Reaumur unter Null, und ein scharfer Nord blies über die ringsum schneebedeckte Hochsteppe. Von der Stadt selbst konnte man in der tiefdunkeln Nacht kaum die Umrisse, geschweige denn die einzelnen lokalen Verhältnisse entdecken, und da wir keine Lust verspürten, in die lokalen Geheimnisse der Stadt einzudringen, so waren wir froh, als nach einem etwa halbstündigen Aufenthalt der Zug sich in Bewegung setzte. In Cheyenne erhielten wir einen neuen Zuwachs von „Europamüden“, die über die Hauptlinie der Union Pacific-Bahn, die in Verbindung mit der Chicago und North Western von Chicago über Omaha, Columbus, North Platte und Julesburg nach Cheyenne führt, gekommen waren. Es waren vorwiegend junge, unternehmungslustige Leute, die voller Hoffnung waren, in ihrem „Zukunftslande“ zu Glück und Wohlstand zu gelangen.

Von Cheyenne führt unsere Bahnlinie wiederum in westlicher Richtung, und zwar bis an den Westabfall der Felsengebirge in einer durchschnittlichen Meereshöhe von 5000 Fuß. Einzelne

Punkte liegen bedeutend höher als dieses Durchschnittsmaß: so Cheyenne über 6000, Sherman Hills über 8000, und Summit über 7000 Fuß. Etwa 40 km westlich von Cheyenne, wo die großen Prärien des nordamerikanischen Westens ihr Ende endgültig erreicht haben, geht die Reise fortwährend durch Berge und Wüstenregionen. Die Felsengebirge (Rocky Mountains), die auf dieser Tour bei Denver resp. bei Cheyenne ihren Anfang nehmen und den Reisenden auf annähernd 2000 km — von Cheyenne bis Auburn in Kalifornien — ununterbrochen begleiten, steigen in einzelnen Bergkuppen, wie in den bereits genannten „Long's Peak" und Pike's Peak" bis zu 14000 Fuß Seehöhe empor. Von Cheyenne aus steigt die Bahn fortwährend und erreicht in „Granite Canon" 7300 und in Sherman über 8000 Fuß Meereshöhe. Letztere Station ist die höchstgelegene des ganzen Union Pacific-Bahnsystems und zugleich einer der Punkte, wo wir die sog. „Continental Divide", d. i. den Hauptgebirgswall der Kordilleren kreuzen. Zwischen Sherman und Laramie passierten wir den Dalefluß (Dale Creek) auf einer über 600 Fuß breiten und über 100 Fuß hohen eisernen Brücke. Hier ist auch der Punkt, wo, wie ich später beobachtete, bei heller Witterung der schon mehrfach genannte, über 14000 Fuß hohe „Pike's Peak" auf eine Entfernung von 250 km noch gesehen werden kann. Etwas nach 1 Uhr nachts gelangten wir nach Laramie, der zweitgrößten Stadt des Staates Wyoming, mit etwa 7000 Einwohner. Die Stadt liegt am Laramieflusse (Big Laramie River), in der Hochebene nahe dem Südabhange des Laramiegebirges (Laramie Mountains). Laramie ist ein Hauptstapelplatz für die in der Umgebung in einzelnen wasserreichen Tälern betriebene Schafzucht und Schafwollproduktion. Bei der Station Hanna kreuzten wir große Kohlenfelder, bei der Station Fort Steele fuhren wir über den North Plattefluß, der hier in nördlicher Richtung sich bewegt und mehr nordwärts, nach einer gewaltigen Krümmung einen östlichen Lauf einschlägt. Zwischen Laramie und Fort Steele fällt die Bahn um ein unbeträchtliches, um gegen Rawlins wieder zu steigen.

Als ich nach Mitternacht keine Versuchung mehr in mir spürte, dem Schlafgott Morpheus einen Tribut zu entrichten, so verbrachte ich die Zeit, da die übrigen Passagiere entweder in Halbschlummer versunken waren, oder vollständig im besseren Land der Träume weilten, teils mit Lektüre, teils damit, daß ich mich nach Kräften anstrengte, im Dunkel der Nacht in der Umgebung des Bahnkörpers einige Naturszenerien zu erspähen. Doch so weit mein Blick reichte und es die Dunkelheit zuließ, war nur eine unbewohnte, mit einem Leichentuch überzogene Wüstensteppe sichtbar, an deren Hintergrunde oft ein langgezogener Gebirgswall, oft nur eine einsam innerhalb des Wüstenplateau sich erhebende Bergkuppe dem Auge des Beobachters sich zeigte. Über der Gegend herrschte eine unheimliche Ruhe, die unser Expreß, wie es schien, durch sein Geräusch nicht zu stören wagte: geräuschlos wie ein Schlitten sauste er durch die in Nacht und Schnee eingehüllte Gebirgswüste dahin. Zur Verkürzung der Zeit studierte ich auch abwechselnd im „Folder" der Union Pacific, die in diesem Fahrplan als die bemerkenswerteste Bahn der Union hervorgehoben war und bei deren Studium ein unkundiger Reisender zum Glauben verleitet worden wäre, alle entlang der Union Pacific gelegenen Stationen wären Punkte von hervorragender Bedeutung und alle von bedeutendem Umfange. Aus den vielen fettgedruckten Punkten entlang der Linie müßte er schließen, daß die umliegenden Gegenden sehr bevölkert wären und ein ergiebiges Kulturland darstellten. In Wirklichkeit entpuppen sich jene dicken Punkte in ihrer überwiegenden Mehrzahl als Dorfschaften von noch nicht einem halben Dutzend Häuser, in vielen Fällen sogar als einfache, zum Zwecke der Überholung oder der Abwartung eines Gegenzuges vorhandenen Weichestellen (switches). Und alle diese mit schöner fetter Schrift hervorgehobenen Stationen liegen inmitten einer unwohnlichen, zum Teil grausigen Einöde. Um 5 Uhr morgens erreichten wir die Station Rawlins und 3½ Stunden später die nächstgelegene nennenswerte Station Rock Springs. In der Zwischenzeit wich ich den gebieterischen Anforderungen der Natur und ergab mich einem leichten Halbschlummer, der mir jedoch in der Folge mehr Ermüdung als Erfrischung brachte. Als ich erwachte, war das Morgengrauen schon deutlich erkennbar. Wäre es Sommerszeit gewesen, so hätte gewiß schon in dieser regenarmen Gegend der alte Sonnengott seine erwärmenden Strahlen auf Berg und Tal ausgebreitet, in dieser Jahreszeit blieb er noch vollständig verschwunden, und erst in später Tagesstunde sah man die goldglitzernden Strahlen der Morgensonne von den östlichen Abhängen der umliegenden Berge gegen das Tal zu herabsteigen. Der Himmel war jenen Morgen nur leicht bewölkt, die Witterung nicht übermäßig kalt, wie überhaupt die Temperatur bis zum Schlusse unserer Reise trotz der von uns durchmessenen Höhe von durchschnittlich 5000 Fuß als eine gemäßigte bezeichnet werden mußte. Doch war diese Temperaturerscheinung zu dieser Jahreszeit nur eine Ausnahme, es hätten viel wahrscheinlicher bittere Kälte und heftige Schneestürme herrschen können. Bei unserer etwas nach 8 Uhr morgens erfolgten Ankunft in Rock Springs war es heller Tag, und wir hatten von jetzt ab mehrfach Gelegenheit, zu beiden Seiten des Bahnkörpers, im Freien kampierende weidende Herden von Pferden, Rindern, Schafen und Schweinen zu beobachten, die, abgehärtet gegen Schnee und Eis, das unter der Schneedecke kümmerlich fortwuchernde spärliche Steppengras nebst den noch vorhandenen Bergdisteln mit Gier aufsuchten und abfraßen, um ihren vermutlich nie ausgehenden Hunger zu stillen. Mehrere große Herden, aus durchgängig schwarzen Schafen bestehend, kamen in Sicht, ebenso Herden, worin sich eine bunt auserlesene Schar der verschiedensten Wiederkäuer herumtummelte. Sie waren bewacht von Hirten, die in Begleitung von großen, schwarz- und braunfarbigen Schäferhunden die Herden beständig umritten. Die Natur dieser Hirten (cow boys) ist gegen äußere Einflüsse ebenso abgehärtet, wie die ihrer Schützlinge; diese Rinderhirten sind gegen ein beständiges Winterlager in den die Kälte nur notdürftig abhaltenden Zelten (tents) ebenso abgestumpft wie die noch halbwild jahraus jahrein im Freien sich herumtreibenden Herden. Gegen 9 Uhr passierten wir das Städtchen Green River, am gleichnamigen Flusse gelegen, und eine Stunde später die Station Granger, von wo aus eine Linie, die Oregon Short-Linie, in nordwestlicher Richtung abzweigt und über Pocatello, Staat Idaho, nach Portland, Staat Oregon, führt. Zur Mittagszeit gelangten wir nach Evanston und bald darauf passierten wir die Grenzscheide der Staaten Wyoming und Utah. Zur linken Seite des Bahndammes bemerkte man einen Grenzpfahl (pole), auf dessen einer Seite zu lesen war: State Line — Wyoming, und auf der anderen: State Line, Utah. Auch die „Counties“ (Bezirke, in die jeder Staat wieder eingeteilt ist) schienen darauf bemerkt zu sein, doch waren sie während der Fahrt nicht zu entziffern.

Zwischen Granger und Evanston bemerkte man zur Linken die schneebedeckten Höhen der sog. Uintahberge, und bei der Station Aspen, 30 km diesseits Evanston, überstiegen wir den zu 8000 Fuß ansteigenden mächtigen Kamm des Wahsatchgebirges. Zwischen Evanston und Aspen durchfahren wir auch ein mächtiges Tunnel. Wir nähern uns Ogden, dem westlichen Terminus des Union Pacific-Bahnsystems, und beobachten auf der Fahrt von Evanston nach dem 76 engl. Meilen (120 km) entfernten Ogden noch eine merkwürdige Szenerie: nämlich den sog. „Echo Canon“ und den „Weber Canon“: Große gewaltige Felsmassen steigen zu beiden Seiten des Bahnkörpers mächtig empor, ihn mehrfach überwölbend und so ein von Natur gebildetes Tunnel bildend. Wir bemerkten noch einige kleine Bäche sich durch das jetzt wieder auftretende Gehölz hindurchwinden, was nach einer so langen Fahrt durch eine nahezu wasserlose Wüstengegend viel Überraschung bot. Während der Fahrt gegen Ogden zu, während welcher die Bahn starkes Gefälle zeigt (Aspen über 7000, Evanston 6800, Ogden nur noch 4200 Fuß Seehöhe), kann man auch etwas Ackerbaukultur, wie Getreide- und Kartoffelbau und Obstkultur wahrnehmen, eine Erscheinung, die in Anbetracht der bedeutenden Höhenlage dieser Gegend immerhin merkwürdig ist und sich nur durch ihre Lage in einem Talkessel, die sie gegen die eisigen Nordwestwinde schützt, erklären läßt. Obgleich diese ganze Gegend ziemlich wasserreich ist, hat man doch beobachtet, daß die Flüsse, welche sie durchziehen, keine Nebenflüsse von größeren Wasserläufen sind, sondern durchgängig in salzige Seen einmünden, die zur Sommerszeit durch Verdunstung trocken gelegt werden. Aber all diese fruchtbaren Plätze im Staate Utah sind nur Oasen zu vergleichen, denn auch Utah ist, gleich Wyoming, im großen und ganzen ein unwirtliches Berg- und Wüstengebiet.

In Ogden trafen wir Sonntag nachmittags 2 Uhr ein. Ein direkter Anschluß für die Weiterfahrt war hier nicht mehr vorhanden, und wurden die Reisenden dahin informiert, daß der nächste nach dem Westen bestimmte Zug nicht vor 4 Uhr morgens des folgenden Tages abgehe. So waren wir zu einem unfreiwilligen Aufenthalte von 14 Stunden verurteilt. Im Wartesaal konnte man auf einer schwarzen Tafel (black board) die Ankunft und den Abgang der Züge ablesen, wobei unter anderem verzeichnet war: Pacific Expreß Nr. 101 nach dem Westen (westwards) 4 A. M. Unter 4 A. M. (A. M. Abkürzung für das lateinische Ante Meridiem) war 4 Uhr morgens, und zwar „Pacificzeit" gemeint, welche um eine Stunde gegen die „Mountain Time" (Bergzeit) zurück ist (one hour slower). Wir waren somit bei der letzten Zeitzone „Pacific Time" angelangt, welche gegen die erste Zeitzone, Eastern Time, um 3 Stunden zurück ist (three hours slower). In Ogden ist der westliche Endpunkt (western Terminus) der von uns von Kansas City benützten Union Pacific-Bahn, und gleichzeitig der östliche Endpunkt (eastern Terminus) der Südpacific-Bahn, und zwar der Ogden-Route dieser Bahn, welche Strecke bis zu ihrer Einverleibung mit dem Südpacific-Bahnsystem unter dem Namen „Zentral Pacific" figurierte. Wir waren jetzt 622 engl. Meilen von Denver, 1538 engl. Meilen von St. Louis, 2017 engl. Meilen von Detroit und 2722 engl. Meilen von Neuyork entfernt.

Die Stadt Ogden, in Weber County und am Weberflusse (Weber River) gelegen, ist die zweitgrößte Stadt des Staates Utah und zählt gegenwärtig 16000 Einwohner. In ihrer äußeren Erscheinung zeigt sie kein besonderes Gepräge und kann nur als typisch gelten für andere amerikanische Plätze von ähnlichem Umfange. In lokaler Hinsicht ist Ogden insofern interessant, als es auf seiner Nordseite von einer Reihe gewaltiger Bergrücken umlagert und gegen Süden und Südwesten zu nicht allzuweit von dem bekannten Großen Salzsee (Great Salt Lake) entfernt ist. Die Bergrücken waren mit einer gewaltigen Schneedecke überzogen, so daß der Reisende über ihre geologische Beschaffenheit sich keine Aufklärung verschaffen konnte. Da das Wetter ziemlich milde war und heller Sonnenschein am Himmel glänzte, so war der Verkehr auf den Straßen ein äußerst lebhafter, und hatte man hier Gelegenheit, Typen der verschiedensten Nationalitäten zu beobachten. Ogden birgt in seinem Schoße, wenn auch nur in kleinerem Umfange, eine zahlreiche Mischlingsbevölkerung, die der Abenteuerlust und dem Trieb nach Gelderwerb folgend, auf diesem monotonen Fleckchen Erde eine Existenz gründeten. Man beobachtet Elemente, die in den umliegenden Bergwerken arbeiten, Unternehmer und Spekulanten und kleine Geschäftsleute, die jede Minute Zeit verachten, die ihnen keinen Gewinn einträgt.

Im Staate Utah hat das berüchtigte Temperenzgesetz (prohibition) noch keinen Eingang gefunden, und speziell in Ogden vermochte auch das sog. Sonntagsgesetz (sunday law), das den Verkauf geistiger Getränke an Sonntagen verbietet, bis jetzt nicht durchzudringen. An allen Straßenecken (corners) — und diese lokale Position ist den amerikanischen Wirtschaften eigen — sah man Schilde mit der Stichmarke: „Saloon“. Daß wir an diesem Sonntagnachmittag diese günstige Gelegenheit ausnützten und die „Lokale“ stark frequentierten, wodurch auch ein Einblick in einen Teil des amerikanischen Lebens gewonnen werden kann, dürfte nach deutscher Begriffsauffassung als selbstverständlich erscheinen. Neben Gambrinusstoff aus Ogden war auch solcher aus der großen Salzseestadt (Salt Lake City), sowie aus St. Louis und Milwaukee erhältlich. Die Preise hierfür waren gemäßigt, 5 Cents für etwa 3 Dezi. Auch die Preise für die

Lebensmittel bewegten sich auf demselben Niveau wie die an großen Plätzen.

Während des Ganges durch die Hauptstraße, die vom Hauptbahnhof in direkt nördlicher Richtung durch die Stadt sich hindurchzieht, erblickten wir auf der rechten Seite die Mormonenkirche, die wir jedoch nicht betreten konnten. Zur Mormonensekte, die im Staate Utah eine ziemliche Verbreitung hat, zählen auch die meisten Einwohner von Ogden. Es wäre für uns interessant gewesen, einen Einblick in das Privatleben der Mormonen, bei denen — wenigstens bei den Wohlhabenden — Vielweiberei (polygamie) herrscht, zu gewinnen. Mormonen, deren ökonomische Verhältnisse es zulassen, leben in Gemeinschaft mit zwei und mehr Weibern, doch so, daß die mehr Bevorzugten unter diesen in unmittelbarer Nähe des Ehegatten wohnen, während seine Frauen zweiter und dritter Güte in Nebengebäuden untergebracht zu sein pflegen. Natürlich muß der zärtliche Ehegatte, der so und soviel rechtmäßig angetraute Gattinnen unter seinem Dache beherbergt, in seinem Haushalt genauen Bescheid wissen, um nicht mit der Zeit bei der einen oder anderen dieser Schönen in den Ruf eines nachlässigen Ehemannes zu gelangen.

Die Nacht verbrachte ich in einem Hotel, dessen Inhaber ein Deutscher war und der großes Interesse an meiner Reise zu nehmen schien. Er freute sich, wieder Gelegenheit gefunden zu haben, Deutsch zu sprechen, wozu, wie er meinte, in Ogden wenig Gelegenheit vorhanden sei, da auch die länger ansässigen Deutschen am Platze sich meistens des englischen Idioms bedienten. Im übrigen machte er keinerlei Andeutungen über seine bisherigen Schicksale, obgleich aus seinen tiefgefurchten Gesichtszügen unschwer ein Leben voll harter Kämpfe herauszulesen war. Nach meinen Anordnungen wurde ich pünklich 3 Uhr morgens geweckt, so daß ich noch eine halbe Stunde vor Abgang des Zuges auf dem Bahnhofe eintraf. Ich bemerkte daselbst unter anderem eine neue Gruppe von Auswanderern, die, wie leicht zu ersehen war, der czechischen Rasse angehörten. Es war eine ganz frische Sendung von Arbeitsware, die der „Obhut“ eines Landsmannes, der des Landes und der englischen Sprache schon kundig war, anvertraut war. Dieser Landsmann, ein echt czechischer Typus, war nichts anderes als ein Seelenverkäufer, ein sog. Arbeitsvermittler, der, wie ich später erfuhr, seine unwissenden und unkundigen Landsleute für eine kalifornische Bergwerksgesellschaft in eigener Person in seiner alten Heimat angeworben hatte. Es konnte als sicher angenommen werden, daß diese Czechen, die in Amerika unter dem Begriff „Bohemians“ bekannt sind, nur zum Teil, einige vielleicht auch überhaupt nicht, die weite und teuere Reise bezahlten, daß das Geld vorgeschossen war, um nachher wieder an den Löhnen in Abzug gebracht zu werden. Diese armen Teufel waren, ohne es zu wissen, auf längere Zeit einer Korporation verkauft, einer nur schwach maskierten Sklaverei ausgeliefert; denn die Unternehmungsgesellschaft und ihr Helfershelfer, der eigene Landsmann, werden in der Folge schon Mittel und Wege gefunden haben, um die erbeuteten Arbeitskräfte auf unbestimmte Zeit in ökonomischer Abhängigkeit zu halten.

Es war noch tiefe Nacht, als wir abfuhren. Die Stimmung unter meinen Landsleuten war froh und zuversichtlich, war es doch die letzte größere Teilstrecke, die wir bis San Francisco noch zurückzulegen hatten. Während der Abfahrt frug ich eine der jungen Schweizerinnen, die in ausgezeichneter Stimmung zu sein schien, wie lange sie von der Heimat wegzubleiben gedenke. Sie entgegnete mir, daß sie vielleicht, wenn es ihr gefalle, für immer in Kalifornien bleibe, daß es ihr vor allem darauf ankäme, das Englische zu erlernen und mit der Zeit auch einige Ersparnisse zu machen. Ich erwiderte ihr, daß das Fortkommen in einer fremden Welt viel vom Glück und Zufall abhänge, daß aber auch Ausdauer, selbst unter wenig günstigen Verhältnissen, zum Ziele führen könne; im übrigen käme es weniger in ihrer Lebenslage auf hohe Bezahlung als auf eine Stellung an, die von gewisser Dauer wäre. Der Wechsel in Stellungsverhältnissen wäre schädlich. Das Englische würde sie nicht so schwer finden, da sie noch jung sei und vermutlich noch ein gutes Gedächtnis habe, was zur Erlernung einer fremden Sprache Grundbedingung sei. Im stillen mußte ich jedoch ihr Schicksal bedauern, da sie ein wirkliches Heim — und ein solches hatte sie nach ihren Angaben auch besessen — mit einer Illusion zu vertauschen im Begriff stand, denn niemals kann die Fremde, auch wenn sie noch so glänzend sich gestaltet, das Leben in der ursprünglichen Heimat ersetzen.

Der Wagen, in dem wir Platz genommen hatten, war stark besetzt, und zwar nicht bloß von fremdländischen, sondern auch von einheimischen Reisenden. Nach altem Gebrauche hatten die Neuankömmlinge ihr Handgepäck und ihre Koffer mit in den Wagen geschleppt, so daß der Durchgang zwischen den beiden Sitzreihen bedenklich gesperrt wurde. Der Kondukteur war übrigens ein ganz höflicher Mann, indem er mit Hilfe einiger Reisenden bemüht war, die Koffer und Gepäckstücke in eine Anordnung zu bringen, die weniger Raum beanspruchte. Zu Beginn der Reise wurden unsere Billete nochmals revidiert und wir erhielten jetzt im Austausch gegen die in Kansas City auf gelbem Karton hergestellte Fahrkarte eine solche auf blauem Karton, die über die „Ogden-Route" der Südpacific-Bahn Gültigkeit hatte. Die Karte lautete einfach: Ogden to San Francisco.

Unser Expreß, der Pacific Expreß Nr. 101, der auf dem Fahrplan den Vermerk „A" trug, was bedeuten sollte, daß seine Ankunft und sein Abgang täglich stattfinden, fuhr mit einer Durchschnittsgeschwindigkeit von etwa 50 km dahin, anfänglich durch eine sumpfige, wildes Gestrüpp und Weidenbäume aufweisende Landschaft, die jedoch bald in eine völlige Wüste überging. Bis zur Station Kelton fuhren wir in nördlicher Richtung entlang zwei nördlichen Ausläufern oder Armen des Großen Salzsees, worauf die Bahnlinie südwestwärts abbog und uns entlang der Nordgrenze der sog. „Great American Desert" (Große amerikanische Wüste) vorbeiführte. Zwischen den Stationen Corinne und Kelton fing der Tag allmählich zu grauen an, und wir hatten jetzt mehrfach Gelegenheit, die weißlich schimmernden, schweren Salzfluten des Sees zu beobachten. Auf längere Zeit kam uns der Große Salzsee, der eine Länge von 130 km und eine Durchschnittsbreite von 60 km hat, in Sicht, oft sich mehr dem Bahnkörper nähernd, bis er endlich westlich von Kelton zwischen Felswänden unseren Blicken entschwand. An den Salzsee schließt sich unmittelbar genannte „amerikanische Wüste“ an, die auf den Beschauer einen traurigen Eindruck macht. Man erblickt in der Runde nichts mehr als bräunlich schimmernde Felsenhügel, zwischen denen sich sog. Brack-tümpel, von Salzwasserablagerungen herrührend, zeigen. Die Vegetation besteht beinahe ausschließlich aus dem berüchtigten „sage brush“, einem Wüstenstrauch von etwa 2 Meter Höhe und beträchtlichem Umfange. Gegen 8 Uhr morgens gelangten wir nach der Bahnstation Terrace, 4500 Fuß über dem Meere gelegen, von wo aus man in südwestlicher Richtung den zu 11000 Fuß aufsteigenden „Pilot“-Berg erblickt. Nicht weit von der Station Tecoma passierten wir die Grenzscheide der Staaten Utah und Nevada, die, soviel uns bekannt wurde, an diesem Platze durch einen großen Markstein angedeutet ist. Der Staat Nevada, in den wir jetzt eintraten, führt den Spitznamen „Sage Brush State“, weil das oben erwähnte Felsengestrüppe in ihm heimisch ist resp. darin am meisten verbreitet ist. Die gesamte Region, die wir von unserem Abgang in Ogden bis gegen die Sierra Nevada hin an der Grenzscheide von Kalifornien und Nevada durchquerten, kann man wiederum als einziges großes Wüstenplateau bezeichnen, ohne nennenswerte Vegetation, nur unterbrochen von einigen tausend Fuß über dem Hochplateau sich erhebenden, aus Sand und kahlen Felsen gebildeten Gebirgskämmen und Bergkegeln. Auf diesem ganzen Wege, den wir von morgens früh 4 Uhr bis des anderen Morgens um 2 Uhr zurücklegten und der die beträchtliche Länge von über 1000 km beträgt, war keine fruchtbare Landschaft, kein lustig dahinplätschernder Bergbach, keine grünenden Fluren und keine waldigen Berge zu erspähen, um den Ausblick des Reisenden zu verschönern. Immer und immer wieder von Meile zu Meile derselbe Anblick von Sandhügeln, öden Kalk- und Granitbergen.

Trotz der wenig anmutenden Gegend ging es in unserem Wagen diesen Morgen äußerst lebhaft zu. Während unseres langen Aufenthalts in Ogden hatten sich die frischen Amerikareisenden mit Vorräten reichlich versehen, nicht zum wenigsten mit alkoholischen Stoffen. Die kleine Schweizerkolonie, die gleichfalls ihre alten zur Neige gehenden Vorräte mit neuen ergänzt hatte, beschloß, den Rest aus ihrer mit dem besten roten Waadtländer gefüllten Korbflasche zum allgemeinen Besten zu verwenden. Man war liberal und ließ den in Gläser gefüllten „Roten" fleißig kreisen, was nicht unwesentlich zur Erzeugung einer animierten Stimmung beitrug. Jenen Morgen machte der Zeitungs-, Zigarren- und Obstverkäufer (train boy), der uns nun von Ogden bis San Francisco resp. Oakland beständig begleitete, gute Geschäfte; es war niemand mehr knauserig, war doch jeder sich bewußt, seine während der Reise gemachten Ausgaben in dem nicht mehr allzu fern liegenden Goldlande Kalifornien doppelt und dreifach ersetzt zu bekommen. Zur Lektüre kaufte ich mir den in der großen Salzseestadt erscheinenden „Salt Lake Herald", der mich über die neuesten Ereignissen auf dem Welttheater genügend informierte. Das Studium dieser Zeitung rief übrigens in mir ein eigentümliches Empfinden wach, als ich im Geiste die bewegten Vorgänge im Menschenleben, wie sie mir die Zeitung zur Darstellung brachte, mit der menschenleeren Einöde, die mich umgab, in Vergleich zog. Während ich noch las, ließ der diensthabende Kondukteur auf einem seiner Rundgänge zu einigen Reisenden die Bemerkung fallen: That's a God damned bad outfit over there. Er meinte damit die von Ogden aus mitreisenden Czechen, die, 40 Mann hoch, in corpore in einen alten ausrangierten „Spezialwagen" zusammengepfercht waren und nun dort einen Höllenspektakel machten. Die aus ihren Pfeifenkloben mächtig aufsteigenden Rauchsäulen waren nicht dazu angetan, das Aroma des Wagens zu heben, noch die bereits längst eingetretene Tageshelle zum Durchbruch kommen zu lassen. Der Kondukteur war offenbar nicht in der Stimmung, sich mit diesen czechischen Eigentümlichkeiten zu befreunden. Doch war er klug genug, bei den Czechen nicht vorstellig zu werden, denn er mochte wohl herausfühlen, daß seine Reklamationen nur eine gegenteilige Wirkung hervorbrächten.

Auf unserer Weiterfahrt berührten wir die durchweg kleinen unscheinbaren Stationen Toano, Wells (um 12 Uhr mittags), Deeth, Elko (2 Uhr nachmittags) und Carlin, wo sowohl ein Auswechsel der Maschinen wie ein Wechsel im Fahrtpersonal stattfand. Bei mehreren Stationen bemerkten wir Indianer und Indianerinnen, mittelgroße, kräftig gebaute Gestalten von rötlich-braunem Gesichtsteint und dichtgewachsenen, langen Haarsträhnen von tiefschwarzer Farbe. Es waren die sog. Piute-Indianer, die noch über den größeren Teil von Nevada sich zerstreut finden. Die Bahnlinie bewegte sich während unserer Durchfahrt durch den Staat Nevada auf einer durchschnittlichen Meereshöhe von 4500 Fuß. Zu beiden Seiten des Bahnkörpers beobachtet man häufig sog. „Snow-sheds“, stark gebaute, hölzerne Schutzzäune gegen Schneewehen und Schneelawinen. Nur an wenigen Stellen bewegt sich die Bahnlinie auf eine längere Strecke in geradelaufender Richtung fort, in verhältnismäßig kurzen Abständen beschreibt sie eine Kurvenlinie nach der anderen, ohne daß der Expreß seine Fahrtgeschwindigkeit minderte, was insbesondere bei kurz laufenden Kurven jeweils eine heftige Erschütterung des Wagens zur Folge hatte, und selbst diejenigen Reisenden, die diese Bahn schon mehrfach befahren haben mochten, in eine ängstliche Aufregung versetzte. Mehreren Mitreisenden mußte ein gewaltiger Schrecken in die Glieder gefahren sein, denn sowie der Zug eine scharfe Kurve beschrieb, hielten sie sich krampfhaft an den Wagensitzen mit beiden Händen fest. Indessen war die Furcht unbegründet, denn diese amerikanischen Eisenbahnzüge winden sich trotz ihrer riesig langen Wagen infolge der kurz abstehenden Radstände und der vorzüglich funktionierenden Drehgestelle mit größter Sicherheit um die gefährlichsten Bahnkrümmungen. Außerhalb der Station Carlin war, wie bei

Ogden, eine interessante Naturszenerie zu beobachten: gewaltige, jäh aufsteigende Felsenmassen, deren Kuppeln dachartig an mehreren Stellen den Bahnkörper an beiden Seiten überwölbten, ferner mehrere Meilen zur rechten Seite sich hinziehende hohe, steile Felswände.

Um die Fahrt durch die Einöde, deren starres Einerlei das Auge zuletzt ermüdet, einigermaßen zu verkürzen, trug einer der Schweizer auf allgemeine Aufforderung hin auf seiner Ziehharmonika, die er als teures Kleinod aus seinen heimatlichen Bergen mit sich genommen hatte, einige hübsche Musik- und Gesangsstücke vor. Es waren einige für unsere Situation recht passende und daher zu Herzen gehende Stücke darunter: „Von der Heimat muß ich scheiden,“ „Muß i denn, muß i denn zum Städtle hinaus,“ „Wenn ich den Wandrer frage: wo kommst du her? Von Hause, von Hause, hab' keine Heimat mehr“ und ähnliche andere, wobei er von seinen Landsleuten kräftig unterstützt wurde. Auch einige bekannte Walzerstücke von Strauß und Lanner gab der musikalische Schweizer zum besten. Es läßt sich die Empfindung schwer in Worten wiedergeben, die jene Musikstücke in unserem Gemüte hervorriefen. Inmitten einer fremdartigen grausigen, felsigen Wüste, die in nichts erinnerte an die reiche Flora der Heimat, wo sie entstanden waren, gelangten nun die allbekannten, vielgesungenen Lieder zum Vortrag.

Wir passierten in der Folge die Stationen Palisade, in dessen Nähe sich ergiebige Minen befinden, Battle Mountain, Golconda und gegen 7 Uhr abends Winnemucca, von wo aus man in nördlicher Richtung die Santa Rosa-Berge aufsteigen sieht. Die Station Winnemucca liegt am Humboldtflusse, der, längere Zeit dem Bahndamme folgend, bei der Station White Plains sich in den Humboldt- oder Carsonsee ergießt. Das Dörfchen, das wir noch in der Dämmerung beobachten konnten, mochte nach ungefährer Schätzung 600 Seelen zählen, deren einförmiges, inmitten einer Wüstenei verbrachtes Leben nur durch die trostlose Öde der sie umgebenden Natur übertroffen werden konnte. Zwischen Winnemucca und dem nächstfolgenden, etwa 220 km entfernten größeren Punkte Wadsworth zieht sich die besonders berüchtigte, durchaus wasserlose „Winnemucca Desert“ (Winnemucca-Wüste) hin. Zwischen beiden Punkten liegen nur noch zwei Plätze, die überhaupt erwähnenswert sind und kleine Oasen in der großen Wüste bilden: nämlich die Stationen Humboldt und Lovelock. Von der Station Wadsworth aus, die 4000 Fuß über dem Meere liegt, beginnt die Bahn langsam den Aufstieg gegen die bekannte Sierra Nevada (Snowy Range), einen mächtigen Gebirgskamm, der in einzelnen Bergkuppen eine Höhe von über 14000 Fuß erreicht. Von Wadsworth läuft die Bahnlinie entlang des Truckeeflusses. Es war schon 11 Uhr nachts, als wir Wadsworth passierten, und gegen 1 Uhr morgens gelangten wir nach Reno, einem der bedeutendsten Plätze des Staates Nevada mit etwa 3600 Einwohner. Es war eine helle Mondnacht, und soviel zu ersehen war, liegt das Städtchen in einem runden Talkessel von mäßigem Umfang, völlig eingekeilt von hohen Bergen, die den Bewohnern jeden Ausblick in die Ferne verwehren. Rings um den Bahnkörper glitzerten im Mondenschein schwere Schneemassen, die an einzelnen Stellen meterhoch aufgetürmt lagen. Das Ganze machte den Eindruck einer echten Winterlandschaft eines Hochplateau, indessen war die Temperatur nicht übermäßig niedrig, das Thermometer zeigte vielleicht 8° Reaumur unter Null. Zwischen Reno und Truckee, unweit Truckee, passierten wir die Grenze von Nevada und dem Staate Kalifornien („El Dorado State“). In Truckee befinden wir uns in 5900 Fuß Meereshöhe. Die große Sandwüste, nur unterbrochen von mächtigen vegetationslosen Granitbergen, hatte hier ihr Ende erreicht. Über der Station Truckee hinweg, wo wir 3 Uhr morgens anlangten, zeigt die Naturszenerie, nahezu unvermittelt, vollständig ein neues Gepräge: die Sandhügel und kahlen Berge sind verschwunden und an deren Statt bemerkt man auf den umliegenden Höhen mächtige Waldungen, vornehmlich Eichen- und Tannenwaldungen, ein Beweis dafür, daß wir in einer veränderten geologischen Zone uns bewegen. Bei der Station „Summit“ bewegt sich die Bahn auf dem höchsten Punkt, den sie während der Kreuzung des Gebirgskammes der Sierra Nevada erreicht, nämlich in 7000 Fuß Meereshöhe. Bei letztgenannter Station durchfuhren wir einen mächtigen Tunnel, den letzten der drei großen Tunnels, die zwischen Cheyenne und San Francisco zu beobachten sind. Nach der Station „Summit“ befuhren wir die weltbekannten „Snow sheds“, die sich auf eine Strecke von 60 km entlang des Bahnkörpers hinziehen und zum Schutze gegen Schneewehen, Lawinen und Bergrutschungen aufgerichtet sind. Sie bestehen aus stark gebauten, etwa 30 Fuß hohen Holzpfeilern, die zu beiden Seiten des Bahndamms aufgerichtet sind und deren oberer Teil von schwerem Holzwerk überwölbt ist. Von oben nach unten laufen die Pfeiler in keilförmiger Richtung. Sie stellen eine Art künstlicher Tunnels dar und hindern, wie alle Tunnels, wenn auch in geringerem Maßstabe, den Ausblick auf die Umgebung Von der Station Summit aus zeigt die Bahn starkes Gefälle. Wir passierten Emigrant Gap, 5000 Fuß hoch, die Station Alta in 3600, Dutch Flat in 3400 Fuß Meereshöhe. 6 Uhr morgens erreichten wir Colfax, nur noch 2400 Fuß, und 8 Uhr morgens die Staatshauptstadt des Staates Kalifornien, Sakramento, gar nur 30 Fuß über dem Meeresspiegel gelegen. Während unserer nächtlichen Fahrt durch die Sierra Nevada war die Veränderung in klimatischer und geographischer Hinsicht eine überaus überraschende und merkwürdige. Waren wir noch bis Mitternacht durch unwirtliche, in Schnee und Eis eingehüllte Wüstenregionen gekommen, so führte uns während des Morgengrauens der Expreß durch weit ausgedehnte Waldregionen, später durch grünende Fluren und zuletzt durch ein bemerkenswertes Vegetationsgebiet und gleichzeitig durch ein halb tropisches Klima, das einen erstaunlichen Kontrast bildete zu dem eisig kalten Klima, das wir wenige Stunden vorher noch zu passieren hatten. Wir hatten bei unserer Ankunft in Sakramento das ganze große nordamerikanische Gebiet, das sich vom Atlantischen Ozean westwärts bis an den Westabfall der Felsengebirge ausdehnt und das sich durch seine großen Temperaturgegensätze zu Winters- und Sommerszeit auszeichnet, durchquert und waren im sog. „Pacific Slope" angelangt, wo das Klima keine derartigen Gegensätze kennt, sondern die Temperatur das ganze Jahr hindurch nur geringe Veränderung zeigt. Nicht bloß die Nadelhölzer, sondern auch die Laubhölzer, ebenso die Wiesen und Fluren tragen hier einen immerwährend grünen Schmuck. In dieser Richtung ist eine Durchfahrt durch die Sierra Nevada, und dies besonders zur Winterszeit, eine der merkwürdigsten Fahrten der Welt. Bemerkenswert ist auch das große Gefälle der Bahn zwischen der höchstgelegenen Station auf dieser Strecke, nämlich Summit und Roseville, letztere 32 km östlich von Sakramento gelegen: In Summit bewegt sich die Bahn in über 7000 Fuß Meereshöhe, in Roseville noch in 160 Fuß. Die Entfernung beider Stationen beträgt ungefähr 130 km, das Bahngefälle demnach an 7000 Fuß. Durch die Sierra Nevada bewegt sich die Bahn an einzelnen Stellen an Abgründen vorüber, die auf den Reisenden sehr verblüffend wirken, an manchen Plätzen erscheint von ferne der Bahnkörper so schmal, daß er mehr über dem Abgrund als auf solidem Fundamente zu liegen scheint. Der Aufenthalt in Sakramento dauerte 20 Minuten. Die Stadt liegt am östlichen Ufer des Sakramentoflusses, unfern der Stelle, wo der „American"fluß sich in den Sakramentofluß ergießt. Gegenwärtig zählt sie an 30 000 Einwohner mit reger Industrie und lebhaftem Handel. Während des Aufenthaltes trat ich in das anliegende Bahnhofrestaurant, um einen Morgenimbiß (lunch) einzunehmen. Ein glattrasierter, in tadellos weißem Kostüm auftretender Japaner bemühte sich, meinen Wünschen sich dienstbar zu zeigen. Ich bestellte zwei Schinkenbrote (ham sandwich), eine Tasse Kaffee und, nach amerikanischem „style" auch ein Stück Kuchen, und zwar einen „apple pie". Der Preis für diesen kleinen Imbiß war übrigens ein ganz gesalzener, denn ich mußte für die Bagatelle 50 Cents = 2 Mark bezahlen. Das war offenbar kein Abonnementspreis. In Sakramento erhielten wir erheblichen Zuwachs an Passagieren, die meistens nach der „City", womit San Francisco gemeint ist, reisten. Das Wetter war prachtvoll und die Temperatur bereits morgens etwa 15° Reaumur über Null. Im Eisenbahnwaggon werden Tagesblätter von San Francisco verkauft, und ich erstand mir eine Nummer (copy) des „San Francisco Chronicle" und eine solche des „San Francisco Examiner". Gegen halb 9 Uhr setzte der Expreß seine Fahrt fort, jener Expreß, der uns tagelang durch Gebirge und Wüstenregionen geführt hatte, und der am Schluß seiner Fahrt ein mehr wirtliches Gebiet durchkreuzend, uns jetzt von Meile zu Meile näher der Küste des Stillen Ozeans zuführte. Wir kreuzten die Brücke über den Sakramentofluß und passierten die Stationen Davis, Dixon, Elmira und gelangten bei Suisun in einen schwammigen, mit Riedgras überzogenen Distrikt, der in seinem Anblicke in einem auffallenden Gegensatze steht zu der kurz vorher von uns passierten fruchtbaren Ackerbaugegend. Bei dem Städtchen Benicia, an der Wasserstraße (strait) von Carquinez gelegen, die, etwa 1 km breit, die Bai von Pablo mit der von Suisun verbindet, wurde unser ganzer Expreßzug auf einen mächtigen Trajektdampfer verladen und auf diesem über genannten 1 km breiten Wasserweg nach der gegenüberliegenden Station Port Costa übergeführt. Von der Station und dem Hafenplatz Port Costa — 96 km von Sakramento und 48 km von San Francisco entfernt — werden große Schiffsladungen Getreide, hauptsächlich Weizen, direkt nach Europa transportiert. Die Bahn zieht von hier aus nördlich über „Vallejo Junction" und von da entlang des südlichen Ufers der San Pablo-Bai, westlich bis San Pablo. Hier befinden wir uns am nordöstlichen Ufer des Golfes von San Francisco und haben einen Ausblick auf den am anderen Ufer in dieser Talregion sich erhebenden, etwa 2600 Fuß hohen Berg Tamalpais, von dessen Spitze aus, wie ich in der Folge zu beobachten Gelegenheit hatte, man eine Rundschau genießt auf den Stillen Ozean, auf das Kaskadengebirge, das sich nördlich an die Sierra Nevada anschließt, auf die Sierra Nevada selbst, auf das südlich vom Golf gelegene Santa Cruz-Gebirge, auf den östlich von Oakland gelegenen Bergkegel „Diablo" und sowie endlich auf die Stadt San Francisco. Wir passierten die Stationen Rodeo, Berkeley, in welch letzterem Platze sich die sog. „Universität von Kalifornien" befindet, die zurzeit von etwa 2400 Zöglingen besucht wird. Bei der Station Rodeo, 27 engl. Meilen (44 km) von San Francisco entfernt, bemerkt man eine merkwürdige Reklame. Etwa 10 m vom Bahnkörper enfernt erhebt sich eine große Reklametafel in Form eines hölzernen Kreuzes, worauf zu lesen ist: „27 miles to Emporium" (27 Meilen nach dem Emporium). Wenige Minuten später sieht man dieselbe Reklametafel und so in kleinen Intervallen bis gegen Oakland hin, wobei natürlich jeweils die Anzahl der angegebenen Meilen eine andere ist. Zuletzt liest man noch „7 miles to Emporium". Der Fremde weiß aus dieser Reklame nichts zu machen, bis er nach seiner Ankunft in San Francisco auf das dortige „Emporium" aufmerksam wird. Diese genannte Reklametafel soll nämlich den Reisenden auf den in der Marketstraße in San Francisco befindlichen Großen Bazar (Golden Gate Bazar), der den Gesamttitel „Emporium" führt, und wo er mit Geld einen großen Teil seiner Bedürfnisse befriedigen kann, aufmerksam machen.

Kurz vor halb 12 Uhr mittags gelangten wir nach der Stadt Oakland, vis-a-vis von San Francisco am östlichen Ufer des Golfes von San Francisco gelegen. Die Stadt zählt etwa 48000 Einwohner und soll ihren merkwürdigen Namen (Oakland = Eichenstadt) von den vielen in ihren Straßen gepflanzten Eichbäumen (oak trees) ableiten. Oakland liegt noch 10 km von San Francisco entfernt. Nach Verlassen des Bahnhofes fuhr der Expreß an der westlichen Seite von Oakland entlang und zuletzt auf eine Strecke von 2 km auf einer „mole" einwärts in den Golf selbst. Am Ende jener „mole" verlassen die Passagiere den Zug und gehen, nach Umtausch ihres Billets, auf einen gewöhnlich schon bereit stehenden Salon-Küstendampfer, der sie in etwa 20 Minuten nach dem sog. „Ferry Depot", am Nordostende der Marketstraße gelegen, hinüberführt. Auf der Überfahrt von Oakland nach San Francisco bemerkt man zur rechten Seite die kleinen Inseln „Goat Alcatraz und Angel" und gleichzeitig den Eingang zum Goldenen Tor (Golden Gate), das den Golf von San Francisco mit dem Stillen Ozean verbindet. Beim genannten Ferry Depot, das auf dem Westufer des Golfes und direkt gegenüber von Oakland liegt, betritt der Reisende den Boden von San Francisco, jener merkwürdigen Stadt, die vor einem halben Jahrhundert noch ein Goldgräberdorf, in der Zwischenzeit zu einer Großstadt von über 300 000 Seelen sich emporgeschwungen hat. In ausgezeichneter Lage mit mildem, nahezu stationärem Klima (37 ° nördl. Breite, Durchschnittstemperatur 56 ° Fahrenheit), auf der Westseite gegen die Ufer des Stillen Ozeans sich hinziehend, östlich an den Golf angrenzend und in südlicher Richtung gute Landverbindungen mit fruchtbaren Landstrichen, vereinigt es alle die Grundbedingungen, die zur bedeutenden Entwicklung eines Gemeinwesens erforderlich sind. Die Halbinsel, auf deren Nordostende sich die Stadt erhebt, ist 50 km lang und bildet das Trennungsstück vom Golf und dem Stillen Ozean. Die Stadt selbst ist — von Osten nach Westen gerechnet — etwa 10 km breit und — von Norden nach Süden bemessen — etwa 12 km lang.[11] Mit Ausnahme des unteren Teiles der Stadt, der vom Golf eingeschlossen ist und der eine horizontale Lage zeigt, hat San Francisco eine höchst ungleiche Bodengestaltung: bald zieht sich der Weg in nahezu vertikaler Richtung aufwärts, bald ebenso jäh abfallend der Tiefe zu. Durch Benützung einer der Kabelwagen, die von der Unterstadt westwärts gegen das Goldene Tor hin ziehen, kann sich der Fremde ein besonders anschauliches Bild von diesen berühmten Berg- und Talfahrten von San Francisco machen, und es wird in der ersten Zeit für ihn sehr verblüffend sein, wenn er die Wahrnehmung macht, daß sein Kabelwagen bald jählings aufsteigt, bald jählings der Tiefe zusteuert und beides mit einer beträchtlichen Schnelligkeit.

Die Pacificstadt San Francisco ist ein kosmopolitisches Gemeinwesen ersten Ranges. Es gibt wohl wenige Städte der

Welt, die ein ähnliches Völkergemisch aufweisen. Von Europa sind so ziemlich alle Rassen und Nationalitäten vertreten, Asien hat die Zopfbrüder der Chinesen und Japaner in reichlichem Maße geliefert, dem heißen Afrika entstammt die zahlreich domizilierende Negerbevölkerung, und auch Australien stellt ein annehmbares Kontingent. Einzelne Stadtviertel sind von bestimmten zusammengehörigen Bevölkerungsteilen nahezu ausschließlich bewohnt, wie das chinesische Viertel von Chinesen, das japanische von Japanern, das spanische von Mestizen, das italienische von Italienern. Für den Ethnographen ist hier ein großes Feld seiner Beobachtungen, ebenso für den Sprachforscher, der hier die Tonlaute einer großen Anzahl moderner Sprachen vernimmt und Gelegenheit hat, im Leben selbst, an der Quelle seine bisher nur durch Professionisten und Bibliotheken erworbenen Kenntnisse in wirklichem Sinne zu bereichern. Was nun das Gesamtbild der Stadt anbetrifft, so zeigt sie durchaus ein großstädtisches Gepräge, dem wahrlich nichts von dem fehlt, was man in bezug auf Leben und Verkehr in anderen Großstädten beobachten kann. Die Stadt San Francisco ist noch besonders dadurch merkwürdig, daß sie das erste und gleichzeitig das letzte große Gemeinwesen nach einem mehrere tausend Kilometer durch Berg- und Wüstenregionen führenden Weg darstellt, — das letzte Gemeinwesen im Westen, das das Gepräge moderner Kultur in sich vereinigt. Als Durchgangspunkt für den Handel, der sich zwischen Europa und Nordamerika einerseits und Asien andererseits vollzieht, ist die Stadt ein bedeutendes Verkehrszentrum — ein großer Exportplatz und Importplatz zugleich: wie die großen europäischen Dampferlinien ihre Bewegung vornehmlich westlich über den Atlantischen Ozean hin gegen die Weltstadt Neuyork haben, so die großen westlich laufenden Bahnsysteme Nordamerikas gegen San Francisco hin, von wo aus der Verkehr sich weiter entwickelt gegen die über dem Stillen Ozean gelegenen Produktionsgebiete von Japan, China, Indien und Australien.

In San Francisco waren wir an unserem Reiseziel angelangt. Überblicken wir noch einmal den zurückgelegten Weg und die hierfür aufgewendete Zeit, so ist folgendes festzustellen:

Neuyork—Oswego 325 engl. Meilen (520 km); Fahrtzeit (time) 10 Stunden;

Oswego—Suspension Bridge (Niagarafälle) 152 engl. Meilen (244 km); Fahrtzeit 4 Stunden;

Suspension Bridge (Niagarafälle)—Detroit 228 engl. Meilen (364 km); Fahrtzeit 6½ Stunden;

Detroit—St. Louis 487 engl. Meilen (780 km); Fahrtzeit 14 Stunden;

St. Louis—Kansas City 277 engl. Meilen (444 km); Fahrtzeit 9 Stunden;

Kansas City—Denver 639 engl. Meilen (1022 km); Fahrtzeit 20 Stunden;

Denver—Cheyenne—Ogden 591 engl. Meilen (947 km); Fahrtzeit 19½ Stunden; und endlich

Ogden—San Francisco 832 engl. Meilen (1332 km); Fahrtzeit 32 Stunden.

Somit betrug die Gesamtentfernung Neuyork—San Francisco auf dem von uns zurückgelegten Wege 3531 engl. Meilen = rund 5655 km, und die Fahrtzeit — nach Abzug aller größeren Aufenthaltspausen — 115 Stunden = 4 Tage 19 Stunden.

Machen wir einen Gang durch San Francisco, um die lokalen Verhältnisse der Stadt kennen zu lernen. Vom oben erwähnten „Ferry Depot“ aus, über dem sich ein mächtiger Turm in der Höhe von 250 Fuß erhebt, zieht sich in südwestlicher Richtung die Marketstraße, die Hauptverkehrsstraße der Stadt, bis zur Kreuzung der 17. und Castrostraße hin. Auf dem ersten Teil unserer Wanderung beobachten wir große Detailgeschäfte, Restaurants, Schiffs- und Eisenbahnagenturen. In südöstlicher und nordwestlicher Richtung von diesem unteren Teile der Marketstraße finden sich industrielle Etablissements, daneben wie in der Frontstraße und Umgebung große Engros-Geschäfte (wholesale houses). Ecke der 3. und Marketstraße sind die beiden großen Zeitungsgebäude des „Examiner“ und des „Call“, Ecke Kearny- und Marketstraße erhebt sich der gewaltige Bau des „San Francisco Chronicle“ und unweit von da das bekannte „Palace Hotel“ und das „Grand Hotel“. In der in der Nähe die Marketstraße kreuzenden Montgomerystraße trifft man auf eine große Anzahl Banken, Versicherungsgeschäfte, und ebenso auf Eisenbahn- und Schiffsagenturen. Im oberen Teil der Marketstraße wie in der Kearnystraße zwischen Market- und Pinestraße reiht sich Detailgeschäft an Detailgeschäft, abwechselnd mit Restaurants und Wirtschaftslokalitäten. Nahe der 5. Straße ist das aus Granit aufgebaute „Emporium“, Goldener Tor-Bazar genannt, ein Waren- und Kaufhaus im großen Stile, worin unter anderem ein Restaurant, ein Ressort für den Verkauf alkoholischer Getränke, ferner auch eine Buchhandlung sich findet.[12] In der Nähe befindet sich das berühmte Café Zander. Im sog. Yerba Buena-Park, nahe der 8. und Marketstraße, erhebt sich das Rathausgebäude (City Hall), dessen Baukosten sich auf 12 Millionen Mark belaufen haben sollen. Erwähnenswert unter den Sehenswürdigkeiten von San Francisco ist noch „Telegraph Hill“, eine Erhebung von etwa 300 Fuß am Nordende der Stadt, von wo aus man eine Rundschau hat auf das „Goldene Tor“, den an der Wasserseite gelegenen Teil der Stadt, den Golf und auf die schon erwähnten Bergkegel Tamalpais und Diablo; das Presidio am Nordwestende, ein Garnisonslager, das sich über 6 km entlang des Wasserweges des Goldenen Tores hinzieht und von wo aus man eine große Fernsicht genießt; das Chinesenviertel, bewohnt von ca. 30000 Chinesen, die neben einfachen Arbeiten sich auch in allen möglichen Erwerbsbranchen betätigen. Das Chinesenviertel liegt zwischen der Stockton-, Sakramento-, Kearny- und Pacificstraße. Diese „China Town“ zählt zu dem hügeligsten Teile der ganzen Stadt. Als sehenswert ist noch zu nennen der „Golden Gate Park“ (Goldene Tor-Park), der, am Westende gelegen, sich bis zum Stillen Ozean hinzieht und eine Länge von 5 km und eine Breite von 1 km hat.

Am Nordwestende der Halbinsel, etwa 8 km vom Westterminus von San Francisco entfernt, liegt „Point Lobos“ mit dem „Sutro-Heights“ Park, dem berühmten Cliff House,[13] den Sutro-Bädern und den „Seal Rocks“.

In bezug auf den Handel von San Francisco ist daran zu erinnern, daß derselbe sowohl als Export- wie Importhandel von bedeutendem Umfange ist. Unter den Exportartikeln sind zu nennen: Gold, Silber, Wein, Obst und Getreide, Wollstoffe usw.; unter den Importartikeln ragen hervor Kohlen, Bauholz, Kaffee, Tee, Zucker und Reis. Die gewerbliche Industrie umfaßt Eisenwaren, Woll- und Seidenstoffe, Liköre, Mehl, Konserven, Lederwaren, Zigarrenfabrikation, Fleisch- und Backwaren, Silberwaren, Glaswaren, Wagen- und Schiffsbau usw.

In San Francisco hatten wir nun vorerst Muße, die Verhältnisse der Stadt, soweit sie sich an der Oberfläche zeigen, in Augenschein zu nehmen und gleichzeitig Pläne bezüglich der weiteren Zukunft zu schmieden. An solchen Punkten, die als Ziel der Reisenden gelten, tritt eine große Kluft ein zwischen jenen Reisenden, die bloß zum Zwecke eines Besuches oder des Vergnügens halber die Reise unternehmen, und jenen Personen, die in Rücksicht ihrer Verhältnisse gezwungen sind, auf fremdem Gebiete und unter anders gearteten Verhältnissen sich ihr Fortkommen zu sichern. Die erste Kategorie der Reisenden kehrt ohne Schwierigkeit zu ihrem Ausgangspunkt zurück, während die zweite Kategorie an den neuen Standort festgebannt ist und in das Räderwerk des ökonomischen Getriebes eingreifen muß. Die Schicksale dieser beiden Menschenklassen sind so grundverschieden, daß sie keinerlei Berührungspunkte gemeinsam zu haben scheinen. Es dürfte indessen einleuchtend sein, daß, um das Leben in seiner wirklichen Gestalt kennen zu lernen, es notwendig ist, an jenen Vorgängen sich zu beteiligen, die den Aufbau und die Entwicklung eines Gemeinwesens ermöglicht haben: man muß von den Sonnenseiten des Lebens sich abwenden und mehr den dunkleren, der Tiefe zu führenden, seine Aufmerksamkeit widmen, um eine richtige Erkenntnis und Würdigung der Dinge zu erlangen. Wer nur auf der Sonnenhöhe des Lebens sich bewegt, hat kein Mittel in der Hand, ein zutreffendes Urteil über das Tun und Treiben in der menschlichen Gesellschaft zu fällen. Es ergibt sich daraus, daß die zweite Klasse von Reisenden, die sog. Emigranten und die späteren Pioniere, in Rücksicht der Erlangung von Kenntnissen bezüglich des wahren Zustandes der Dinge gegenüber den „Touristen" in ungeheuerem Vorteile sind. Sie erfassen das Leben in seiner wirklichen Gestalt und nehmen es nicht bloß durch den Augenschein wahr.

Zur richtigen Würdigung der amerikanischen Verhältnisse darf man also die Staatengebiete nicht bloß bereisen, sondern man muß auch darin gelebt und gewirkt haben. Nur so ist es bei einiger Erkenntnis möglich, zu einer selbständigen und ungetrübten Auffassung der Dinge zu gelangen. Bedauerlicherweise rühren bei weitem die meisten Beschreibungen fremder Länder von Personen her, die keine Veranlassung hatten, an den Lebenskämpfen teilzunehmen, während, wie schon der Philosoph Lichtenberg meinte, diejenigen Personen, die am besten geeignet wären, das Leben in seiner wahren Gestalt zu beschreiben, gewöhnlich nicht in der Lage sind, Bücher abzufassen, was das Geheimnis jener Erscheinung sein dürfte, daß so viele Irrtümer, Vorurteile und grundfalsche Auffassungen bei Schilderung fremder Länder unterlaufen.

Im folgenden Kapitel wollen wir versuchen, das amerikanische Leben, soweit es sich in Prärie- und Wüstengebieten abspielt, kennen zu lernen — was wiederum von großem Vorteile ist, wenn man eine tiefere Einsicht vom Labyrinth der sozialen Beziehungen, wie sich dies an dichtbevölkerten Plätzen zeigt, erlangen will.

Zweites Kapitel.

Durch Prärien und Wüstensand.

Zwischen Neuorleans, Staat Louisiana, und dem am Sabinefluß gelegenen Grenzstädtchen Orange, Staat Texas, dehnt sich ein großes, mehrere hundert Meilen sich ausbreitendes Sumpf- und Moorland aus, das nur an wenigen Stellen Angriffspunkte für Kultivierung bietet und vornehmlich durch seine offenen Sümpfe und sumpfigen Waldungen, ebenso durch seine klimatisch höchst ungesunden Verhältnisse ausgezeichnet ist. Die Gegend, die an ihrer Südgrenze von den Fluten des Golfes von Mexiko umspült ist, ist spärlich bewohnt, und nur vereinzelt bemerkt man vom Sumpfwasser frei gewordene Stellen, auf denen sich kleine Ansiedlungsplätze befinden, deren Bewohner sich vorzugsweise auf Kultivierung des Zuckerrohres (sugar cane), des Tabaks und der Baumwolle beschränken. An solchen trocken gelegten Stellen beobachtet man auch einige Naturszenerien, wie Eichen- und Zypressenwäldchen, Haine (groves) von Magnolienbäumen u. dgl. Unter den Niederlassungen, welche der Beobachter bemerkt, finden sich auch solche der ehemaligen Sklavenhalter, der Plantagenbesitzer, die ihre aus Afrika importierte arbeitsfähige Menschenware an den Hafenplätzen aufkauften und einen Teil genannter Niederungen und Sümpfe durch diese importierte schwarze Menschenrasse, die mit Gewalt zur Arbeit angetrieben wurde, trocken legen ließen, um sie zur Kultivierung des Zuckerrohres, des Tabaks und der Baumwolle nutzbar zu machen — drei

Produktionszweige, die den Unternehmern nach Lage der Verhältnisse am meisten Gewinn in Aussicht stellten. Südlich und südwestlich von Neuorleans beobachtete ich eine ganze Reihe von Plantagen, vorwiegend Zuckerplantagen, bei denen noch die ehemaligen sklavischen Verhältnisse äußerlich bemerkbar sind. Eine solche Plantage in ihrem Gesamtbilde besteht aus der von einem Garten und schattigen Anlagen umschlossenen Villa des Plantagenbesitzers, in deren Nähe — natürlich in respektabler Entfernung — einige Dutzend kleine, niedrige, im primitivsten Stile erbaute Holzhäuschen, die von Negerfamilien bewohnt sind, sich gruppieren, und aus der sich kreisförmig um die Niederlassung ausbreitenden, oft meilenweit sich erstreckenden Plantage, die, wie in diesen südlichen Gegenden gegen den mexikanischen Golf hin, ein Zuckerrohrfeld, ein Baumwollefeld oder auch eine Tabakanlage sein kann. Die Neger und Negerinnen, die man bemerkt, sind natürlich seit dem Emanzipationskampfe des vorigen Jahrhunderts keine wirklichen Sklaven und Sklavinnen mehr, aber sowohl ihre Behausung wie ihre Behandlung und ihre primitive Lebensweise lassen einen veränderten Zustand der Dinge kaum erkennen. Ein großer Teil der ehemaligen Sklaven und ihrer Nachkommen verblieb, weil doch eine ökonomische Besserung seiner Lebenslage an einem anderen Orte oft fraglich erschien, auch nach dem erfolgten Befreiungskampfe, der indessen mehr aus ökonomischen als aus Gründen der Humanität zwischen den Nord- und Südstaaten geführt worden war, am bisherigen Ort seiner Betätigung, um sein einförmiges, nur an Strapazen und harte Arbeit gewöhntes Leben fortzusetzen. Im Grunde genommen sind diese jetzt in Geld entlohnten, also „freien" und nicht mehr mit Gewalt an der Scholle gehaltenen Negerarbeiter auch jetzt noch, wenn auch in milderer Form, in sklavischer Abhängigkeit, denn diese Plantagenbesitzer, die den verschiedensten Nationalitäten, hauptsächlich der englisch-amerikanischen, der spanischen und französischen, angehören, verstehen vortrefflich, ihre dienstbaren Geister, wenn auch nicht in direkter Sklaverei, wozu sie auf Grund der Verfassung nicht mehr berechtigt sind, so doch in einer solchen in formeller Beziehung zu erhalten. Die Nachkömmlinge der als Sklavenware nach Amerika eingebrachten Söhne Afrikas verstehen wenig davon, Ersparnisse zu sammeln, die ihnen die Möglichkeit zu einer gewissen ökonomischen Unabhängigkeit in der Zukunft verschaffen würden, ihre Entlohnung wird möglichst schnell in Gegenstände momentanen Konsums umgesetzt, wobei jedoch nicht zu übersehen ist, daß die Arbeitslöhne an solchen Plätzen auf einem niedrigen Niveau sich bewegen, und die Arbeit selbst keineswegs eine ständige ist. Der letztere Umstand trägt hauptsächlich die Schuld, daß die Plantagenneger und ihre Familien bei den zur Plantage gehörenden Verkaufsbazaren (grocerie stores) fortdauernd mit einem rückständigen Konto belastet und durch diese Verschuldung einem ökonomischen Abhängigkeitsverhältnis verfallen sind, ganz ähnlich wie ihre weißen Arbeitsgenossen in den Bergwerken von Wyoming, Kolorado und Nevada, die bei den Bazaren der Grubengesellschaften ein fortlaufendes rückständiges Konto haben. Die Behandlung der Neger ist noch eine sehr rohe und der Habsucht und der Erpressungssucht der Plantagenbesitzer angemessene, wenn auch die Peitsche und Rute oder andere Peinigungsmittel, die seitens der dienstbeflissenen Aufseher unbarmherzig auf den halb entblößten Leib des Unglücklichen bei den geringsten Anlässen niedersauste, nicht mehr, wenigstens nicht mehr so offen als ehedem, in Anwendung kommt. Die Lebensweise dieser Schwarzen ist eine höchst primitive, und das sowohl was ihre Wohnung als ihre Ernährung betrifft. Die letztere besteht aus täglich drei Mahlzeiten, die der Hauptsache nach jeweils aus gesalzenem Schweinefleisch (pork salt meat), schwarzem Kaffee, mit etwas Molasses versüßt, und aus Maisbrot (corn bread) bestehen. Die Einwirkung, welche die niedrige unmenschliche Behandlungsweise im Seelenleben der ehemaligen Sklaven hervorbrachte, ist bei den inzwischen frei gewordenen Nachkommen derselben unterm Einflusse der Vererbung noch sichtbar: denn die einstige perfekte Sklaverei, die jede Geistesbewegung im Keime erstickte, hat auch unter den Nachkommen noch keine richtige Entfaltung und Energie des Geistes zum Durchbruch kommen lassen.

Auch die Macht der Gewohnheit spielt ihre verderbliche Rolle, die sie veranlaßt, mit der ihnen aufgedrungenen Lebenslage sich zufrieden zu geben. Im übrigen ist dieses auf den Plantagen hausende Negervolk keineswegs niedergeschlagen oder gedrückt, und durchschreitet man abends ein solch kleines Negerdorf, so beobachtet man Gruppen von Neger und Negerinnen, die ihre bloß durch die Eigenart ihrer Tonlaute, keineswegs durch den Reiz der Melodien ausgezeichneten monotonen, meistens elegisch anklingenden Gesänge zum besten geben. Es spricht sich in ihnen zumeist eine Stimmung der Sehnsucht nach den heimatlichen Gefilden ihrer Väter aus. Was ihr Leben nun im ganzen anbetrifft, kennen sie nur Arbeit, schwere Arbeit, wie sie eben diese Landarbeiten mit sich bringen. Was die Arbeit insbesondere erschwert, sind die klimatischen Verhältnisse, unter denen sie stattfinden muß. Vom stahlblauen Himmel sendet die Sonne unter diesen Breitegraden (Neuorleans 30° nördlicher Breite) zur Sommerszeit erbarmungslos ihre glutbringenden Strahlen auf die mühsam arbeitenden armen Erdbewohner herab, und die Erstickungsglut, die von den heißen Grundschollen ausströmt, erfordert eine größere Kraft der Überwindung als die Arbeit selbst. Für die Plantagenbesitzer und ihre Weiber und Töchter, welch letztere, nebenbei bemerkt, jede auch die oberflächlichste Annäherung mit der auf dem Felde arbeitenden Negerbevölkerung ängstlich meiden, mag von der schattigen Laube aus, die galerieförmig das wohnliche Heim umschließt, der Anblick der auf ihren Gütern sich schwer abringenden Menschen als ein interessanter Kontrast erscheinen, natürlich nur als solcher. Als zur Zeit der vollendeten Sklaverei ein solch armer Teufel, von der Hitze überwältigt, zusammenbrach, sorgte die Peitsche des Aufsehers dafür, daß dem Unglücklichen neue Lebenskraft zugeführt wurde. Schonung oder Mitleid gab es nicht, und nur das ökonomische oder pekuniäre Interesse des Pflanzers war eine Schutzwehr gegen die Vernichtung dieser schwarzen Individuen; denn der Pflanzer mußte doch darauf bedacht sein, das beim Kauf an die Sklavenhändler ausgelegte Kapital nebst Zinsen in den Resultaten der Arbeitskraft des

Negers und der Negerin zurückerstattet zu bekommen. Waren diese schwarzen Sklaven in einem Lebensalter angelangt, worin sie dem Pflanzer keinen Gewinn mehr zu bringen in Aussicht stellten, so fand er schon Mittel und Wege, daß diese ihm nicht mehr Vorteil einbringende Menschenware seinen Haushalt nicht unnötig belastete. Die später erfolgte Abschaffung der Sklaverei in den Südstaaten war diesen Pflanzern ein Greuel, ein unbefugter Eingriff in ihre ökonomischen Interessen und in ihr angemaßtes Recht der Beherrschung fremden Menschentums. Indessen dauert der Haß der weißen Rasse gegen die schwarze in diesen Gegenden ungeschwächt fort, und die Landesgesetzgebungen der Staaten Louisiana, Alabama, Mississippi, Georgia, Süd- und Nord-Karolina haben nach Abschaffung der Sklaverei dieselbe auf Umwegen und durch „Nebengesetze" (by-laws) dadurch wieder eingeführt, daß die Angehörigen der schwarzen Rasse, männlichen wie weiblichen Geschlechtes, bei den geringfügigsten Anlässen zu Gefangenen gemacht und als solche staatlichen und privaten Unternehmungen zur Verfügung gestellt wurden, welche sie eventuell habsüchtigen Arbeitskontraktoren überlieferten, die dieselben zu den härtesten Arbeiten zwangsweise anhielten. Während ein Weißer, vor allem ein Angehöriger der spezifisch amerikanischen Rasse, ungestraft einem Neger oder einer Negerin Unbill zufügen kann, wird ein Neger bei solchen Vorkommnissen gewöhnlich vom Richter „Lynch" (eine brutale, den niedrigsten Leidenschaften unterworfene Volksjustiz) am nächsten besten Baume aufgeknüpft, oder geteert und gefedert, wenn ihm nicht das schlimmere Schicksal droht, nämlich auf glühendem Roste lebendig verbrannt zu werden.

Wie leicht zu erkennen ist, läßt sich dieser Haß gegen die schwarze Rasse auf den Umstand zurückführen, daß ihre Repräsentanten nicht mehr offiziell als Sklaven verwendet werden können, und es bleibt fraglich, wohin diese Rassenfeindschaft noch hinführt, wenn keine humaneren Mächte dem Treiben des Amerikanertums Einhalt gebieten. Die berüchtigsten Staatengebiete in bezug auf Rassenfeindschaft sind Louisiana, Mississippi, Alabama und Georgia. In diesen, dem sog. „freien" Nordamerika angehörigen Gebieten ist ein Angehöriger der schwarzen Rasse keine Stunde vor Anschwärzung, Verleumdung und Verfolgung sicher.

Die Abschaffung der Sklaverei hatte zur Folge, daß der Kostenpreis der Arbeit infolge der Geldentlohnung stieg, ein Umstand, der die Rentabilität des Unternehmens beeinträchtigte, und im ganzen betrachtet, die sklavenhaltenden Südstaaten den Nordstaaten gegenüber in ein ungünstigeres Stellungsverhältnis brachte, ferner hatte sie zur Folge, daß einzelne unter den afrikanischen Nachkömmlingen sich zu geachteten Lebensstellungen emporschwangen und in ökonomisch geordnete Verhältnisse gelangten, was nicht wenig den Neid ihrer feindlichen weißen Brüder erregte. Eine Besserung in den rechtlichen Verhältnissen der Neger ist nicht zu erwarten, weil die sog. Bundesregierung viel zu schwach ist und anderseits die Regierungen der einzelnen Staaten mit den Anstiftern sympathisieren. Eine Negerdeputation, die bei einer dieser Staatsregierungen vorstellig werden wollte, würde den Teufel bei seiner Großmutter verklagen und müßte froh sein, wenn sie unbehelligt zurückkäme. Es ist nicht zu bestreiten: hätten die Neger mehr organisatorisches Talent, so könnten sie in Staaten wie Louisiana, Alabama, Georgia, Mississippi usw. in Anbetracht ihrer numerischen Überlegenheit einen mächtigen Schutzwall gegen die Übergriffe des Amerikanertums errichten und die Interessen ihrer Rasse zur Genüge vertreten, aber es fehlt ihnen der Geist eines einheitlichen und zielbewußten Handelns, der ihnen so notwendig wäre. Der Grund mag auch zum Teil darin liegen, daß diese „Schwarzen" zu neun Zehntel der arbeitenden Klasse angehören und somit ihnen verhältnismäßig wenig Zeit und Gelegenheit erübrigt, dem Gedanken einer Organisation näher zu treten.

Wenn man von Louisiana in östlicher und nordöstlicher Richtung sich bewegt, so gelangt man in die Produktionsgebiete von Mississippi, Alabama, Florida, Georgia, Süd- und Nord-Karolina, woran sich die schon mehr in gemäßigten Zonen gelegenen Staaten Tennessee, Kentucky und Virginien anreihen. Neben ausgedehnten, vielfach noch unbetretenen Waldgebieten, worin sich teils Laubhölzer, teils Nadelhölzer (Koniferen) finden und womit der Staat Florida bis nahezu drei Viertel seines Flächeninhaltes (größtenteils mit Fichten- und Tannenwaldungen) bedeckt ist, trifft man in oben genannten Staaten ausgedehnten Tabak- und Baumwollenbau an, wozu in den nördlich gelegenen Teilen Mais- und Getreidebau hinzutreten. In Florida ist insbesonders die Orangenzucht und der Gemüsebau von großer Bedeutung. Doch bleiben, mit Ausnahme von Florida und der nördlichen Teile oben genannter Staaten, in diesen Regionen Baumwoll- und Tabakbau die hauptsächlichsten Produktionszweige: sie bilden die beiden fundamentalen Produktionsarten, die auf das gesamte übrige Erwerbsleben von eminenter Bedeutung sind. Ein charakteristisches Merkmal für genannte Produktionsgebiete ist die Einförmigkeit ihrer Produktionsformen: im Wechsel der Produktenarten halten sie keinen Vergleich aus mit nördlich gelegenen Staaten, wie beispielsweise Neuyork, Pennsylvanien oder Ohio. Hunderte von Meilen beobachtet der Reisende dieselben, immer und immer wiederkehrenden Szenerien: Tabakfelder, Baumwollanlagen, Wald- und Sumpfgebiete. Daneben Maisbau und etwas Gemüsebau. Süßkartoffelbau ist ein untergeordneter Produktionszweig, Rebbau und Getreidebau fehlen, und die Obstzucht beschränkt sich vornehmlich auf Pfirsichzucht (peaches) und Orangen.

Für die drei großen Baumwollgebiete Mississippi, Alabama und Georgia sind Neuorleans, Staat Louisiana, und Mobile, Staat Alabama, die Hauptverlade- und -versandtplätze. Der Baumwollhandel (cotton trade) Neuorleans hat einen solch gewaltigen Umfang, daß er nur noch von Liverpool in England übertroffen wird. Von Neuorleans und Mobile aus werden große Schiffsladungen dieses erstklassigen Handelsprodukts nach Baltimore, Philadelphia, Neuyork und Boston versandt, von wo aus wieder Sendungen nach Europa gelangen. Auch per Bahn werden große Sendungen Baumwolle aus den Südstaaten nach nördlich gelegenen Plätzen wie Cincinnati, Louisville, St. Louis und Chicago zum Zwecke industrieller Verarbeitung befördert. Die Louisville- und

Nashville-, die Mobile- und Ohio-, sowie die Illinois Zentral-Bahn sind hiefür die Haupttransportwege. Im Spätsommer beobachtet man, wie große Wagenzüge mit Baumwollballen beladen in nördlicher Richtung sich bewegen. Der ursprüngliche Umfang eines jeden Ballens (bale) wird mittelst einer hydraulischen Presse auf den vierten Teil behufs bequemerer Verladung reduziert. Die Verladung geschieht bald in offenen Wagen (flat cars), bald in geschlossenen Wagen (box cars). Der Durchschnittspreis eines Ballens solcher Rohbaumwolle, der zwischen 4 und 5 Zentner wiegt, stellt sich auf etwa 160 Mark.

In den Südstaatgebieten ist das Deutschtum, mit Ausnahme einzelner Teile von Texas, nur schwach vertreten. In der Stadt Neuorleans erscheint zwar noch eine deutsche Zeitung, die „Neuorleans Deutsche Zeitung", was immerhin auf ein gewisses Kontingent dort lebender Deutscher schließen läßt, aber Neuorleans ist auch einer der wenigen städtischen Plätze im Süden, wo eine noch nennenswerte Anzahl Deutscher angetroffen wird. Sowohl im Großhandel (wholesale) wie im Kleinhandel (retail) ist ein größerer Prozentsatz Deutschtums an diesem Platze engagiert. Indessen muß angemerkt werden, daß diese Deutschen, wie auch an anderen Plätzen, nur zu geringerem Teil deutschländischer Abstammung (regular Germans) sind, während hingegen der größere Teil im Lande selbst geboren und durch Sprache, Sitten und Anschauungen, sowie durch Vermischung mit fremdländischen Elementen dem Deutschtum entfremdet ist. Wer übrigens die Südstaaten und darunter besonders den südöstlichen Teil derselben schon bereist hat, wird wahrgenommen haben, daß zwei äußere Umstände vorliegen, die genannte Ländereien nicht als geeignete Niederlassungen für deutsches Volkstum erscheinen lassen. Erstlich sind die klimatischen und hygienischen Verhältnisse äußerst ungünstige, und zweitens tritt hier der Nativismus, unter welchem Begriff der Haß der Inlandgeborenen gegen das Ausländertum sich ausdrückt, in Verbindung mit dem Rassenhaß unverhüllt hervor. Ich habe später keine Gebiete in Nordamerika mehr getroffen, die wegen ihrer abstoßenden Verhältnisse dem in einer anderen Atmosphäre aufgewachsenen Ausländer mehr unsympathisch erschienen wären, nur der vom Temperenzfanatismus durchfressene Weiber- und Zwangsstaat Kansas dürfte einem anders Denkenden noch abstoßender vorkommen. Man kann wirklich froh sein, solche Gebiete, wo Haß, Selbstsucht und Bigotterie ihre Triumphe feiern, wieder hinter sich zu haben. Ein geringer Prozentsatz deutschen Bevölkerungselements findet sich noch, soweit die Südstaaten in Betracht kommen, in Jacksonville und St. Augustine, Staat Florida, in Mobile, Selma und Montgomery, Staat Alabama, in Savannah und Atlanta, Staat Georgia, in Jackson, Vicksburg und Grenada, Staat Mississippi, in Memphis, Staat Tennessee, und einen etwas größeren Prozentsatz in der Hafenstadt Charleston, Staat Süd-Karolina.

An die Tabakzone (tobacco belt), die sich vom Staate Maryland aus südwärts durch Virginien, Nord- und Süd-Karolina nach dem Staate Georgia hinein erstreckt, schließt sich in südwestlicher Richtung die Baumwollzone (cotton belt) an, die weiter westlich durch die großen Waldgebiete von Louisiana, der östlichen Teile von Texas, von Arkansas und des Indianerterritoriums abgelöst wird. Im Staate Arkansas (sprich arkansa) stößt man auf ein Waldgebiet, das den größten Teil des Areals des gesamten Staates einnimmt und an Ausdehnung dem der Staaten Florida und Michigan gleichkommt. Die Haupterwerbsindustrie von Arkansas ist die Holzindustrie, wozu die mächtigen Waldungen die beste Unterlage bieten. Neben diesem Hauptertnährungszweig trifft man noch anderweitige Produktionsformen, wie Süßkartoffelbau (sweet potatoes raising) und Maisbau (corn raising). Eine gewisse Vorstellung von diesen riesigen Waldbezirken gibt unter anderem eine Reise von Poplar Bluff über Little Rock, der Hauptstadt des Staates, nach dem Grenzorte Texarkana (über die Iron Mountain-Bahn) oder eine solche von Fort Smith über Little Rock nach Memphis zu: Hunderte von Meilen weit Waldung auf Waldung, teils aus Buschwald, teils aus hochstämmigen Laubhölzern bestehend, worunter die sog. „Sykomoren“ und Eichen am stärksten vertreten sind;

daneben noch Weißbuchen, Ahorn, Eschen und Erlenholz. Diese endlosen Waldbezirke enthalten dann und wann eine Lichtung, worin sich kleine Ansiedlungen, deren Bewohner zumeist in Sägewerken (saw mills) beschäftigt sind, befinden. Im allgemeinen bieten diese Niederlassungen einen verlassenen und traurigen Anblick: die Häuser sind primitive Holzbauten, Gehwege, Kanalisation und ähnliche erwünschte Dinge sind kaum vorhanden. Die Dorfwege sind vielfach von dem an all diesen Niederungen auftretenden Sumpfwasser, dessen Ausdünstungen das berüchtigte Malariafieber erzeugen, überschwemmt, so daß der Übergang über die Gehwege, wie überhaupt der Verkehr unter den Bewohnern nur durch eine Art Brückenstege bewerkstelligt werden kann. Die Lichtungen, innerhalb derer diese Walddörfer sich finden, sind nur von mäßigem Umfange, und wer mit dem Expreß hier durchfährt, hat nur wenige Sekunden Zeit, die Lichtungen mit ihren Ansiedlungen zu beobachten, ehe ihn das Dunkel des Waldes wieder aufnimmt. Wenn gegen Abend hin das Sonnenlicht allmählich hinter den Baumriesen verschwindet und tiefe Schatten über die Lichtungen sich ausbreiten, so gewähren diese Niederlassungen einen unheimlichen Anblick.[14] Im übrigen bilden schlechtes lauwarmes Wasser, gerösteter Speck (pork), gebratene Süßkartoffeln (fried sweet potatoes) und Maisbrot (corn bread) die regelmäßigen Mahlzeiten dieser Waldeinsiedler. Die Bevölkerung von Arkansas ist gemischt, doch dürfte die Negerbevölkerung numerisch das Übergewicht haben.

Vom Staate Arkansas aus setzen sich die Waldgebiete nach dem Indianerterritorium (Indian Territory) und dem östlichen Texas fort. Die Gegend verliert allmählich eines ihrer charakteristischen Merkmale, nämlich die häufig von Sümpfen durchzogenen Niederungen, wie sie im besonderen in der Nähe der atlantischen Küste und dem „Mississippi Slope“ (Mississippiniederungen) zu beobachten sind, und bildet den Übergang zu den großen, durch Trockenheit sich auszeichnenden Prärien des mittleren und westlichen Texas und den nördlich und nordwestlich hiervon gelegenen Gebieten. Das sog. Indianerterritorium

(Indian Territory), ein noch reich bewaldetes Gebiet, nach Abtretung von Oklahoma an die amerikanische Bundesregierung noch ein Areal von etwa 20 000 engl. Quadratmeilen umfassend, ist ein für die sog. fünf zivilisierten Indianerstämme der Cherokees, Chickasaws, Seminoles, Creeks und Chocktaws reserviertes Gebiet, worin genannte Stämme (tribes) ihre eigene Gesetzgebung und Verwaltung (home rule) besitzen und gelegentlich, „Tagungen" (International Councils) zur Wahrung ihrer Interessen abhalten.

Von dem ehemaligen großen Landstriche „Indian Territory" wurde im Jahre 1889 ein großer Teil unter dem Namen „Oklahoma" von der amerikanischen Bundesregierung angekauft und für weiße Ansiedler (white settlers) geöffnet. Das Areal des von dem Indianerstamme der „Creeks" käuflich erworbenen Gebietes umfaßte etwa 39 000 engl. Quadratmeilen. Nach Bekanntgabe des Kaufakts durch die Bundesregierung wurde das neuerworbene Gebiet, das von Interessenten der Landspekulation und von der mit ihr im Bunde stehenden Zeitungspresse als das wahre Eldorado geschildert wurde, von Abenteurern aller Art geradezu überschwemmt und in wenigen Tagen waren Hunderte von Zeltlagern, die wie Maulwurfshügel nach einer Regennacht aus dem Boden gewachsen zu sein schienen, in der Runde zu erblicken, deren Bewohner sich aus gemischten Bevölkerungsteilen zusammensetzten: Geld- und Landspekulanten, ehrliche Landkäufer, Kleingewerbetreibende, die auf einen hundertfachen Prozentsatz ihres Anlagekapitals spekulierten und eine große Anzahl jener merkwürdigen, nirgends ansässigen „Kandidaten der landwirtschaftlichen und industriellen Reservearmee", die jetzt einmal ausnahmsweise hohe Prozente aus ihrer bloßen Arbeitskraft herausschlagen wollten. Eine derartige, durch diesen Anlaß in Schwung gekommene Erwerbsspekulation figuriert in englischem Jargon unter dem Begriff „boom", und das neuerstandene Oklahoma-Territorium wurde, bis die in solchen Fällen unvermeidlichen Rückschläge erfolgten, das Paradies der Landspekulanten („the boomer's paradise") genannt.

Indessen ist der größere Teil des Oklahoma-Territoriums noch von sog. unzivilisierten Indianerstämmen bewohnt. Was nun das jetzige, noch als Reservationsgebiet für die Indianer bestimmte „Indian Territory“ anbetrifft, so besteht dasselbe zu einem großen Teile aus Waldungen, abwechselnd mit offenem Lande, auf dem die hier lebenden Indianer neben Jagd und etwas Viehzucht mit Ackerbau, und zwar vornehmlich Maisbau, sich beschäftigen, deren Erträgnisse die geringfügigen Lebensbedürfnisse des Indianers vollauf zu befriedigen vermögen. Da der Grund und Boden den Indianern als Reservatbesitz vorbehalten ist, so kann ein Angehöriger der weißen Rasse hier wohl ein Gewerbe treiben, aber kein Grundstück käuflich erwerben, wohl aber kann er Grundstücke pachten, wie ich denn unter anderen auch Deutsche getroffen habe, die Pächter waren und große Stücke Landes unter Kultur, zumeist Maiskultur, hatten. In Eigentumsbesitz kann ein weißer Ansiedler dadurch gelangen, daß er sich mit einer Angehörigen aus einem der fünf genannten Stämme verheiratet, wobei alsdann ihm „neben beweglichem Kapital“ ein Stück anbaufähigen Landes als Mitgift zugesprochen wird. Einen solchen Fall lernte ich in Eufaula kennen, wo ein Hesse-Nassauer mit einer Indianerin aus dem Stamme der „Creeks“ verheiratet und durch diese Heirat zu großem Landbesitz gelangt war.

Während das nach der Abtrennung von Oklahoma noch übrig gebliebene „Indian Territory“, das speziell indianisches Besitztum ist, wegen der darin bestehenden erschwerten Landerwerbsverhältnisse und auch aus anderen Gründen kein wünschenswertes Auswanderungsziel resp. Niederlassungsstätte geworden ist und das hiervon abgetrennte und den weißen Ansiedlern geöffnete Oklahoma-Territorium große dürre Landstriche aufweist und außerdem noch in manchen Teilen von im Nomadenzustande lebenden Indianern bevölkert ist und somit nur in ganz beschränktem Umfange als Niederlassungsziel gelten kann, hat das südlich davon gelegene Texas mit seinem Areal von über 2600000 engl. Quadratmeilen von jeher auf die auswanderungslustigen Elemente große Anziehungskraft ausgeübt, wenn auch vielen dieser Eingewanderten große Enttäuschungen nicht erspart geblieben sind.

Der Staat Texas, gegen Osten vom Staate Louisiana durch den Sabinefluß, gegen Norden vom Indianerterritorium durch den Roten Fluß (Red River) und gegen Süden von der Republik Mexiko durch den Rio Grande del Norte abgegrenzt, ist der größte der nordamerikanischen Staaten, und von der Mitte des 19. Jahrhunderts an bis gegen die Neuzeit hin ein beliebtes Auswanderungs- resp. Niederlassungsgebiet gewesen. Die östlichen und nordöstlichen Teile, an Louisiana, Arkansas und das Indianerterritorium angrenzend, sind mit weitausgedehnten Laubholzwaldungen überzogen, worin Eichenholz (davon mehrere Arten), Ahorn, Sykomore und Weißbuchen am stärksten vertreten sind. Je weiter man sich vom Grenzfluß Sabine in westlicher Richtung bewegt, um so mehr gewinnt die uns umgebende Landschaft den Charakter einer Prärie, einer Prärie im engeren Sinne des Wortes: die großen Waldungen lichten sich allmählich, die Dickichte treten zurück und dafür mehrt sich der Buschwald und das Unterholz, und der Ausblick in die offene freie Gegend gewinnt zusehends größeren Spielraum. Das Klima ist halb tropisch, ähnlich dem unter gleichen Breitegraden östlich davon gelegenen Gebieten, doch weniger heiß-feucht und mehr den Charakter eines trocken-heißen Klimas annehmend. Unter dem Einfluß der Waldregion, die bekanntlich einen großen Prozentsatz Bodenfeuchtigkeit aufnimmt und in Form von Niederschlägen dem Boden wiedergibt, ist der östliche Teil von Texas keineswegs so regenarm und den verhängnisvollen Folgen der Trockenheit so ausgesetzt wie die mehr westlich und nordwestlich gelegenen Teile. Die Ansiedlungen (settlements), die nach europäischen Begriffen noch jungen Ursprungs sind, sind hier ziemlich zahlreich zu treffen und da sie vorwiegend entlang der Bahnverbindungen oder wenigstens in erreichbarer Nähe solcher liegen, so können ihre Bewohner mit nicht allzu großen Unkosten ihre Produkte auf den Markt bringen. Die Missouri-, Kansas- und

6*

Texas-Bahn, die Houston- und Texas-Zentral-Bahn, sowie Teile der Pan Handle Route, der Texas- und Pacific- und der Südpacific-Bahn bilden im östlichen und mittleren Texas die Hauptverkehrsverbindungen.

Von der Stadt Houston, einem der bedeutendsten Verkehrszentren von Texas, gegenwärtig etwa 60 000 Einwohner zählend, mit für ihre Lage stark entwickelter industrieller Produktion, sowie lebhaftem Handel, hauptsächlich in Baumwolle und Bauholz, beginnt, ebenso wie von den im nördlichen Teile gelegenen Plätzen Waco, Fort Worth und Denison, die große, westwärts streckenweise gegen 1500 km sich ausdehnende und nordwärts gerichtet über 2000 km sich ausbreitende Prärie: teils baumloses, mit Steppengras überzogenes Flach- und Hügelland, teils der Ackerbaukultur unterworfenes Gebiet von nur wenigen hundert Fuß Meereshöhe, in den westlichen Teilen gegen den Ostabfall der Felsengebirge hin über 5000 Fuß ansteigend. Während in den mittleren, südwestlichen und nordwestlichen Teilen von Texas, sowie in den nördlich davon gelegenen Gebieten des Oklahomaterritoriums und Kansas in ihren mittleren und westlichen Teilen die Präriezone vorwiegend Weideländereien einschließt, verwandelt sie sich in den Staaten Missouri, Illinois, Iowa und den östlichen Teilen von Kansas und Nebraska in ein Ackerbaugebiet mit Getreide- und besonders Maisländereien, an die sich weiter nördlich die Weizengebiete von Minnesota und Dakota anschließen. Das mittlere und westliche Kansas, der größere Teil von Nebraska, Dakota und Minnesota, sowie die Osthälfte des Staates Montana zeigen wiederum das einförmige Aussehen in unabsehbare Fernen sich ausdehnender, baumloser Grasprärien.

Die Hauptproduktionsformen in den texanischen Prärien sind Baumwollenzucht, Maisbau, Viehzucht und die hieran sich anschließende Schweine- und Geflügelzucht. Für die Baumwollproduktion ist das texanische Klima weniger günstig als in den zwischen dem unteren Lauf des Mississippi und der atlantischen Küste liegenden Baumwollländereien, denn obgleich die Baumwolle während der Zeit ihres Wachstums eines heißen Klimas bedarf, so benötigt sie andererseits gleichzeitig zu ihrer vollen Entwicklung und Ausreife einer gewissen Feuchtigkeit, ein Umstand, der ihrem Gedeihen angesichts des hier herrschenden, äußerst trockenen Klimas vielfach verhängnisvoll wird. Mißernten sind häufig, ja man kann behaupten, daß auf vier Jahrgänge drei Mißjahre fallen, was um so bedenklicher ist, als eine große Anzahl texanischer Bauern keine Eigentümer, sondern nur Pächter (tenants oder lease-holders) sind, die im Falle der Vereinbarung eines festen Geldpachtzinses eine fortdauernde Ausgabe haben, der kein entsprechendes Einkommen gegenübersteht. Sind die Pächter sog. Halbpächter, so sind sie insofern besser daran, als die im Vertrag mit dem Eigentümer vereinbarte Naturalabgabe, die je nach Verhältnissen ein Drittel bis die Hälfte der gewonnenen Landerzeugnisse betragen kann, natürlicherweise gleichen Schritt hält mit den jeweiligen Jahreserträgnissen. Eine gute Baumwollernte ist für diese Ackerbauern insofern wichtig, als das Produkt der Baumwolle ihnen vorzüglich als Umtauschwert dient, mit welchem sie sich diejenigen Produkte des Ackerbaues erwerben, welche sie nicht durch eigene Tätigkeit gewinnen. Neben Baumwollzucht spielt der Maisbau eine Rolle, der von dem trockenen Witterungscharakter dieser Gegenden ebenfalls viel zu leiden hat und dessen Erträgnisse teils zur Bestreitung eines Teils des Haushaltungsbedarfs dienen, teils ein wichtiger Ernährungs- und Unterhaltungsfaktor für den vorhandenen Viehbestand bilden. Der Obstbau beschränkt sich vornehmlich auf Pfirsichzucht — die Apfel- und Birnenzucht liegt außerhalb der Grenzen der texanischen Kulturzone, — während der Weinbau (vine-yards) nur in beschränktem Umfange, gewöhnlich nur als Gartenlage, angetroffen wird. Die Lebensweise dieser Prärie- oder Steppenbewohner ist natürlich, wie dies überall der Fall, durch die sie umgebenden Naturverhältnisse bedingt, und da die Natur im allgemeinen hier nicht freigebig ist, wird auch ihr Lebensunterhalt danach bemessen sein. In dieser Richtung sind ihre Lebensverhältnisse analog denen der Bewohner der Gebiete von Louisiana, Arkansas, Mississippi und Georgia: mit frugaler Lebensweise und großer Einförmigkeit des Lebens verbindet sich ein schwerer Kampf um die Erwerbung der Existenzmittel.

Der Staat Texas bietet in seiner örtlichen Beschaffenheit wie im Leben der Bewohner ein typisches Beispiel für das gesamte Prärie- und Steppenleben. Wer Texas kennt, kann sich auch über das Leben anderer Steppenbewohner ein anschauliches Bild entwerfen. Die Einfachheit der Lebensweise überträgt sich auf das Gebiet der geistigen Bewegungen, die in diesen dünn bevölkerten Distrikten nicht dieselbe Anregung empfangen, wie dies in dichter bevölkerten und den Verkehrszentren näher gelegenen Plätzen der Fall ist. Von der Stadt Houston aus werden die Ansiedlungen westwärts, gegen San Antonio hin, spärlich und spärlicher. Dasselbe ist der Fall von den Städten Waco, am Brazosflusse, und von Dallas, am Trinityflusse gelegen: in westlicher Richtung treten die Ansiedlungen und einzeln gelegenen Farmen immer seltener auf, und die Landschaft gewinnt den Anblick einer vollendeten und schwach bevölkerten Prärie. Die Gegend ist oft vollständiges Tafelland, oft auch auf viele Meilen weit durch Mulden und Hügel gebildetes Steppengebiet. Das Klima ist im allgemeinen heiß und trocken, die Luftströmungen monatelang konstant; das andauernde Wehen von Südwinden ein charakteristisches Merkmal dieser Prärien. Die Winterszeit ist wenig fühlbar, Schnee fällt äußerst selten, doch sind selbst in den südlichsten Teilen von Texas für kurze Zeit Eisbildungen zu beobachten, als Nachwirkung der zur Winterszeit so heftig im Norden des Landes auftretenden Schneestürme (blizzards), die in ihren letzten Ausläufern bis gegen Mexiko hin sich fühlbar machen. Natürlich sind derartige Frosterscheinungen unter diesen Breitegraden nur vorübergehend, und nach Aufhören des kalten Nordweststurmes macht sich die Kraft der hier relativ immer hochstehenden Sonne gleich wieder deutlich fühlbar. Bei solchen Zwischenfällen sind die Temperaturgegensätze oft bedenklich große: der Temperaturunterschied kann innerhalb kurzer Zeit bis über 20° Celsius betragen. Äußerlich einen großen Gegensatz zwischen den östlichen und westlichen Teilen von Texas bildend ist das Vorherrschen von Waldgebieten in den einen und das Auftreten großer, baumloser Prärien in den anderen Teilen. Nur vereinzelt stößt man im Westen in der Nähe der Niederlassungen auf kleine Laubholzwäldchen, die gewöhnlich in Akazien- und Eichenwäldchen bestehen. Das übrige der texanischen Ebene ist Grasprärie, nur dann und wann unterbrochen von Mais- und Baumwollkulturen von beschränktem Umfange.

Die Bevölkerung von Texas setzt sich, wie dies in den meisten Teilen der amerikanischen Union der Fall ist, aus den verschiedensten Rassen und Nationalitäten zusammen: Deutsche, Amerikaner, Irländer, Franzosen, Schweden, Norweger, Italiener, Mexikaner, Neger, Chinesen und Japaner. Während sich in den größeren Plätzen, wie Galveston, Houston, San Antonio, Dallas usw. mehrere der genannten Rassen und Nationalitäten zusammenfinden, macht man, wenn auch nicht allenthalben, an kleineren Plätzen, die oft nur wenige hundert Einwohner zählen, die Wahrnehmung, daß bestimmte Nationalitäten unter sich ein Gemeinwesen gegründet haben. Vornehmlich findet man das bei der germanischen und slavischen Rasse. Man findet spezifisch deutsche, schwedische, polnische Kolonien. Dieser gegenseitige Anschluß gleichartiger Volksstämme geschah vielfach in der Absicht, die überkommenen Sitten und Gewohnheiten, ebenso die Sprache gegen anderweitige ungünstige Einflüsse hierdurch besser zu wahren. Die Erfahrung, daß Stammesangehörige ausschließlich oder doch nahezu ausschließlich unter sich ein Gemeinwesen gründen, trifft zwar nicht bloß auf Texas zu, denn ähnliche Beobachtungen lassen sich beispielsweise auch in Kansas, Missouri, Jowa, Wisconsin und Dakota machen, aber nirgends bekunden die neuen Kolonisten ein größeres Streben, an den aus der Heimat mitgebrachten Sitten, Anschauungen und Gebräuchen festzuhalten, als im großen Präriestaat Texas. Die Amerikanisierung, oder wie der Spottausdruck lautet, die Russifizierung, hat nirgends so großen Widerstand gefunden, wie im „Lone Star State“. Dieser Widerstand gegen fremdländische Einflüsse ist oft bei einem so bunten Völkergemisch, wie es in den nordamerikanischen Staatengebieten obwaltet, ein vergeblicher, oft für die, die in ihrem Widerstande verharren, in Rücksicht ihrer ökonomischen Vorteile ein verhängnisvoller, aber immerhin fällt den neugeschaffenen Niederlassungen, zumal ihre Bewohner einer geistig und moralisch höher stehenden Rasse angehören, die Aufgabe zu, wenigstens im Prinzip an ihrer Stammesnationalität festzuhalten. Dieses Erfordernis muß insbesondere gegenüber jener Rasse oder Nationalität betont werden, die nach dem Stande ihrer Sitten, Anschauung und Denkweise einer mehr vorgeschrittenen angehört; denn wenn eine solche höher stehende Rasse diese Aufgabe nicht erfüllt, so kann sie, im Falle sie in Berührung mit einer niedrig stehenden Rasse gerät, leicht Gefahr laufen, einer Degeneration oder einem Verschlechterungsprozeß ihrer bisherigen Charaktereigenschaften anheimzufallen. Sie kann der anderen Rasse nichts nützen, sich selbst aber um alle guten und schätzenswerten Eigenschaften bringen. In dieser Richtung sind die deutschen Kolonien in Texas, die ich eingehend bereiste, geradezu Musterkolonien, nicht bloß in bezug auf ihre Wirtschaftlichkeit, sondern auch in Anbetracht ihrer Anhänglichkeit an ihr Mutterland. Neben einer beträchtlichen Anzahl deutscher Niederlassungen entlang der Bahnverbindungen, wie streckenweise der südlichen Pacific-Bahn, der Missouri-, Kansas- und Texas-, der Texas- und Pacific- und der Houston- und Texas-Zentral-Bahn, finden sich in Texas viele deutsche Kolonien in geringerer oder größerer Entfernung von direkten Verkehrslinien. Von den vielen in Texas bestehenden Niederlassungen, deren Bewohner vorwiegend deutscher Abstammung sind, sind unter anderem zu nennen: Flatonia, Weimar, Schulenburg, Fredericksburg, San Marcos und Neu-Braunfels. Außer den kleineren oder größeren Niederlassungen, deren Insassen in der Mehrzahl Deutsche sind, trifft man auch auf seinen Reisen durch Texas eine Menge, oft vom Verkehr fern gelegene Farmen, deren Inhaber der deutschen Nationalität angehören. Während diese deutschen Farmer, ebenso solche anderer Stammesangehörigkeit, neben Viehzucht sich hauptsächlich mit Mais- und Baumwollenbau beschäftigen, findet man in den Niederlassungen Personen, die ausschließlich aus dem Handel oder einem Gewerbe ihren Lebensunterhalt beziehen. Es läßt sich — von Ausnahmen abgesehen — gerade nicht behaupten, daß diese Handels- und Gewerbetreibenden in den Prärien in besonders glänzenden Verhältnissen leben, viele unter ihnen führen ein primitives Dasein oder haben sog. „Bruchgeschäfte", die sich nur mit Mühe auf dem Laufenden halten können. Die Ungunst der Natur resp. Mißernten tragen viel zu diesem Mißstande bei. Wenn die umwohnenden Bauernfamilien Jahr für Jahr einigermaßen nennenswerte Erträgnisse aus ihren Unternehmungen erzielen würden, sei es als Eigentümer, sei es als Pächter oder Halbpächter, so würde sich dieser Vorteil oder Gewinn auch auf die industrielle und Handelsklasse, die in den Dörfern und Städten wohnt, übertragen: es würde im Falle günstiger landwirtschaftlicher Produktion ein reger und beiden Teilen vorteilhafter Austausch zwischen landwirtschaftlichen und industriellen Erzeugnisse statthaben, ein Umstand, der für die lokalen Erwerbs- und Konsumtionsverhältnisse von unschätzbarem Vorteile wäre. Ein weiterer Mißstand für die Gewerbetreibenden in den abgelegenen Bezirken der Prärie besteht darin, daß Fabriken und Großgeschäfte fern gelegener, großer Industrieplätze mit dem einheimischen Gewerbe schwer konkurrieren und durch Unterbietung der Preise geeignet sind, dasselbe zu untergraben: solche Konkurrenzgeschäfte vermögen selbst auf eine Entfernung von tausend Meilen den Gewerbetreibenden an Ort und Stelle zu ruinieren.

Was nun die Lebensweise der texanischen Bauern anbetrifft, so bewegt sie sich, wie bemerkt, durchschnittlich auf einem sehr bescheidenen Niveau: ihr Leben, soweit es das Genußleben betrifft, und ihr Leben, soweit es das Arbeitsleben betrifft, bildet wenig Kontraste: auf der einen Seite schwere, körperlich aufreibende Arbeit, zum Teil im glühenden Sonnenbrande, reich an Entbehrung und Strapazen aller Art, andererseits unteilhaftig der gesellschaftlichen Freuden und aller höheren Lebensgenüsse. Eigentümlich den Präriebewohnern, wie überhaupt den Landbewohnern, ist der geringe Bestand an flüssigen Barmitteln. Diese durchaus merkwürdige Erscheinung — merkwürdig dadurch, daß diese ursprünglichen Produzenten in erster Linie auch Geld haben sollten — entstammt — aber nur zum Teil — dem Umstande, daß diese Präriebauern gleich anderen Sterblichen fortdauernde Ausgaben haben, während ihre Einkünfte oft zweifelhaft sind. Das Geld in diesen Prärien ist in der Tat rar, und es ist mir gesagt worden, daß man 40 texanische Bauern ausschütteln könnte und es würde bei dieser Prozedur noch kein Groschen herausfallen.

Ein großer Mißstand für Texas ist die zur Sommerszeit eintretende anhaltende Dürre und Trockenheit. Die vielen Flußbette, die man in Texas wahrnimmt, sind zur Sommerszeit gemeiniglich ausgetrocknet, und nur an den tiefer gelegenen Stellen finden sich noch die sog. Wassertümpel. Da die Brunnen wegen der Kostspieligkeit zu den Seltenheiten gehören, wenigstens auf den Farmen, so sehen sich die Farmer gezwungen, oft auf große, mehrere Meilen betragende Entfernungen in Fässern das Wasser für den Haus- und zum Teil auch Viehbedarf aus genannten Tümpeln herbeizuschaffen. Dieses in Fässern und Eimern zugeführte Wasser, das keineswegs als prima Qualität bezeichnet werden kann, wird, soweit es zum Trinken Verwendung finden soll, zur Nachtzeit in Eimern (pails) entlang der jedes Bauernhaus umgebenden Galerie aufbewahrt, und zwar werden diese mit lauwarmem Präriewasser gefüllten Eimer an eisernen Haken am oberen Teile der Galerie aufgehängt, wodurch während der Nacht eine Abkühlung des Wassers bewirkt werden soll. Es ist ersichtlich, daß die paar Fässer Wasser, die tagtäglich aus der Ferne herbeigeholt werden, für einen größeren Viehbestand bei weitem nicht ausreichen. Neben Haus- und Kochgetränk findet dieses Wasser nur noch Verwendung als Getränk für Pferde und Geflügel, während die Rindviehherden gezwungen sind, an der oft meilenweit entfernten Tränke ihren Durst zu löschen. Große Herden kann man, oft täglich zweimal, unter Anführung eines erfahrenen, lokalkundigen Rindes, das an seinem Halse eine weithin hörbare Blechglocke trägt, durch die von der Hitze halb ausgebrannte Prärielandschaft wandern sehen, gleichzeitig in einem eigentümlichen Brüllen ihren Durst verkündend. An der Tränke selbst entsteht oft ein wilder Kampf unter den Tieren, der gewöhnlich damit endigt, daß die jüngeren und schwächeren Tiere zurückstehen und so lange warten müssen, bis die älteren und stärkeren ihren Durst gelöscht haben. Daß dieses Wasser zuletzt nicht mehr als Tafelgetränk gelten kann, dürfte einleuchtend sein. Während zur Winters- und Frühjahrszeit die Weideplätze mit einem saftigen Grün überzogen sind, sehen zur Sommerszeit, die den weitaus größten Teil des Jahres ausmacht, diese Wiesenplätze wie abgebrannt aus und bieten den weidenden Tieren nur ein kümmerliches Futter. Diese Tiere haben zur trockenen Jahreszeit eine riesige Arbeit, um nur einigermaßen das ihnen nötige Futter zu erhalten. Man sieht auf den ersten Blick diesen Grasweiden an, daß sie nicht bloß einmal, sondern zum so und sovielten Male von den hungrigen Tieren abgegrast worden sind. Es darf einen nicht Wunder nehmen, daß in außergewöhnlich trockenen Jahrgängen viel Vieh in diesen Prärien aus Wassermangel zugrunde geht, um dann entweder verscharrt zu werden oder als Leckerbissen den vielfach in den Steppen hausenden Aasgeiern anheimzufallen. An den Weideplätzen, die entlang dem Bahnkörper, der hier nirgends durch eine Barriere abgesperrt ist, liegen, fallen auch viele dieser Tiere dem Dampfroß zum Opfer, und zumal ist es das junge Vieh, das aus Unerfahrenheit sorgenlos über das Bahngeleise trottet und so sich der Gefahr aussetzt. Der Lokomotivführer nimmt wenig Notiz von diesen lebendigen vierfüßigen Prellböcken, auch hegt er keine Befürchtung, daß durch einen Zusammenstoß mit diesen Vierfüßlern eine Entgleisung eintritt, denn der vorne an der Maschine angebrachte Schienenfänger (cowcatcher) sorgt dafür, daß das in den Weg laufende Rind mit Blitzesschnelle aus der Bahnspur geschleudert und so unschädlich gemacht wird. Das durch den Schienenfänger erfaßte Tier wird in einem großen Bogen fortgeschleudert, um nach seinem jähen Absturze elendiglich zu verenden. Im nördlichen Texas beobachtete ich ein stark gewachsenes Rind, das augenscheinlich auf diese Weise umgekommen war. Dasselbe war ungefähr 30 Fuß vom Bahnkörper weggeschleudert worden. Zu beiden Seiten der Bahn befand sich kleines Gestrüpp, dazwischen standen einige, vermutlich durch ein Präriefeuer halb angebrannte, breitästige Eichbäume, auf denen in der Runde etwa ein Dutzend Aasgeier postiert waren, die, wie mir gleich klar, nur noch den richtigen Moment abwarteten, um sich auf ihre Beute zu stürzen. Wie Henkersknechte schienen sie auf den Zeitpunkt zu lauern, um ihre schaurige Tätigkeit zu beginnen. Der Bauch des getöteten Rindes war unter dem Einfluß der intensiven Sonnenhitze derart angeschwollen, daß die übrigen Körperteile zu verschwinden schienen. Ich konnte den weiteren Verlauf nicht beobachten, aber soviel steht fest: als der Bauch des Tieres platzte und die mit Würmern und Maden durchzogenen aufgeschwollenen Eingeweideteile herausquollen, daß die in der Nähe versammelten Aasgeier mit grausiger Gier über ihr Opfer, dem sie vorher die Augen ausgehackt hatten, herfielen und so lange ihm zusetzten, bis nur noch Haut und Knochen als die letzten restierenden Bestandteile zu sehen waren.

Die Gegend wird, je weiter man nach Westen kommt, unbewohnter und einförmiger. Die Bahnverbindungen werden selten und seltener, und die Wegverbindungen auf dem offenen Lande und zwischen den einzelnen Dörfern nehmen allmählich eine so primitive Form an, daß sie von Naturwegen nicht mehr zu unterscheiden sind. Die Gegend, westwärts fortwährend ansteigend, ist vielfach perfektes Tafelland, das bei klarem Himmel einen Ausblick von 15—20 km über die Prärie gewährt. Hier hat man Gelegenheit, ebensogut wie auf dem Ozean, die kugelförmige Gestalt der Erde zu studieren. Befindet man sich auf einer solchen weit ausgedehnten Prärie, so sieht man bei Annäherung einer Niederlassung zuerst die Kirchturmspitze, dann die Dachzinnen und die Giebelwände — eine Erscheinung, die nur durch eine Wölbung der Erdoberfläche erklärt werden kann.

Das Leben auf einem solchen Präriedorfe kann nur wegen der Eigenart des Lebens, die dort zu finden ist, einiges Interesse abgewinnen. Der Präriebewohner, wenn er nicht aus fremden Landen eingewandert ist, kennt nichts von der Welt, ihren Verkehrsverhältnissen und Bedürfnissen. Diese einfachen Söhne und Töchter der Steppe, die nur Arbeit kennen und denen das Genußleben der Großstädte und ebenso die darin herrschende strenge Armut fremd ist, finden sich mit ihrem Geschicke zurecht und sind nicht so töricht, Bedürfnisse und Wünsche zu nähren, die sie doch nicht befriedigen können. Was diesen Pionieren der Kultur und ihren Nachkommen an Lebensgenuß abgeht, ist ihnen durch die Summe der Freiheiten, die sie genießen und die in bevölkerten Distrikten nicht mehr zu finden ist, hinlänglich ersetzt. Die unmittelbare Gewinnung eines großen Teils dessen, was sie zur Erhaltung ihres materiellen Lebens benötigen, und die hieraus sich ergebenden geringfügigen Verbindungen mit der Außenwelt verschaffen ihnen einen Grad von sozialer Unabhängigkeit, dessen sich der Großstädter, der mit vielen Faktoren des Lebens rechnen muß und der inmitten eines Labyrinths gesellschaftlicher Beziehungen steht, nicht erfreuen kann.

Womit die texanischen Bewohner am meisten zu kämpfen haben, ist Dürre und Hitze. Während zur Winterszeit — ein Begriff, der hier übrigens cum grano salis aufzufassen ist — noch zeitweise Regen fällt und die Ost- und Nordwestwinde etwas Abwechslung in die schier stationären klimatischen Verhältnisse bringen, ist die Sommerszeit, unter welchen Begriff auch die Jahreszeiten des Frühlings und des Herbstes fallen, größtenteils durch ungewöhnliche Hitze und Regenlosigkeit ausgezeichnet. Die Hitze beginnt schon anfangs März und dauert bis gegen Dezember. Ein Regenfall zur Sommerszeit, der oft von heftigen Gewittererscheinungen begleitet ist, ist ein Ereignis und wird in den Zeitungen als eine hochwichtige Erscheinung bekannt gegeben. Jeder Landbezirk, von dem gemeldet wird, es sei in ihm

Regen gefallen, wird von den weniger Glücklichen darum beneidet: es erscheint ihnen, als wenn dort das gepriesene Manna gefallen wäre. Der Regenfall ist besonders in den Monaten August und September wichtig, um die zu dieser Zeit zur vollen Entfaltung gelangte Maisstaude vor dem „Abstehen" und die Blüten des Baumwollestrauches vor dem Abfallen zu schützen. Wochenlang sieht oft der texanische Bauer sehnsuchtsvoll danach aus, ob sich nicht irgendwo im Osten oder Norden eine Wolkenbildung zeigt, die ihm den ersehnten Regenfall bringen könnte, denn der Regen ist auch für seine Kulturen die erste Lebensfrage.

Die Glut der Sonnenstrahlen, die in diesen Breitegraden zur Mittagszeit in annähernd vertikaler Richtung auf die Erde fallen und jede Bildung von Schatten schier unmöglich machen, wirkt lähmend auf die Ausübung geistiger wie physischer Betätigungen. Zur Mittagszeit, etwa von 11 Uhr vormittags bis 3 Uhr nachmittags, sehen diese texanischen Präriedörfer wie abgestorben aus, alles hat sich in das Innere der Häuser zurückgezogen, um der glühenden Sonnenhitze, die, wenn man ihr längere Zeit ausgesetzt ist, das Blut im Kopfe in wallende Bewegung bringt, in der gefährlichsten Zeit des Tages zu entrinnen. Kein Lüftchen rührt sich, kein Laut dringt an das Ohr, überall herrscht Ruhe und Todesschweigen, als wenn alles Leben der Natur und der Menschen erloschen wäre. Die Dorfbewohner warten das Fallen der Temperatur ab, das sich gegen Ende des Nachmittags einstellt, um ihr unterbrochenes Tageswerk bis zum Dunkel der Nacht fortzusetzen. Aber die Nacht wirkt anfänglich keineswegs erfrischend, eine dumpfe Schwüle tritt an Stelle der intensiven Sonnenhitze, und erst um Mitternacht macht sich eine Abkühlung der Temperatur bemerkbar.

Unter den deutschen texanischen Ansiedlern finden sich auch — jetzt natürlich nur noch ganz selten — solche, welche die 48er Revolutionsjahre miterlebt, in ihnen agitatorisch tätig waren und späterhin, nach dem ungünstigen Ausgang der Bewegung, gezwungen waren, ihre alte Heimat mit einer neuen zu vertauschen.[15] Im allgemeinen haben sich diese politischen

Flüchtlinge, wenn sie nicht einem allzu frühen Tode erlegen sind, durch Ausdauer und große Arbeitsamkeit zu einem erfreulichen, den Verhältnissen entsprechenden Wohlstande emporgearbeitet und manche darunter, die vorher nur die Feder zu führen verstanden, oder nur geistige Betätigungen verrichteten, führten in der Folge den Pflug oder schwangen die Axt, um Waldland auszuroden.[16] Diese Pioniere texanischer Kultur sind zumeist verschlossen, auch stellen sie keine Fragen an den Fremden, aus welchem Grunde er das Land von Onkel Sam aufsuchte, oder was ihn bewog, seinem Heimatlande Valet zu sagen. Sie sind große Gastfreunde und zeigen durchgängig das regste Interesse an den Geschicken ihres alten Vaterlandes, dem sie auch in der Ferne ihre Anhänglichkeit bewahrt haben. Sie sind stolz auf ihre Abstammung und stolz auf ihr Deutschtum. In dieser Richtung können die alten Deutsch-Texaner in eminentem Sinne als Deutschnationale oder als Patrioten bezeichnet werden. In der Hebung der allgemeinen Wohlfahrt ihres Abstammungslandes erblicken sie, ebenso wie in einer kraftvollen Machtentfaltung der Deutschen in Nordamerika die Hauptaufgabe des Deutschtums. Diese kerndeutsche Gesinnung hat sich auch auf die jüngere Generation übertragen, die zäh an der deutschen Sprache, deutschen Sitten und Gebräuchen festhält. Man findet deutsche texanische Ansiedlungen, wo ein Nichtdeutscher eine unwillkommene Person ist und wo es ungern vernommen wird, wenn man statt der deutschen der englischen Sprache sich bedient. Diese streng deutschnationale Gesinnung der Texaner ist merkwürdig und aller Beachtung wert, und es wäre nur zu wünschen, daß alle Deutschen im Auslande dieselbe Stammesanhänglichkeit an den Tag legen würden.

In den Schulen dieser deutsch-texanischen Kolonien wird vorwiegend von deutschen Lehrkräften und in deutscher Sprache unterrichtet; das Englische kommt erst in zweiter Linie. Die Lehrfächer beschränken sich auf Rechnen, Lesen und Schreiben, etwas Geschichte und Geographie, auf die elementaren Begriffe von der Gesteinskunde, der Botanik und Zoologie; ein Lesebuch dient zur allgemeinen Belehrung. Religionsunterricht wird in den Schulen nicht erteilt, sondern in den Kirchen während der sog. „Sunday schools“ (Sonntagsschulen).

Was die Schulhäuser betrifft, so sind sie allerdings keine Prachtbauten in modernem Stile, sondern meistens einfache Holzbauten, doch genügen sie für den Zweck, dem sie gewidmet sind. Alle Kosten, welche die öffentliche Erziehung der Jugend verursacht, trägt die Gemeinde, resp. jede einzelne Familie hilft nach Maßgabe der Anzahl Zöglinge, die sie in Unterricht gibt, zum Unterhalt der Schule und der Lehrkräfte bei. Der Staat liefert keine Zuschüsse. Schulzwang besteht nicht, doch liegt es schon im Interesse jeder Familie, daß sie ihrer Nachkommenschaft die notwendige elementare Ausbildung zukommen läßt. Die Schulhäuser sind vielfach nicht in der betreffenden Dorfgemeinde zu finden, sondern liegen oft außerhalb der Ansiedlung in einem Gebüsch, Akazienwäldchen u. dgl. versteckt; oft bemerkt man auch Schulhäuser mitten in offener, baumloser Prärie, von der nächsten Ansiedlung meilenweit entfernt. Zu Beginn des Schulunterrichts sieht man an solchen Plätzen von allen Richtungen der Windrose die lernbegierige Jugend beiderlei Geschlechtes, das männliche zum Teil mit Gewehren (rifles) und anderen Schießwaffen ausgerüstet, auf ihren Ponys heranreiten, um einige Stunden bei der „alma mater“ zu verbringen! In der Zwischenzeit werden die Gäule an Pfosten angebunden, während die Schießwaffen in einer Ecke des Schulzimmers plaziert werden, so daß ein solches Schullokal mehr einem Waffenmagazin als einer Erziehungsanstalt gleicht.

Was nun die geselligen Vergnügen dieser Präriebewohner betrifft, so entbehren sie des reichen Wechsels, der die großstädtischen Vergnügen auszeichnet, und beschränken sich, abgesehen von Besuchen, die sich die Farmerfamilien an Sonntagen abstatten, auf Veranstaltungen von Musikabenden und Tanzkränzchen, woran natürlich vorzugsweise die Jugend teilnimmt. An solchen Abenden holt der texanische Junge seine Auserwählte, die oft mehrere Stunden Weges von ihm entfernt wohnt, mit seinem Gaule ab, die alsdann ihrerseits ebenfalls auf einem Pony —

man muß wissen, daß die Texanerin eine vorzügliche Reiterin ist — in seiner Begleitung nach dem Ort der Abendunterhaltung sich begibt, um dort bei Tänzen oder Gesängen einige frohe Stunden zu genießen. Die deutsch-texanische Jugend kennt so ziemlich alle deutschen Volkslieder, und es beschleicht den Fremden ein eigentümliches Gefühl, wenn diese Volkslieder in fernen Landen und dazu noch in einsamer Präriegegend an sein Ohr klingen.

In Spring Prärie, einer kleinen, etwa 200 Einwohner zählenden rein deutschen Ansiedlung, wenige Meilen südwärts von der an der südlichen Pacific-Bahn gelegenen Station Schulenburg gelegen, wurde ich mit den deutsch-texanischen Verhältnissen zum ersten Male eingehender vertraut. In der Umgebung des Dörfchens erblickt man neben Weidegründen Maisbau und Baumwollefelder, daneben in der Nähe der Niederlassung etwas Gemüsebau. Waldland bemerkt man nur wenig, denn der größere Teil des ehemaligen Waldbestandes ist bereits ausgerodet, und zwischen den noch zahlreich vorhandenen, etwa ein Meter vom Boden sich erhebenden Baumstümpfen (meistens Eichbaumstümpfe) beobachtet man bereits Neuanpflanzungen von Mais, die natürlich wegen ihrer eigentümlichen Anlage schwer zu hegen sind.

Während meines Aufenthaltes an genanntem Orte wurde ich unter anderem auch mit einer Familie bekannt, deren Haupt nicht bloß Ackerbauer war, sondern auch als Arzt, Apotheker, Bürgermeister und Postdirektor und im Notfalle auch als Magister fungirte, also ein vielseitiges Talent entwickelte, aber trotzdem keineswegs wegen Arbeitsüberhäufung klagen konnte. Der reichste Grundbauer der Gemeinde war ein Westfale, der vordem im Staate Minnesota eine große Farm besaß, aber wegen des kalten, ungastlichen Klimas, das in Minnesota herrscht, seine Farm dort verkaufte, um sich im sonnigen, warmen Texas niederzulassen. Er war nach texanischen Begriffen in guten Verhältnissen, und seine Lebensweise unterschied sich vorteilhaft von der seiner weniger begüterten Landsleute. Er besaß etwa

30 Morgen Mais-, 80 Morgen Baumwollefeld nebst einem ausgedehnten, übrigens gut eingezäunten (fenced) Weidegrunde. Zu seinem Viehbestand zählte eine Anzahl stattlicher Pferde, sowie eine größere Herde Rindvieh. Er hatte einige Hilfskräfte (hands) engagiert, außerdem half ihm seine Frau, die eine tüchtige Wirtschafterin war, und seine beiden erwachsenen Töchter bei der Umtreibung seines landwirtschaftlichen Gewerbes. Die beiden Töchter waren äußerst tätig, und während die ältere ihre Hauptaufgabe in der Führung des Haushaltes erblickte, widmete sich die jüngere, ein Mädchen von etwas wildem Temperament, mit Vorliebe dem Feldgeschäfte, und es war wirklich ein Vergnügen, mit anzusehen, wie sie die Gäule anschirrte und wie sie durch die schwere schwarze Tonerde ihre Pflugschar (plow) führte und mit der Egge (harrows) zu hantieren verstand — ein interessantes Gegenstück zu den Gewohnheiten der englisch-amerikanischen Damenwelt, die den Feldgeschäften abhold ist und, wenn die ökonomischen Verhältnisse es irgendwie zulassen, das „dolce far niente“ jedwelcher gewerblichen Tätigkeit vorzieht.

Spielt sich das Leben in den texanischen Dörfern nach einerlei Schablone ab, so bietet das Städteleben ein mehr wechselreiches Bild, und Städte wie Galveston, San Antonio, Austin, Dallas und Fort Worth sind in ihrem äußeren Erscheinen ganz modern zugeschnitten und bieten allen Komfort, wie der Reisende ihn nur wünschen kann. Indessen ist unter allen texanischen Städten San Antonio am meisten bemerkenswert, weil es neben städtischem Komfort auch einen großen Prozentsatz geselligen Lebens in sich birgt. Die Merkmale des amerikanischen gesellschaftlichen Lebens, nämlich Steifheit, Prüderie und Voreingenommenheit, sind hier, vornehmlich unter dem Einfluß des daselbst stark vertretenen deutschen Elements, weniger augenfällig, und fühlen wir uns nahezu in deutschländische gemütliche Verhältnisse versetzt.

Die Stadt San Antonio, am San Antoniofluß gelegen, als die Wiege der texanischen Freiheit (the cradle of Texas liberty) bekannt, zählt etwa 40000 Einwohner, worunter die Amerikaner, Deutschen und Mexikaner am meisten vertreten sind.

Industrie und Handel sind in Anbetracht der Größe der Stadt umfangreich: Woll- und Baumwollindustrie, der Handel mit Pferden, Mauleseln und Hornvieh bilden die Haupterscheinungen des ökonomischen Lebens. Im Erwerbsleben von San Antonio spielen die Deutschen eine hervorragende Rolle: man bemerkt deutsche Großfirmen, deutsche Detailgeschäfte, deutsche Hotels und Restaurants in beträchtlicher Anzahl. Die dort erscheinende deutsche Zeitung „San Antonio Freie Presse", ein Blatt von streng deutschnationaler Tendenz, erfreut sich in der Stadt wie in den umliegenden deutschen Ansiedlungen einer guten Kundschaft. Zu den hervorragendsten Sehenswürdigkeiten San Antonios und seiner Umgebung, soweit es sich um Altertümer handelt, zählen die bekannten „Old Spanish Missions", alte spanische, noch aus dem 18. Jahrhundert datierende Kirchen, die auch für jemanden, der kein großer Kirchengänger ist, einiges Interesse abgewinnen. In San Antonio selbst ist es die am Alamo Plaza gelegene Kirche der Alamo Mission (church of the Mission del Alamo), die Mitte des 18. Jahrhunderts gebaut wurde und jetzt nur noch als Altertumskuriosität gezeigt wird. Einige Meilen entfernt von San Antonio ist die Kirche der unbefleckten Empfängnis (Mission of the Conception), die Kirche „San Gose de Aguayo" und die Kirche „San Francisco de la Espada", welch letztere, etwa 14 km südlich von der Stadt gelegen, von den in der Umgebung wohnenden Indianern zum Abhalten des Gottesdienstes benützt wird.

Neben Amerikanern, Mexikanern und Deutschen bemerkt man in San Antonio noch Neger und Mulatten; bei den letzteren ist wohl schwer festzustellen, welcher Rassenvermischung sie entsprungen sind. Was die Frauenwelt anbetrifft, so sieht man oft große Schönheiten, die durch ihre anmutigen Reize und ihre insbesondere den amerikanischen Typen eigenartige Koketterie der Männerwelt gegenüber jedes Männerherz, auch wenn es gegen weibliche Einflüsse noch so sehr gefeit zu sein meint, zu fesseln wissen.[17] Eine Ausnahme unter den anziehenden weiblichen Gestalten machen die Negerinnen, die im allgemeinen keinen Überfluß an Schönheitsmerkmalen aufweisen und die auch ihren männlichen Rassegenossen im Hinblick auf äußere Erscheinung viel nachgeben. Hübsche, interessante Negerinnen trifft man nur selten. Abgesehen von ihrer schwarzen Hautfarbe, die für einen Weißen wenig Anziehendes hat, ist die Negerin im Durchschnitt viel zu plump gebaut, auch entbehren ihre Gesichtszüge einer feineren Nuancierung, als daß sie auf den Begriff Schönheit Anspruch erheben könnte. Indessen gibt es auch Ausnahmen, wenngleich selten, aber diese bestätigen nur die Regel. Ähnlich gilt dies von den Indianerinnen, die allerdings in Texas zu den Seltenheiten gehören, und den Mulattinnen. So wenig interessante Erscheinungen man darunter findet, so vielfach geradezu abschreckend treten uns diese weiblichen Typen entgegen, insbesondere scheint die Altersgrenze bei diesen Rassen tief unten zu liegen, denn unter diesen Indianerinnen und Mulattinnen trifft man matronenhaft aussehende Personen, die nachweisbar noch nicht in die berüchtigten „Dreißiger" eingetreten sind.

Was nun das engere gesellschaftliche Leben von San Antonio anbetrifft, so zählt diese Stadt, wie bemerkt, ohne Zweifel zu den relativ am meisten gemütlichen Plätzen der Union, trotzdem auch hier der öde Geist des amerikanischen Puritaner- und Pharisäertums sich mehr und mehr Geltung und Macht zu verschaffen sucht. An Unterhaltungsgelegenheiten, wie Konzertabenden, Theatervorstellungen, Picknicks u. dgl. fehlt es nicht, und da diese Vergnügungsarrangements einen öffentlichen Charakter tragen, so sind sie dem Fremden, der an freie gesellschaftliche Verhältnisse gewöhnt ist, natürlich viel sympathischer als die sog. geselligen Zusammenkünfte, welche das Amerikanertum in ihren geheimnisvollen Logen und den allenthalben verbreiteten, neben Vergnügungszwecken noch irgendwelchem praktischen Bedürfnisse dienenden, aber die Steifheit des amerikanischen Geistes nie verleugnenden berühmten „Klubs" abzuhalten pflegen.

Wir müssen hier daran erinnern, daß jedwelcher Art geselliger Vereinigungen, welche das spezifische Amerikanertum veranstaltet, der Charakter echter Gemütlichkeit vollständig abgeht, indem in all ihren „Passionen“ weniger das gemütvolle als vielmehr der Geist irgendwelcher Spekulation obwaltet. Die geselligen amerikanischen Vereinigungen sind nur eine Karikatur eines humorvollen Lebens, eine Bizarrerie einer temperamentvollen Stimmung. Was die heitere Seite des Lebens bei den Amerikanern besonders beeinträchtigt, ist der finstere, zelotische und bigottische Geist, wie er vom amerikanischen Priestertum ausgeht, das jeder öffentlichen Lustbarkeit feind ist und am liebsten alle Menschen den pekuniären Interessen der Kirche, wenn es nur die politische Macht dazu besäße, unterwerfen möchte. Diese Kirchen, die sich aus einigen Dutzend verschiedener Religionssekten oder Religionsgenossenschaften zusammensetzen — wir erwähnen nur die Episkopal-, die Baptisten-, die Methodisten-, die Presbyterianer- und die Unitarierkirche — besitzen ihren stärksten Rückhalt an den Weibern, die infolge ihrer ausgedehnten „Separatrechte“ einen gewaltigen Einfluß auf das amerikanische Leben ausüben und im Bunde mit den Priestern alle geselligen öffentlichen Vergnügungen auf das Bitterste bekämpfen.

Dieser finstere zelotische Geist, dem ein starkes Stück Despotismus beigemengt ist, zeigt sich am auffälligsten in der Temperenzbewegung, die darauf hinausgeht, jeden Handel mit alkoholhaltigen Getränken, ebenso ihre Herstellung, ihren Kauf und Verkauf vollständig zu unterdrücken. Die amerikanische Intoleranz tritt hier unverhüllt zutage, wobei nicht übersehen werden darf, daß dieser Fanatismus nativistische Beimischungen enthält, in dem seine Spitze in erster Linie gegen das Ausländertum (foreigners), darunter nicht zum wenigsten gegen das Deutschtum, gerichtet ist.

Als ich im Sommer 1887 Texas bereiste, war gerade ein heftiger Kampf zwischen den Anhängern und Gegnern des Alkoholhandels (liquor traffic) entbrannt. Es sollte durch eine Volksabstimmung (referendum) darüber entschieden werden, ob der Staat Texas ein Prohibitionsgesetz (prohibition = Verbot des Getränkeverkaufs) einführen wolle oder nicht. Die Zeitungspresse war mächtig engagiert, und überall wurden Versammlungen (meetings) abgehalten, worin diese brennende Tagesfrage aufs eifrigste ventiliert wurde. An der Spitze der Temperenzbewegung standen die Methodisten-, Baptisten- und Presbyterianerkirchen und ihre Gönnerschaft, während die Gegenaktion vorwiegend von den Interessenten der Alkoholindustrie — Brauereien, Destillerien usw. — geleitet wurde. Die Temperenzanhänger schickten den „Dollar" auf Reisen, um Stimmen anzuwerben, während die Alkoholanhänger, vorab die Großbrauer, ganze Wagenladungen ihres sorgenbrechenden Stoffes gratis als Agitationsmittel nach Texas entsandten.

Indes nicht bloß in geschlossenen Räumen wurde diese Frage diskutiert, sondern auch auf öffentlichen Plätzen und durch Veranstaltungen von sog. „Picknicks" wurde zur Alkoholfrage Stellung genommen. Im Städtchen Taylor, Texas, wohnte ich einem solchen öffentlichen Meeting oder vielmehr Picknick bei, woran nicht bloß der größere Teil der Einwohnerschaft des Städtchens, sondern auch viele Ansiedler aus der Umgebung teilnahmen. Auffallend war die große Zahl der anwesenden Frauenzimmer, sowohl lediger wie verheirateter, die das eifrigste Interesse an der Sache bekundeten. Darunter war eine Gruppe von Frauen, die unverkennbar deutscher Nationalität waren und von denen ich hätte schwören können, daß sie keine Anhängerinnen der „Prohibition" waren. Unter den anwesenden Mädchen bemerkte man ein großes, schlank gewachsenes Frauenzimmer, dem Typus nach eine Amerikanerin, die auf ihrem hohen und breitkrämpigen Hute ein hellfarbiges Plakat trug mit der Aufschrift: Texas for Prohibition, was eine Aufmunterung an die Anwesenden enthalten sollte, für das Temperenzgesetz zu stimmen. Das Meeting, das mit einem Picknick verbunden war, fand in der Nähe des Städtchens auf einem Picknickplatze statt, in dessen Mitte ein langer Tisch provisorisch aufgestellt war, an dem Speisen und Kaffee gratis verabreicht wurden. Die Bedienung besorgten zwei dunkelhaarige Mulattinnen. Bier und andere geistige Getränke wurden auf diesem Platze nicht verabreicht, wodurch sich das Übergewicht der engherzigen amerikanischen Gesinnungsart zeigte. Doch konnte man in den Wirtschaften (Saloons) des Städchens diesem Bedürfnisse Genüge leisten.

Es waren zwei Redner anwesend, ein Abgesandter der Getränkeindustrie, der, wie aus der Akzentuierung des Englischen zu schließen, deutscher Abstammung war, und ein Sendling der Abstinenzpartei. Der erste Redner betonte hauptsächlich das Moment, daß man die Natur nicht vergewaltigen solle, daß die Produkte der Natur, die durch Menschenhand in brauchbare Konsumgegenstände verwandelt werden können, nicht als vernunftwidrig oder schädlich betrachtet werden könnten. Dabei berief er sich auf Aussprüche amerikanischer Schriftsteller und Staatsmänner, zumal des Thomas Jefferson, die die Prohibition als freiheitswidrig bezeichneten, und hob zum Schlusse hervor, daß die Einführung eines solchen Gesetzes nicht bloß blühende Industrien und mit ihr viele menschliche Existenzen vernichten und ganze große Produktionssphären in Mitleidenschaft ziehen würde, sondern daß dieselbe auch eine stark nativistische, d. h. auslands- und fremdenfeindliche Gesinnung in sich berge und auf die europäische und besonders die deutsche Einwanderung, der das Land einen großen Teil seiner Kultur verdanke, ihre verhängnisvolle Rückwirkung nicht verfehlen würde. Der Temperenzapostel hob in seiner Gegenrede in gewürzter Ausdrucksweise die schädlichen Wirkungen des Alkoholgenusses hervor, wie dieselben in allen Lebensaltern auffällig in Erscheinung treten, besprach ausführlich, unter Zitierung medizinischer „Autoritäten", die schädlichen Wirkungen des Alkohols auf Körper und Geist, seine demoralisierende Wirkung, wobei er sich verstieg zu behaupten, die Alkoholindustrie sei ein Werk des Teufels, indem dieses Gewerbe am besten geeignet sei, Insassen für sein unterirdisches Reich zu liefern. Wir müssen noch anfügen, daß während dieses öffentlichen „Meetings" die Gegner des Gesetzes auf leeren umgestürzten Bierfässern plaziert waren und sich allen Genusses enthielten, während die Anhänger desselben teils an der langgestreckten Speisetafel dem stark temperenzlerisch aussehenden

„Lunch" zusprachen, teils in Gruppen um die provisorisch errichteten Rednertribünen standen und dabei nicht verfehlten, den Ausführungen des Temperenzapostels wiederholten Applaus zu zollen.

So war die Agitation für und wider im ganzen Lande eine äußerst rege, und schließlich siegten die Gegner mit großer Majorität, hauptsächlich unter dem Einfluß des hier allenthalben stark vertretenen Deutschtums.

Wenden wir uns von San Antonio westwärts gegen El Paso, Texas, an der Grenzscheide von Texas und des Territoriums Neu-Mexiko gelegen, so werden die Ansiedlungen dünner und spärlicher, die Gegend nimmt mehr und mehr den Eindruck einer äußerst einförmigen, verlassenen und an vielen Stellen unfruchtbaren Landschaft an. Von den nur spärlich vorhandenen Plätzen nennen wir Castroville, Spofford Junktion, del Rio, Haymond, Valentine und Sierra Blanka. Die Mais- und Baumwollekultur, die beiden Hauptproduktionszweige von Texas, weichen allmählich einem spezifischen Weideland (pasture) mit spärlichem Graswuchs, das zur heißen Sommerszeit auf ausgedehnte Landstriche keine grünen Flächen mehr zeigt, sondern eine schwärzliche oder bräunliche Färbung annimmt. Ackerbau und Viehzucht, wie sie in den östlichen und mittleren Teilen von Texas betrieben werden, weichen schließlich dem letzteren Produktionszweige, die Ackerbauern (farmers) verwandeln sich in Rindvieh- und Pferdezüchter (ranchers). Gleichzeitig tritt in westlicher Richtung eine fortwährende Steigung des Bodens ein und beträgt die Meereshöhe in Paisano über 5000 Fuß und in El Paso selbst annähernd 4000 Fuß.

Wenden wir uns nördlich von San Antonio, so gelangen wir zuerst in die allbekannte deutsche Kolonie Neu-Braunfels, am Guadaloupeflüßchen gelegen, gegründet im Jahr 1844 vom „Deutschen Adelsverein". Inmitten einer unermeßlichen Prärie gelegen, kann es als eine Musterkolonie in seiner Art gelten, worin sich deutscher Fleiß, deutsche Energie und Arbeitskraft gegenüber den Kargheiten der Natur so deutlich bewährt hat.

Deutsche Sprache, deutsche Sitten und Anschauungen haben hier allen deutschfeindlichen Einflüssen gegenüber standgehalten. Weiterhin gelangen wir in die vom deutschen Elemente stark frequentierte Niederlassung San Marcos und, etwa 130 km von San Antonio entfernt, in die Staatshauptstadt Austin, wo die Bevölkerung, wie in allen größeren Plätzen, wieder stark gemischt ist. Die Stadt Austin, am Koloradoflusse, zählt zurzeit ungefähr 15000 Einwohner, erfreut sich einer regen Industrie und bildet einen willkommenen Absatzmarkt für die umliegenden Ackerbaudistrikte. Die Stadt ist regelmäßig angelegt und ihre Gebäude zumeist in weißem und rotem Sandstein aufgeführt, wofür die in der Nähe liegenden Steinbrüche ein günstiges Material liefern. Vor allem bemerkenswert in dieser Staatshauptstadt ist das aus rotem Sandstein aufgeführte Ständehaus (capitol), das in den achtziger Jahren zu einem Kostenpreis von rund 12 Millionen Mark hergestellt wurde, und zwar von Chicagoer Kapitalisten, die als sog. „grant“ 3 Millionen Morgen Land vom Staate zugewiesen erhielten. Das Kapitol oder Parlamentsgebäude in Texas ist das zweitgrößte seiner Art, nur an Größe noch übertroffen vom Kapitol in Washington.

Wenden wir uns weiter nördlich von Austin, so gelangen wir zu zwei Plätzen, die in bezug auf Industrie und Handel zu den bedeutendsten von Texas gehören: es sind dies Fort Worth und Dallas, beide am Trinityflusse gelegen. Die Stadt Dallas, etwa 39000 Einwohner zählend und gleichzeitig die zweitgrößte von Texas, liegt noch inmitten eines guten Ackerbaudistrikts, der jedoch wie alle übrigen von periodisch wiederkehrenden Dürren heimgesucht wird. Neben Baumwolle und Mais sieht man in der Umgebung von Dallas große Getreide-, vornehmlich Weizenfelder. 50 km westlich von Dallas liegt Fort Worth mit etwa 24000 Einwohnern, das eine rege Industrie entwickelt und gleichzeitig ein Zentrum für den in den nördlichen Teilen von Texas betriebenen Viehhandel ist. Von hier aus zieht die Texas- und Pacific-Bahn westwärts quer durch texanisches Gebiet, in ihrer Linie ein weit mehr dürres als fruchtbares

Land berührend. Diese Bahnlinie selbst ist noch neueren Datums, und ich kann mich erinnern, daß, als der Bahnbau in Angriff genommen wurde, ein gewaltiger „boom“ (Gründungs- und Spekulationsschwindel) in Szene gesetzt wurde, um die betreffenden Eisenbahnaktien im Kurswert zu steigern. Abgesehen vom eigentlichen Bahngebiet hatten die Unternehmer dieser neuen Linie ungeheuere Ländereien zu beiden Seiten der Bahnlinie erworben, ähnlich im Umfange wie die weiter nordwärts von der Chicago- und Northwestern- und der Union Pacific-Bahn „geeigneten“ (owned) Ländereien, und es galt nun, diese Ländergebiete an zahlungsfähige Ansiedler (settlers oder home seekers) zu verschachern. Zu diesem Zwecke wurden in mehreren Sprachen abgefaßte „descriptions“ (Beschreibungen) verbreitet, worin in glühenden Farben die Vorteile geschildert wurden, die das durch die neue Bahn erschlossene Gebiet den Ansiedlern bieten würde. In diesen „Prospekten“ und Flugschriften wurde alle Beredtsamkeit aufgeboten, um das durch Hitze und Wasserarmut betroffene Gebiet in ein Paradies zu verwandeln, wo Milch und Honig fließt. Und da die überwiegende Mehrzahl derjenigen, die auf ein neues, vielversprechendes Heim spekulierten, aller Kenntnisse der geographischen und klimatischen Verhältnisse bar waren, so gingen viele in die gestellte Falle und setzten ihr letztes Geld daran, um in der Folge überaus schlimme Erfahrungen zu machen. In der Nähe einer dieser Ansiedlungen, die während dieses „boom“ wie durch einen Zauberstab aus der Erde plötzlich emporgewachsen waren, in der Entwicklung aber stehen geblieben oder gar wieder zurückgegangen sind, sprach ich einen norddeutschen Farmer, der sich schon vor dem „boom“ in dieser Gegend niedergelassen hatte und über ziemlich ausgedehntes Acker- und Weideland verfügte. Er klagte mir über die hier unheimlich häufig auftretende Trockenheit und Dürre, über die hierdurch entstandenen Mißernten und finanziellen Nöten, denen er ausgesetzt wurde, und erklärte, er wäre jeden Moment bereit, trotzdem er schon an 18 Jahre im Lande ansässig sei, seine Farm zu veräußern und mit seiner sechsköpfigen Familie wegzuziehen, wenn er nur einen Käufer finden würde. Aber kein Kundiger kauft eine solche Farm, und wohin als Familienvater reisen, wenn man der Barmittel entblößt ist? So war dieser Mann tatsächlich an die Scholle gefesselt, in seiner Art nicht mehr und nicht weniger als der frühere Schollenknecht, der zur Zeit der Leibeigenschaft mit Leib und Seele und nicht zum mindesten mit seiner Arbeitskraft seinem Dienstherrn verschrieben war. Allerdings hätte er für seine Person den Ort, der seinen Erwartungen so wenig entsprochen hatte, verlassen können, aber Umstände und Verhältnisse, die durch das Familienleben geschaffen waren, mußten ihn an Ort und Stelle zurückhalten, abgesehen von der allerdings trügerischen Hoffnung, das zum Ankauf der Farm verwendete Kapital doch einstens reichlich verzinst zu sehen!

Von der Stadt Fort Worth aus zieht sich auch eine weitere Bahnlinie in nordwestlicher Richtung, in der Richtung nach Neu-Mexiko und Kolorado zu: die „Pan Handle Route“. Sie durchläuft die einsamen Prärie- und Hochsteppengebiete des nordwestlichen Texas, die Nordostspitze von Neu-Mexiko und tritt bei Trinidad in die Gebirgsregionen des Staates Kolorado ein.

Wenden wir uns nördlich von dem genannten Fort Worth der Stadt Denison, am Roten Flusse (Red River) gelegen, zu, so überschreiten wir die Grenze von Texas und treten in die großen Waldgebiete des Indianerterritoriums, an dessen Nordgrenze wir an die südlichen Ausläufer der nordamerikanischen Maiszone stoßen, deren Zentrum in den Staatengebieten von Illinois und Iowa liegt. Die Nordgrenze der Maiszone wird von den Staaten Michigan, Wisconsin, Minnesota und Dakota gebildet, die Ostgrenze reicht tief in die Staaten Ohio und Indiana, während sie sich westwärts bis an die westlichen Teile von Kansas und Nebraska erstreckt, von wo wiederum die Präriegebiete mit Viehweiden (ranches) beginnen, die sich bis zu den in Kolorado und Wyoming aufsteigenden gewaltigen Felsengebirgen fortziehen.

Für die oben genannten Staaten Jowa, Illinois, Missouri, Kansas, Indiana und Ohio ist der Maisbau oder die Maiskultur der Hauptproduktionszweig: er gibt dem landwirtschaftlichen Leben dieser Staaten sein charakteristisches Gepräge. Der Getreidebau, wie Roggen-, Weizen-, Gersten- und Haferbau kommt erst in zweiter Linie in Betracht; daneben gedeiht die Obstkultur, die aber wie überall in Nordamerika, mit Ausnahme von Kalifornien, sich vornehmlich auf Apfelbaumzucht beschränkt, ferner der Kartoffelbau und der Rebbau, dieser letztere jedoch nur vereinzelt, am meisten noch in Ohio und Missouri als Gartengewächse zu beobachten.

Da hier der Maisbau die Grundlage der landwirtschaftlichen Kultur und gleichzeitig das erste Handelsprodukt bildet, so wird ein günstiges Erträgnis ebenso wie eine Mißernte sich nicht bloß innerhalb der Produzenten und der ihnen zunächst gelegenen Produktionszweige fühlbar machen, sondern der Ernteausfall dieses Produktes wird auch noch in denjenigen Erwerbszweigen die ihm scheinbar polarisch gegenüberstehen, seine Wirkungen erkennen lassen. Diese ökonomischen Nachwirkungen könnten nationalökonomisch im Detail verfolgt werden. Im allgemeinen läßt sich behaupten, daß ein günstiger Ernteausfall auf den Gang aller Erwerbszweige anregend und günstig einwirkt, Anlage- und Betriebswerte in bessere Bewertung und Verwertung, in die Preisbewegung neuen Fluß bringt, die Gewinnchancen im Erwerbsleben steigert und auch die Lohnverhältnisse günstig beeinflußt. Es ist, als wäre dem volkswirtschaftlichen Körper neues Blut zugeführt, neue Lebenskraft eingeimpft worden, wodurch ihm ein neuer Impuls zu seiner weiteren Betätigung gegeben ist. Eine Mißernte dieses erstklassigen Handelsprodukts hingegen, das ursprüngliche Werte oder Grundwerte dem volkswirtschaftlichen Organismus zuführt, ist nicht bloß für seinen Eigenproduzenten eine Kalamität, indem er eventuell gezwungen ist, zur Bestreitung seiner laufenden Bedürfnisse sein Grundstück mit Hypotheken zu belasten, oder für die armseligen Pächter (lease holders), die in schlechten Jahrgängen kaum das nackte Leben retten und, wenn fester Pachtzins ausbedungen ist, ihre Einkünfte aus noch zu erhoffenden besseren Jahrgängen zum voraus mit Beschlag belegen lassen müssen. Eine mißratene Maisernte hat auch einen weittragenden Einfluß auf den Gang der industriellen Produktion oder Fabrikation und den Handel, nicht bloß in den Gewerben und Handelszweigen, die mit diesem Rohstoffprodukt in naher Verbindung stehen, sondern auch in scheinbar mit dieser Urproduktion nicht mehr im Zusammenhang stehenden Gewerben. Ebenso wird hierdurch auch der Handel, wie er sich im Export und Import äußert, sowie auch der Verkehr, wie er durch das Transportwesen bedingt ist, in Mitleidenschaft gezogen. Was an schlimmen Folgen eine Mißernte im Zuckerrohrbau in Louisiana, eine Mißernte in Baumwolle in Texas, in Tabak in Virginien, Nord- und Süd-Karolina, in Weizen in Minnesota, Dakota und Kalifornien nach sich zieht, dasselbe gilt auch für die Bewohner in den Maiszentren, wenn durch anhaltende Dürre — die gewöhnliche Ursache einer solchen Fehlernte — die Erträgnisse weder dem gemachten Kapital- und Arbeitsaufwande noch den laufenden Bedürfnissen entsprechen. Während in Produktionsgebieten wie Ohio, Indiana und Pennsylvanien eine Fehlernte eines ihrer Hauptprodukte nicht von denselben schlimmen Folgen begleitet ist, da sich hier mehrere Arten landwirtschaftlicher Produktionszweige vereinigt finden, so stellen sich in Illinois — dem Brennpunkt der Maisproduktion — in vielen Teilen von Kansas, Iowa und Nebraska infolge einer derartigen Mißernte schwere Nachteile für das dortige volkswirtschaftliche Leben ein. Da die Fehljahre ziemlich häufig sind und ein gutes Jahr die voraufgegangenen schlechten nicht wieder gutmachen kann, so sind die ökonomischen Verhältnisse in diesen großen Produktionsgebieten, die zu den relativ besten der Union zählen, keineswegs so günstig, wie man es angesichts der allgemeinen Bodenverhältnisse erwarten sollte. Hierzu tritt ferner der bereits erwähnte Umstand, daß, wie in den Industriezentren sich das Großkapital jedes größeren Unternehmens, das eine einigermaßen nennenswerte Rentabilität in Aussicht stellt, bemächtigt hat, auch in landwirtschaftlichen Betrieben das Großkapital stark engagiert ist und hierin seine Macht und Ausbeutungskraft zeigt. Abgesehen von den großen Eisenbahngesellschaften, die, wie die Texas- und Pacific-, die Union Pacific- und die Chicago- und Northwestern-Bahn, Millionen Acker Land an sich gerissen haben, sind auch Privatunternehmer Eigentümer weit ausgedehnter Ländereien, die sie natürlich nicht selber bebauen, sondern vermittelst Agenturen und Unteragenturen in Pacht und Halbpacht geben lassen, die alsdann von den wirklichen Ackerbauern die fälligen Pachtzinsen, ohne menschliche Schonung zu kennen, einzutreiben wissen. Manche dieser Eigentümer leben nicht einmal im Lande selbst. So gibt es beispielsweise im Staate Illinois große Ländereien, deren Eigentümer englische Kapitalisten sind, und die ihre durch Agenten eingetriebenen Pachtzinsen gemütlich in London oder Paris verzehren, ohne sich um die Sorgen und Kämpfe der auf ihren Ländereien sich abmühenden Bevölkerung zu kümmern. Diese Lebemänner oder Sinekuristen haben auch gar kein Interesse daran, ihre dienstbaren Geister, die im ureigensten Sinne des Wortes deren Brotgeber sind, kennen zu lernen, und es würde sie ohne Zweifel höchst unangenehm berühren, wenn man ihnen von der drückenden Sonnenhitze, von den fortgesetzten Kämpfen und Sorgen dieser Ackerbauern, von der einfachen Lebensweise, die stark kontrastiert mit dem Tageskonsum der „Grundherren“, eine lange Erzählung machen wollte. Sie sind froh, recht weit entfernt zu sein von dem Ursprungsorte der ihnen zugeführte Werte, und würden nur dann eine Annäherung wünschen, wenn die für sie ausbedungenen Einkünfte eine Stockung erleiden sollten.

Ein Bild über den Umfang der Maiszone kann sich der Fremde verschaffen durch eine Fahrt über die „Big Four Line“ (Cincinnati—Chicago), über die Chicago- und Alton-Bahn (Chicago—St. Louis), über die Wabash Line (Chicago—St. Louis—Omaha) und endlich über die Chicago-, Burlington- und Quincy-Bahn (Chicago—Omaha). Verläßt man den Bahnkörper und begibt sich in die dem Durchgangsverkehr fern gelegenen Gebiete, so durchqueren wir meilenweit Maisfeld für Maisfeld, unterbrochen durch Getreidefelder, Kartoffelfelder, Kleefelder und Wiesengründe, die aber alle in diesen Maiszentren nur Produktionsarten zweiten Ranges darstellen. Nehmen wir Kenntnis von den lokalen Verhältnissen eines in diesen Gegenden dem Fremden sich zeigenden Farmhauses, so bemerken wir, daß dasselbe gewöhnlich in der Mitte der Farmgelände und gleichzeitig auf einer Anhöhe sich befindet, von wo aus der jeweilige Eigentümer oder Inhaber einen Gesamtüberblick über seine Farm hat. Der ganze Farmbezirk ist sorgsam durch Drahtzäune (wire fences) gegen die anstoßenden Farmbezirke fremder Eigentümer oder Inhaber abgegrenzt. Diese Abgrenzung der einzelnen Farmen ist mit so peinlicher Sorgfalt durchgeführt, daß der Fremde glauben könnte, diese Farmnachbaren lägen in steter Fehde miteinander oder würde der eine noch nicht eine Unze Zutrauen in den anderen setzen. Die Farmhäuser sind gewöhnlich aus Holz (frame) oder aus Backsteinen (bricks) aufgeführt und je nach den Verhältnissen des Besitzers kontrastieren sie stark in bezug auf Anlage und Umfang des Baues, wie auf die Ausstattung oder den Komfort der inneren Einrichtung. Während die Wohnhäuser, ebenso wie die anliegenden Scheunen und Stallungen beim mittelmäßig situierten Farmer an Einfachheit nichts zu wünschen übrig lassen, so nehmen die Wohngebäude wohlhabender Bauern, die jedoch wie überall nur dünn gesät sind, das Aussehen mehr einer Villa als eines Bauernhauses an, während die angrenzenden Scheunen und Stallungen einen beträchtlichen Kapitalaufwand vermuten lassen.

In den Staaten Illinois, Ohio und insbesonders in Pennsylvanien erblickt man eine stattliche Anzahl wohlhabender Farmen, und in letztgenanntem Gebiete vorwiegend unter den Deutsch-Pennsylvaniern, jener merkwürdigen Abkömmlinge deutschen Volkselements, die, obgleich umgeben von englisch-amerikanischen Bevölkerungsteilen, die deutsche von ihren Vorfahren ererbte Sprache treu bewahrt haben und vermutlich auch für die weitere Zukunft bewahren werden. Die deutsche Sprache wird in diesen deutsch-pennsylvanischen Familien ebensoviel verwendet wie die englische. Was am meisten den deutschen Beobachter sympathisch berührt, ist die Wahrnehmung, daß auch die deutsch-pennsylvanische Jugend das Deutsche ebenso liebt wie das Englische, wenn nicht gar noch bevorzugt. Diese alten und jungen Deutsch-Pennsylvanier unterscheiden sich daher vorteilhaft von manchen anderen in Amerika ansässigen Sprößlingen von deutschem Element, die die Sprache ihrer Väter bereits vergessen haben, auch nicht das geringste Interesse haben, dieselbe in irgendwelcher Art zu bevorzugen und die eher Neigung zeigen, ihre deutsche Abstammung zu verleugnen, als sich zu derselben zu bekennen.[18]

Wir müssen hier anfügen, daß manche dieser Deutsch-Pennsylvanier aus irgendwelchen Gründen ihren ursprünglichen zuerst gewählten Niederlassungsort in Pennsylvanien aufgegeben (brocken up), ihr Anwesen veräußert haben und nach dem mittleren Westen weggezogen sind. Die Gründe können in Verschuldung oder anderen ungünstigen Verhältnissen gelegen haben, aber immer war der Zweck der, in dem noch schwächer besiedelten Westen eine bessere Rentabilität ihrer Unternehmung zu erzielen oder auch, wie bei Verschuldung, auf neuem noch billigem Boden ein neues schuldenfreies Heim zu gründen, das Leben in seinen ökonomischen Spekulationen noch einmal von vorne zu beginnen. Solche ehemaligen Pennsylvanier trifft man besonders, wenn auch nur vereinzelt, in Illinois und Iowa, wo deren vorteilhaft gelegene Farmen an der Art der gesamten Farmanlage leicht herauszufinden sind.

Das Leben auf all diesen Farmen im Westen ist im allgemeinen ein höchst einförmiges, allerdings nicht viel einförmiger und trivialer als das Leben in den amerikanischen Dörfern und Kleinstädten. Der englisch-amerikanische, dem öffentlichen geselligen Leben durchaus abholde, puritanische Geist macht sich im entlegensten Farmhaus ebenso geltend wie im Menschengewühl der Städte. Der geringe Lebensgenuß resp. die geringe Lebensfreude, die sich diese amerikanischen Bevölkerungselemente bieten, steht in merkwürdigem Gegensatze zu dem harten, durch schwere und intensive Arbeit den Menschen aufreibenden Leben. Da die Sucht nach „money“, nach Gewinn und Reichtum den amerikanischen Typus vollständig absorbiert und aufgesaugt hat, so bleibt demselben für andere Lebenserscheinungen kein Interesse mehr übrig, daher wird auch alles, was dieser „Yankee“ und „Stockamerikaner“ im Gebiete frohen Lebensgenusses unternimmt, nur einen Beitrag zur Karikatur liefern. Der Amerikaner versteht so wenig, dem Leben seine heitere Seite abzugewinnen, daß auch nur ein Versuch hierzu ihn als eine lächerliche Figur erscheinen läßt. Er ist in all seinen Lebenslagen mehr oder weniger von ökonomischen Interessen beherrscht, das „to make money“ ist die Quintessenz seines Gedankenkreises.

Da der maschinelle Betrieb auf all diesen großen Landgütern vorwiegend ist, so geben die einzelnen landwirtschaftlichen Produktionszweige nicht derjenigen Anzahl von Personen den Lebensunterhalt, wie dies sonst der Fall wäre. Mit Ausnahme der Erntezeit ist das ländliche Arbeitspersonal nur in beschränktem Umfange vorhanden. Die Erntezeit, sei es die des Mais, des Weizens, der Baumwolle oder des Zuckerrohrs, absorbiert allerdings eine größere Anzahl Arbeitskräfte — größtenteils Wanderarbeiter, d. h. jene fluktuierenden Massen, die von einem Produktionsgebiet ins andere ziehen, um bei Bedarf ihre Arbeitskraft zur Deckung der Nachfrage auf den Markt zu bringen; aber da die Erntezeiten im Durchschnitt zwei Monate nicht überdauern, so werden diese vorübergehend engagierten Arbeitskräfte disponibel, der Landbau hat für sie keine weitere Verwendung mehr, und diese schwankenden Existenzen werden gezwungen, sich in die größeren Städte oder Industrieplätze zurückzuziehen, um dort die erschrecklich große Anzahl des ansässigen städtischen arbeitslosen Proletariats zu vermehren. Zur Erntezeit hat man Gelegenheit, diese „Kandidaten der industriellen Reservearmee“ zu beobachten: in Dakota und Minnesota bei der Weizenernte, in Illinois, Missouri, Kansas und Iowa bei der Maisernte, in Texas bei der Baumwollenernte und in Louisiana bei der Einbringung des Rohrzuckers. In den übrigen Zeiten trifft man sie in den großen industriellen Zentren, wie Chicago, St. Louis, Cincinnati, Kansas City und Neuorleans. Die wenigen Ersparnisse sind bald aufgezehrt, und dann sind sie wegen der an solchen Orten geringen Nachfrage nach Arbeitskräften gezwungen zu leben, ohne als werktätiges Mitglied im volkswirtschaftlichen Organismus mitzuwirken. Diese schon längst beobachtete unvorteilhafte Wirkung des maschinellen landwirtschaftlichen Betriebs — nämlich die geringe Aufnahmefähigkeit oder Verwertung menschlicher Arbeitskraft — ist um so fühlbarer, als die großen ackerbautreibenden Bezirke sich direkt vor den großen Industriezentren vorgelagert finden.

Reist man westlich von Chicago durch Illinois gegen Iowa und Nebraska hin, oder westlich von St. Louis durch Missouri, Kansas und Kolorado zu, so findet man die einzelnen Nationalitäten weit schärfer abgesondert als in den östlich gelegenen Distrikten. Man trifft auf vorwiegend deutsche, amerikanische, schwedische, norwegische Ansiedlungen usw., ebenso gehören die Farmen, welche die betreffenden Ansiedlungen wie Vorposten umgeben, vorwiegend der Nationalität des Dorfes oder Städtchens an, um das sie sich gruppieren. Abgesehen von den mit deutschen Bevölkerungsteilen stark durchsetzten Gebieten, wie Neuyork, Pennsylvanien und Ohio, trifft man auch in den mittleren und westlichen Staaten eine Menge deutscher Ansiedler, teilweise auf Dörfer (towns) zusammengedrängt, teils auf umliegenden Höfen (farms) verstreut. So in Missouri und Illinois, in Kansas und Iowa, in Wisconsin, einem zur Hälfte deutschen Ackerbaustaat, in Dakota und Nebraska. Das größte Kontingent in den deutschen Niederlassungen liefert Norddeutschland (deren Vertreter dort allgemein als „Plattdeutsche" oder „low Germans" bekannt), daneben gibt es auch deutsche Niederlassungen, deren Bewohner zumeist aus Süddeutschland (Bayern, Schwaben, Baden, Hessen) stammen (unter der englisch-amerikanischen Bevölkerung als „high Germans" bekannt). Neben deutschen Ansiedlungen findet man auch schwedische und norwegische, beide besonders in Iowa, deren Insassen im allgemeinen eine deutschfeindliche

Gesinnung bekunden, nicht weniger als die wegen ihres Deutschenhasses berüchtigten Irländer, Dänen, Polen und Czechen.

Was unter den deutschen Ansiedlern am meisten zu bedauern ist, ist die Tatsache, daß sie ihre deutsche Abstammung zu wenig betonen und es unterlassen, unter sich Verbände zu gründen als Schutzwehr gegen die Übergriffe und Eingriffe deutschfeindlicher Elemente, und vor allem daß sie ihre Heimatsprache auf ihre Nachkommenschaft zu wenig vererben. In letzter Richtung mögen ihnen die alten Deutsch-Pennsylvanier und Deutsch-Texaner, deren Enkelkinder immer noch die deutsche Sprache hochhalten und mit ihr deutsches Wesen und deutsche Sitten, als leuchtende Vorbilder dienen.

Wie in den mittleren Teilen des texanischen Gebietes, so nimmt auch in den mittleren Teilen von Kansas und Nebraska die Ackerbauproduktion und mit ihr die Maisproduktion nach Westen zu langsam und stetig ab. An ihre Stellen treten, wenn auch nicht ausschließlich, unabsehbare Wiesengründe (plains) mit Viehzucht, vornehmlich Rindvieh- und Pferdezucht, daneben wie auch allenthalben in den spezifisch ackerbautreibenden Distrikten, Schweine- und Geflügelzucht. Das Klima ist in diesen westlichen Gegenden keineswegs günstig, denn die Sommer sind durch übermäßige Hitze ausgezeichnet, die wochenlang, ja oft monatelang ununterbrochen fortdauert und große verderbenbringende Dürre im Gefolge hat, während die Winter übermäßig kalt und häufig gefährliche Eis- und Schneestürme (blizzards) mit sich bringen. In dem Maße, wie das Land in der Richtung gegen die Felsengebirge zu ansteigt und an der Grenze von Kansas und Kolorado, sowie an der Grenzscheide von Nebraska und Wyoming bereits 4000 Fuß Meereshöhe überschritten hat, nimmt die Ergiebigkeit des Bodens von Meile zu Meile ab, bis die Bodenfläche allmählich auch den Charakter einer dürftigen Prärie verliert und in ein unermeßliches Wüstenplateau übergeht, das sich auf eine Entfernung von annähernd 2000 km westwärts durch den Kontinent fortsetzt. Dieses Wüstenplateau oder Wüstenhochebene, das „Great Bassin“ genannt, wird von zwei großen

Parallelketten der Kordilleren eingeschlossen, deren östlicher Arm durch Montana, Idaho, Wyoming, Utah, Kolorado und Neu-Mexiko zieht und in dem „Bitter Root"-Gebirge in Idaho, in den Wahsatch-Bergen in Utah und in der „Front Range" in Kolorado die bedeutendsten zusammenhängenden und gleichzeitig höchsten Erhebungen aufweist, während der zweite westliche Arm, den Hauptstamm des Falten- oder Kettengebirges der Kordilleren bildend, durch Washington, Oregon und Kalifornien läuft, und im Kaskadengebirge in Oregon und in der Sierra Nevada in Kalifornien zu einem gewaltigen Gebirgskamm mit über die Schneegrenze hinausragenden Berggipfeln sich entwickelt. Das gesamte Gebiet der Felsengebirge (Rocky Mountains oder auch kurz „Rockies" genannt) dürfte seine Entstehung den mächtigen vulkanischen Eruptionen, wie sie im geologischen Zeitalter des „Tertiär" in Erscheinung traten, verdanken, ähnlich wie im selben Erdalter das Hochgebirge der Alpen, und wo jetzt diese beiden Gebirgszüge sich erheben, mögen vor jenem Erdzeitalter des „Tertiär" große Wassermassen geflutet haben. Die geologische Beschaffenheit der Felsengebirge ist nach ihrem Hauptbestandteil Granit, daneben gibt es Sandstein, Basalte, Trachyte und Porphyre, und, wie in Kalifornien und Arizona, Kalkstein- und Tonschieferberge. Außer diesen festen Gesteinsarten, die indes nicht bloß durch vulkanische Eruptionen, sondern auch durch sog. Sedimentärbildungen, d. h. durch Meeresablagerungen entstanden sein können, erblickt man in diesen Gebirgsregionen und Wüstenplateaus auch allerhand Verwitterungsprodukte, darunter vor allem den bekannten „Löß", der, ein feines, zum Teil aus Tonerde bestehendes Verwitterungsprodukt, sich als brauchbares Material zur Vegetation erweist, und als weiteres Hauptverwitterungsprodukt oft meilenweit sich hinziehende und zu einer beträchtlichen Höhe aufsteigende, völlig vegetationslose Sandberge (sand hills).

Während einzelne Bergspitzen der Kordilleren, wie der „Pike's Peak" in Kolorado und der Berg „Shasta" in Kalifornien, über 14000 Fuß ansteigen, bewegt sich die Wüstenhochebene, die zwischen den oben genannten Gebirgskämmen und abgesondert aufsteigenden Kegelbergen eingelagert ist, auf einer Durchschnittshöhe von etwa 5—6000 Fuß. Noch ist sehr bemerkenswert, daß, während der Anstieg gegen den Ostabhang der östlichen Parallelkette ein sehr allmählicher ist und wir, ehe wir die Felsengebirge ganz erreicht haben, uns schon, wie in Cheyenne, auf einer Meereshöhe von über 6000 Fuß bewegen, der Westabfall der westlichen Parallelkette ein sehr unvermittelter ist und wir am Fuß der Berge nur noch wenige Fuß uns über dem Meeresspiegel befinden. Im ersten Falle bewegen wir uns also schon auf einer Hochebene, ehe wir in die eigentliche Zone des „Cordilleran System" eintreten, im zweiten steigen wir direkt von Seehöhe das Gebirgssystem hinan.

In einem interessanten Gegensatze zu den einförmigen Prärien von Texas, Kansas und Nebraska stehen die geographischen Gebiete von Kalifornien, jenes ganz eigenartigen, merkwürdigen Kulturlandes, das s. Z. das Ziel der nordamerikanischen Pioniere und Abenteurer war. Nehmen wir in diesem ehemaligen Goldlande (dem „El Dorado State") unsere weiteren Beobachtungen auf und schreiten wir von hier aus, von den Küsten des Stillen Ozeans, ostwärts durch die Wüstenregionen von Nevada, Utah und Wyoming bis zu den Steppengebieten von Kansas und Nebraska, also bis in jene Produktionsgebiete, die wir oben verlassen haben.

Was den durch Naturschönheiten berühmten Staat Kalifornien[19] in einen merkwürdigen Gegensatz zu den übrigen Teilen der nordamerikanischen Union stellt, ist vor allem sein das ganze Jahr hindurch anhaltendes warmes Klima, seine nördlichen, an Oregon angrenzenden Teile nicht ausgenommen. Die warmen in der Nähe befindlichen Meeresströmungen als auch ganz besonders der Umstand, daß die hohen Bergketten von Washington, Idaho und des westlichen Montana einen wahren Schutzwall bilden gegen die von Alaska und Britisch Kolumbien heranstürmenden eisigen Nord- und Nordwestwinden, dürften die Hauptursachen des ungewöhnlich günstigen Klimas von Kalifornien bilden.

Wenn wir den Staat Kalifornien durchstreifen, so treffen wir alle Kulturen innerhalb eines einzigen zusammenhängenden Gebietes vereinigt, die wir sonst in den übrigen Teilen Nordamerikas über verschiedene Produktionsgebiete verteilt finden. In den nördlichen Teilen (Counties) begegnen uns alle Getreidekulturen, darunter vorzüglich Weizenbau, in den mittleren Teilen wiederum Getreidekulturen, daneben, wie in Sonoma-, Napa-, Mercede- und Santa Clara County, Rebbau und Obstanlagen, in den südlichen Teilen neben obengenannten Kulturen ein reichhaltiges Gebiet für Südfrüchte.

Indessen ist nicht zu übersehen, daß sehr große Teile von Kalifornien, darunter hauptsächlich das San Bernardino County, völlige Wüstengebiete darstellen, worunter die sog. Mohave Desert die am meisten charakteristische ist und sich über ein gewaltiges Gebiet — von Castle Peak im Norden bis an den Golf von Kalifornien im Süden und von der Station Mojave im Westen bis nach der Station Needles, an der Grenze von Arizona und Kalifornien, ausdehnt. Ist das gesamte Gebiet von Kalifornien, insbesondere die mittleren und südlichen Teile, von einem chronischen Wassermangel heimgesucht, so sind es noch mehr die darin befindlichen Wüstengebiete, wo die Wasserarmut geradezu erschreckend ist. An manchen Plätzen bemerkt man Warnungstafeln, woran zulesen ist: „for .... hundert miles no water", d. h. auf so und soviele hundert Meilen gibt es kein Wasser in der Runde. Merkwürdig sind oft die unvermittelten Übergänge von totaler Wüste in fruchtbare Gebiete, die in dem Fremden den Eindruck hervorrufen, als ob er plötzlich aus dem Reiche des Todes in ein märchenhaftes Paradies versetzt worden wäre. Wenn man z. B. von der Grenzstation Yuma nordwärts durch Kalifornien reist, so begeht man zuerst ein Wüstengebiet, deren einzige Vegetation in Yukka- und Kaktussträuchern besteht, um in der Nähe von Colton in ein fruchtreiches, an eine tropische Landschaft erinnerndes Gebiet zu gelangen: die berüchtigte „Fata Morgana", die dem Reisenden während seines Ganges durch die Wüste oft so schöne Luftschlösser zu sehen gibt, wird hier zur greifbaren Wirklichkeit. In der Umgebung von Colton ist die Vegetation üppig und halb tropisch, man sieht Rebanlagen Palmgärten, Orangen- und Olivenhaine, Obstanlagen, Fichten und immergrüne Eichen, Gummibäume, Bananenanlagen, sowie eine reiche Auswahl an Gartengewächsen. Diese unvermittelten Übergänge von Wüstengebieten in Vegetationsgebiete beobachtete ich an mehreren Plätzen in Kalifornien, später auch in Utah und Kolorado. Sie sind nur durch die plötzlich geänderte geologische resp. mineralogische Beschaffenheit des Bodens erklärbar. Indessen sind auch die kalifornischen Kulturgebiete einem großen Mißstande unterworfen, nämlich der vornehmlich zur Sommerszeit herrschenden Regenarmut, die in den meisten Teilen Kaliforniens eine künstliche Bewässerung (irrigation) notwendig macht. Der Landbau wird dadurch kostspielig und ist keineswegs so lohnend, wie man nach oberflächlicher Betrachtung annehmen sollte. Sowohl zur Kultivierung als auch Instandhaltung des anbaufähigen Landes ist ein größeres flüssiges Kapital erforderlich, das dem einfachen Ackerbauer gewöhnlich nicht zur Verfügung steht. Der Grundbesitz ist größtenteils Großgrundbesitz. Durch eine Reihe von Mißjahren können auch Großgrundbesitzer, die anfänglich über ein ansehnliches Kapital verfügt haben mögen, in pekuniäre Schwierigkeiten geraten und sind gezwungen, um ihre oft hohen laufenden Ausgaben zu decken, ihre Grundstücke mit Hypotheken zu belasten. Auf diese Weise kann es kommen, daß manche Farmen, die ursprünglich in Händen von selbstbauenden privaten Eigentümern waren, an Geld darlehende Gesellschaften, an sog. Bodenkreditinstitute übergehen und nun von diesem „Banksyndikat" aus mit Hilfe von bestellten Verwaltern und Aufsehern bewirtschaftet werden. Eine solche an ein Banksyndikat übergegangene Farm beobachtete ich in der Nähe der Station Modesto, die viele hundert Morgen Landes umfaßte und an die eine zweite große Farm stieß, die demselben Geldinstitut angehörte. Das Areal umfaßte Wiesengründe, große, horizontal gelegene, in Form von rechtwinkligen Flächen angelegte Rebgelände (vine-yards), Getreidefelder (grains) und

Obstkulturen (orchards), unter letzteren Pfirsiche, Aprikosen, Äpfel und Birnen, Pflaumen und Zwetschgen. An der Spitze des Betriebs stand ein Direktor (manager), dem zwei Gehilfen zur Seite standen, dann kam eine Reihe von Aufsehern (overseers), die das etwa 60 Köpfe zählende Arbeitspersonal zu überwachen hatten. Die Vergütung für das aus den verschiedensten Nationalitäten zusammengesetzte Arbeitspersonal betrug pro Tag 1 Dollar nebst Kost und Logis (full board). Die übliche Sonntagsruhe wurde nicht bezahlt, und wurden, um noch besser auf seine Rechnung zu kommen, an Sonntagen nur zwei Mahlzeiten (breakfast and dinner) verabreicht. Die Beköstigung war zwar reichhaltig, aber roh und mangelhaft zubereitet. Sie bestand, abgesehen von der unvermeidlichen „cup of coffee“, aus Fleisch und Gemüse nebst einigem Kompott, eine Beköstigungsform, die sich Tag für Tag in bewunderungswerter Gleichförmigkeit wiederholte. Während zum Frühstück (breakfast) und Mittagessen (dinner) „neues Material“ Verwendung fand, bestand das Abendessen (supper) aus dem Nachlaß der beiden voraufgegangenen Mahlzeiten. Wein wurde nicht verabreicht. Die Arbeitszeit währte vom Sonnenaufgang (sunrise) bis Sonnenuntergang (sunset), mit einer einstündigen Mittagspause, im ganzen etwa 13 Stunden. Das internationale Arbeitspersonal war einem fortwährenden Wechsel unterworfen, jeden Tag tauchten neue Leute auf, die durch irgendeine „employment office“ (Arbeitsnachweisbureau), die mit den Verwaltern der Farm in geschäftlicher Beziehung stand, zugeschickt worden waren, und jeden Tag verschwanden solche. Gewöhnlich halten diese gebungenen Arbeitskräfte nur solange aus, bis sie in Besitz einiger Barmittel gelangt sind, um alsdann dieses einförmige, die menschliche Arbeitskraft aufreibende Landleben mit etwas Besserem zu vertauschen, was dem einzelnen um so leichter fällt, als seine Entlohnung an eine bestimmte Beschäftigungsdauer nicht gebunden ist: schon nach Verfluß eines Tages kann er seine Löhnung erhalten. Wenn die Beköstigungsverhältnisse, schon wegen ihrer primitiven Zubereitung, auf diesen großen kalifornischen Farmen, wovon genannte Farm nur einen typischen Fall darstellt, viel zu wünschen übrig lassen, so noch weit mehr die Wohnungsverhältnisse. In einer von den eigentlichen Farmgebäuden, resp. Wohnungsgebäuden entfernten Baracke (shandy) wird das Gros des Arbeitspersonals untergebracht, wo sich jeder mit Hilfe der von ihm mitgebrachten „Lagerutensilien" auf einer der hölzernen Pritschen, die nach Art der Schiffs-Zwischendeckkabinen kunstgerecht ein halbes Stockwerk hoch übereinander gelagert sind, seine nächtliche Ruhestätte zurechtmachen kann. Eine wirkliche Nachtruhe genießt dieses Arbeitspersonal nicht, im Gegenteil, bei Tagesanbruch hat jeder das Gefühl der Ermattung und als ob er die Nacht über auf einem hölzernen Pflock angeschraubt gewesen wäre. Aber die Eigentümer dieser Farmen, die oft kaum wissen, wo nur die Farm liegt, fühlen kein Bedürfnis, ihrem Personal, das sie nur als eine gewinnbringende oder gewinnerzeugende Ware betrachten, menschenwürdige Verhältnisse zu schaffen. Noch viel trauriger sieht es auf jenen kalifornischen Landgütern aus, deren dienstbares Personal sich aus chinesischen und japanischen Bevölkerungselementen zusammensetzt. Derartige Großfarmen gibt es in Kalifornien nicht wenige. Natürlich ist die Lebensweise auf denjenigen Landgütern, wo nur Chinesen resp. Japaner beschäftigt werden, eine noch viel gewöhnlichere und trivialere als auf den Farmen, wo „Weiße" in Arbeit stehen. Auf solchen Farmen trifft man mit Ausnahme einiger Aufseher ausschließlich Chinesen oder ausschließlich Japaner, die sich selbst beköstigen und ihre Lebensweise auch in der Fremde ihrer einheimischen anzupassen suchen. Die Entlohnung der „Mongolen" ist im Durchschnitt um die Hälfte geringer als die der weißen Rasse, also etwa 50 Cents pro Tag. Ich beobachtete auch eine Farm, deren Inhaber ein Chinese war, der jedoch merkwürdigerweise alle Nationalitäten, nur keine Chinesen, beschäftigte. Im allgemeinen sind die Eigentümer, Pächter und Afterpächter dieser kalifornischen Farmen aus den mannigfachsten Rassen und Nationalitäten zusammengesetzt, doch überwiegt das amerikanische Element.

Ob der Reisende nordwärts gegen Oregon, oder südwärts über Stockton und Fresno gegen Los Angeles, oder ostwärts gegen die Felsengebirge hin sich wendet: überall in den anbaufähigen Landstrichen wird er ungeheuere Flächenräume von Waldland, Ackerbau-, Reb- und Obstkulturen beobachten. Angesichts des warmen und stetigen Klimas, das jahraus, jahrein in ganz' Kalifornien herrscht, sind genannte drei Kulturen hierzulande überall zu beobachten. Doch wie das gemeiniglich in Erscheinung tritt, werden, wie bereits bemerkt, einzelne Kulturen in besonderen Landbezirken (counties) besonders gepflegt und gebaut: In den nördlichen Bezirken Kaliforniens erblickt man neben ausgedehnten Waldregionen große Getreideländereien, vorwiegend Weizenfelder, in den mittleren Teilen, wie speziell in den Bezirken (counties) von Sonoma und Napa, im San Joaquintale und im Bezirke Santa Clara vorwiegend Rebkulturen, während in den südlicheren, fruchtreichen Teilen[20] die Obstzüchtereien eine hervorragende Rolle spielen. Was neben der Landwirtschaft, die in Kalifornien die übrigen Erwerbszweige übertrifft, als Erwerbsfaktoren noch besonders, abgesehen von Handel und Industrie, nennenswert wäre, ist Viehzucht und Bergbau, welch letzterer jedoch im Rückgang begriffen ist. Im besonderen ist der Abbau in Gold von seiner ehemaligen Höhe auf ein bescheidenes Maß zurückgegangen, und die gegenwärtige Goldproduktion Kaliforniens ist nicht mehr vermögend, auf die nach Gold gierigen Menschen verleitend zu wirken. Das ehemalige Goldland Kalifornien hat sich in einen Ackerbaustaat verwandelt, der, wenn der Grundbesitz nicht monopolisiert wäre, infolgedessen er nur einem kleinen Prozentsatz der Bevölkerung ein menschenwürdiges Auskommen sichert, für seine Bewohner ein weit nutzbringenderes Erwerbsfeld repräsentiren würde als die ehemaligen Goldfelder, die nur die Abenteuerlust wecken und auch nur wenigen Glücklichen die Taschen füllen konnten. So ist aber dieses kalifornische Produktionsgebiet, das an Produktionskraft in einzelnen seiner Teile mit irgendeinem anderen der Erde sich messen könnte, in seiner Eigenschaft als Ackerbaustaat demselben Schicksal verfallen wie einstens, als noch ruhelose, goldgierige Abenteurer und Spekulanten das Land durchstreiften: wenige Grundeigentums- und Geldspekulanten beherrschen das ganze Gebiet und erwerben sich Reichtümer, wie ehedem zur Zeit der Goldfunde einige tollkühne Unternehmer sich das gelbe Edelmetall in ihre Taschen zu praktizieren wußten. Und wie damals die große Masse der goldsuchenden Abenteurer in Elend und Not geriet und verblieb, so ist auch unter den heutigen Verhältnissen die Mehrzahl der kalifornischen Bevölkerung in einen Zustand permanenter Armut versetzt. Was Kalifornien ein besonderes, übrigens ganz modernes proletarisches Gepräge gibt, ist die zu gewissen Jahreszeiten massenhaft auftretende Arbeitslosigkeit, die einer Konstitutionskrankheit ähnlich dem Lande anhaftet. Die zu den Erntezeiten massenhaft angeworbenen Arbeitskräfte werden in der Folge als überzählig entlassen, eine Maßnahme, die einen Abfluß der Arbeitskräfte nach den Städten zur Folge hat und nur geeignet ist, das bereits in den Städten vorhandene überschüssige Arbeitspersonal zu vermehren. Da die industrielle Produktion, wie der Fabrikbetrieb, der in Kalifornien nicht bedeutend ist, nur einen kleinen Prozentsatz zu absorbieren vermag, so bleibt ein großes, durch die Nachfrage nicht aufgewogenes überschüssiges Arbeitsangebot bestehen. Ein Teil findet noch zeitweilig Unterkunft beim Eisenbahnbau, im Bergbau, im Seeverkehr, aber der größere Teil muß zusehen, wie er seinen Lebensunterhalt findet. Zu diesem großen ökonomischen Mißstande treten noch fortwährend Rivalitäten zwischen den einzelnen Rassen und Nationalitäten, wovon die eine der anderen die Existenzmöglichkeit resp. den Lebensunterhalt mißgönnt; jede sieht in der anderen ihren Feind, der ihm das Erwerbsgebiet zu beschränken droht, ähnlich wie der Indianer, der heute noch den Weißen als einen Eindringling auf sein Erwerbsfeld betrachtet. Auf ein dauerndes Engagement läßt sich in solchen Gebieten, wenn nicht der Betreffende vorzügliche Konnexionen besitzt, nicht hoffen: fortwährend stehen Neider im Hintergrunde, die ihren Vordermann wegzudrängen und sich an seine Stelle zu setzen suchen, aus welchem Gebahren der aufmerksame Beobachter nicht bloß den Brotneid, sondern auch den hier allenthalben in Blüte stehenden Nationalhaß herauslesen kann.

Was nun die ökonomischen Verhältnisse von San Francisco, der bei weitem bedeutendsten Stadt des Staates Kalifornien, anbetrifft, so ist vor allem als charakteristisches Merkmal zu konstatieren, daß der für gewerbliche und industrielle Zwecke wertvollste städtische Bodenbesitz in Händen verhältnismäßig weniger Personen oder Familien sich befindet, wodurch notwendig die gewerbetreibende Bevölkerung in ein ökonomisches Abhängigkeitsverhältnis gedrängt wird und die Chancen des Erwerbslebens um ein Bedeutendes reduziert sind. Die an einzelnen Plätzen San Franciscos an die städtischen Grundbesitzer zu bezahlenden unverhältnismäßig hohen Pachtzinsen sind nicht bloß ein Einkommensverlust, sondern sie sind auch ein konstantes Hindernis für erfolgreiche Bestrebungen der betreffenden Geschäftsinhaber und Gewerbetreibenden, indem dieselben nur selten vermögen, ihr Unternehmen lukrativ zu gestalten.

In Van Neß-, in der Golden Gate Avenue, am oberen Teil der Pinestraße und insbesondere in dem zwischen der Leavenworth- und Powellstraße gelegenen Teil der Kalifornienstraße, bekannt als Millionärenviertel unter dem Namen „Nob Hill", trifft man jene Personen, denen der größere und gleichzeitig wertvollere Teil des Bodens von San Francisco gehört, und unter denen sich einzelne befinden, deren Tageseinnahme sich auf 10—20000 Mark und mehr beziffert. Die Eigentümer des städtischen Grundbesitzes sind die Nachkommen jener Personen, die, als San Francisco und Umgebung noch reiche Ausbeute an Gold brachte, Teile des Grund und Bodens an sich rissen, äußerst lukrative Spekulationsgeschäfte etablierten und durch Mittel aller Art, durch lautere und unlautere, den Grundstein zu ihren späteren Reichtümern legten, die infolge der günstigen Lage San Franciscos, durch dessen rasche Entwicklung zur Handels- und Weltstadt und durch die damit im Zusammenhang stehende

Zunahme der Bevölkerung eine zusehends beschleunigte Vermehrung erfuhren. Die Familien Spreckels, Stanford, Crocker, Huntington und Flood sind die Hauptrepräsentanten der am Stillen Ozean wohnhaften amerikanischen Nabobs. Natürlich zählten ihre Vorfahren zu jenen merkwürdigen und seltenen Charakteren, die zu allem fähig und entschlossen waren. Wenn auch nicht immer geizig und bedürfnislos, so kannten sie doch nur vorwiegend sich und kümmerten sich nicht um fremde Interessen. Mit einer das menschliche Gefühl erschreckenden Rücksichtslosigkeit suchten sie den sie Tag und Nacht beschäftigenden Gedanken, nämlich Reichtümer aufzuhäufen, in die Wirklichkeit umzusetzen. Sie betrachteten sich als das Interessenzentrum, dem alle übrigen Interessen in irgendwelcher Form unterzuordnen seien. Neben dieser eigenartigen Charakterverfassung wirkte auch noch ein Glücksstern bei der Erwerbung von Reichtümern mit: die allbekannte Göttin Fortuna, die in der Auswahl ihrer Günstlinge keineswegs gewissenhaft zu sein scheint, reichte ihnen stets ihre huldreiche Hand dar.

Dieser von einem geringen Prozentsatze der Bevölkerung von San Francisco geeignete und monopolisierte Grund- und Häuserbesitz macht sich in seinen Wirkungen bei Privatpersonen, Bureauinhabern, Gewerbetreibenden, Groß- und Kleingeschäftsinhabern, sofern sie nicht selbst schuldenfreie Boden- und Hausbesitzer sind, im verderblichen Sinne geltend. Vom Junggesellen an, der sich nur ein Zimmer, von einer Privatfamilie, die sich eine Wohnung nimmt, von Personen, die sich ein Bureau mieten bis zu Geschäfts- und Magazinsinhabern zahlt jeder einzelne oft nahezu unerschwingliche, bis an die Grenze finanzieller Leistungsfähigkeit hinaufgeschraubte Wohnungsmieten und Pachtzinsen, die den Kern des Einkommens der Mieter verschlingen und diesen armen Teufeln nur soviel übrig lassen, als sie zur Erhaltung ihrer Lebenskraft benötigen und sie befähigt, auch fürderhin als willkommene Saugpumpe für die reichen Grund- und Hausbesitzer zu dienen. Daher kommt es, daß die Mehrzahl der Bevölkerung von San Francisco einen schweren und unsicheren Kampf ums

Dasein auszufechten hat, und insbesondere sind die meisten der über die ganze Stadt verbreiteten und in allen Branchen figurierenden Detailgeschäfte wahre „Bruchgeschäfte“, die nur schwer auf ihre Rechnung kommen. Hierzu tritt ein weiterer schwerwiegender ökonomischer Mißstand, nämlich die Erscheinung der Arbeitslosigkeit, die im Fortgang der Verhältnisse immer größere Dimensionen anzunehmen scheint.

Der Staat Kalifornien gleicht in jenen Teilen, die eine Bodenkultur gestatten, einer fruchtbaren Oase, die sich zwischen der Wasserwüste des Stillen Ozeans und den unwirtlichen Felsengebirgen eingelagert hat. Die durchschnittliche Talbreite zwischen dem Ostufer des Stillen Ozeans und dem an ihrem Westabfall nahezu unvermittelt steil aufsteigenden Felsengebirge dürfte nicht viel über 150 km betragen mit einer Seehöhe von etwa 50 Fuß. Bei der Station Roseville erst wenig (150 Fuß) über Seehöhe, befinden wir uns in Auburn, 200 km von San Francisco entfernt, bereits in 1400 Fuß Meereshöhe, von wo aus die jähe Steigung über die Felsengebirge eine geradezu überraschende ist. Überschreiten wir den Teil der Felsengebirge, der die Bezeichnung Sierra Nevada führt, und halten wir uns auf unserer Beobachtungstour entlang oder in der Nähe des Union Pacific-Bahnsystems, so können wir auf unserem Wege ein Bild gewinnen über örtliche, ökonomische und andere Verhältnisse, charakteristisch genug, um als typisch auch für weitab von dieser Tour gelegene Bezirke gelten zu können.

Von Roseville aus über Auburn und Colfax bis zur Station Truckee führt uns der Weg über einen Teil der vorzugsweise mit dichtem Nadel- und Laubholz bedeckten Höhenzüge der Sierra Nevada. Eine Fahrt zur Tageszeit über diesen mächtigen Gebirgskamm, dessen höchstaufsteigende Gipfel — „Mount Whitney“ und „Mount Shasta“ — beide über 14000 Fuß hoch, mit ewigem Schnee bedeckt sind, ist wegen der wechselnden Szenerien überaus sehenswert, und dies besonders zur Winterszeit, wo wir nach Übersteigen des Gebirgszugs aus einer halb tropischen Gegend in eine Winterlandschaft eintreten. Aber auch zu anderen Jahreszeiten ist diese Reise über die Felsengebirge interessant, da sie uns aus einem fruchtbaren Kulturgebiet nahezu unvermittelt in die sterilen Regionen eines Wüstenhochplateau überführt. Von den Höhen der noch stark bewaldeten Sierra Nevada herabschreitend, dem Gebirgsstädtchen Truckee zu, erblicken wir das Eingangstor zu dem nicht bloß landwirtschaftlicher Kulturen, sondern auch größtenteils der Laubhölzer und Koniferen baren Wüstenstrich der Kordilleren, der sich von unserem Ausblicke aus ostwärts gegen 2000 km durch den Kontinent ohne nennenswerte Abwechslung fortzieht.

Das Städtchen Truckee, in 5800 Fuß Meereshöhe, noch zum Staat Kalifornien gehörig und etwa 30 km von der Grenze Nevadas entfernt, liegt inmitten eines reizenden Talgrundes, von wo aus man west- und nordwärts einen herrlichen Ausblick auf die mit Waldungen bedeckten Höhenzüge der Sierra Nevada genießt. Die Hauptbeschäftigung der Bewohner des Städtchens besteht in der Herbeischaffung, Verarbeitung und Versendung der mannigfachen Hölzer, die die umliegenden Gebirgswaldungen liefern. Jedem Reisenden sind die vielen Sägewerke (saw mills) sofort auffällig. Die Bevölkerung setzt sich vorwiegend aus amerikanischen und Mischlingselementen zusammen, deutscher Abstammung fand ich nur wenige, darunter indessen zwei selbständige Gewerbetreibende. Was neben seiner romantischen Gebirgslage Truckee noch einen besonderen Ruf verleiht, ist sein weit über die Talgründe bekanntes ausgezeichnetes, stark kohlensäurehaltiges Trinkwasser, das als ein echter Kurtrank jedem Heilungsbedürftigen zu empfehlen wäre. Etwa 30 km von Truckee entfernt überschreiten wir die Grenze und treten ein in den Staat Nevada, den sog. „Sage Brush State“, wahrscheinlich so geheißen wegen seiner vielen, seine Hauptvegetation bildenden Salbei- und Salzsträucher. Gegen die Station Reno zu verändern sich die geographischen Verhältnisse schnell, und wir befinden uns, ehe wir das Städtchen Reno, 56 km von Truckee entfernt, erreichen, in einer völlig veränderten Gegend: die Waldungen, welche die Höhen der eben durchwanderten Sierra

Nevada umsäumen, kommen außer Sicht und verschwinden, und an ihre Stelle treten, abgesehen vom Wüstenplateau an und für sich, Kegelberge und kahle Höhenzüge, gebildet aus Granit, Kalk, Tonschiefer und Sand. Innerhalb dieser Wüstengebiete fehlt jeder Herd einer nennenswerten Vegetation, nur in wenigen Talgründen steppenartigen Charakters, wo sich der „Löß", ein aus den vielen zu gewissen Jahreszeiten ausgetrockneten Salzseebecken, die ein charakteristisches Merkmal des gesamten Wüstengebietes der Kordilleren oder des „Great Bassin" bilden, weggewehter, feiner, gelblicher Verwitterungsstaub mit dem gelegentlich vorkommenden Graswuchs vermengt und so in Verbindung mit dem an solchen Stellen vorkommenden Bodenwasser zu einer wenn auch armseligen Vegetation mitwirkt, zeigt die Natur noch einiges Leben. Im Städtchen Reno befinden wir uns schon vollständig von kahlen, aller Vegetation baren Bergen umgeben. Reno liegt in einem kreisförmig gebildeten, noch in 4000 Fuß Meereshöhe befindlichen Talgrunde, entlang dessen Außenränder hohe Berge ansteigen. Durch seine werkwürdige Lage in einem mächtigen Talkessel, der ringsum von Schneebergen umgeben ist, gewinnt der Ort einen malerischen Anblick, der Aufnahme eines Photographen oder des Pinsels eines Landschaftsmalers wert. Der Umstand, daß sich das Wüstengebiet nahe an den Ort lagert, in dessen näherem Umkreis noch Vegetation zu bemerken ist, erhöht den Eindruck der Szenerie der uns umgebenden Landschaft.

Die Einwohner sind ehemalige Abenteurer oder Nachkommen von solchen, die durch Spekulation oder durch schwere Arbeit in Bergwerken zu einigem Wohlstand gelangt sind, sich späterhin dort ansässig machten und Geschäfte betrieben, soweit sie für solche neuen, eigenartigen Verhältnisse gewinnbringend sind. Restaurationen und Hotels als Konsumplätze, Detailgeschäfte von solchen Branchen, deren Artikel stark begehrt sind, finden sich an solchen neuerstandenen Plätzen in Menge. Durch Zuzug weiterer Abenteurer, welche in den Bergwerken oder in anderen schweren Arbeitszweigen sich engagieren lassen, erhält das Geschäftsleben fortwährend frische Kraft und die Fähigkeit, sich lukrativ zu gestalten.

Ähnliche oder gleiche Verhältnisse trifft man in all diesen Bergdörfern. Die jetzigen Insassen führten anfänglich ein auf Gewinn ausgehendes Abenteuerleben,[21] arbeiteten schwer, machten sich ansässig und trieben Handel in den notwendigsten Bedarfsartikeln, die sie zu billigen Preisen aus schon älteren Gemeinwesen bezogen, oder aber es waren gleich anfänglich kleine Kapitalisten, die sich niederließen und einen Spekulationshandel begannen, und für ihre Kaufsartikel nicht bloß innerhalb der Niederlassung willige Abnehmer hatten, sondern auch — was ökonomisch weit bedeutender ist — unter den im Bergbau beschäftigten und von der Niederlassung getrennten Einzelwirtschaften, die froh waren, die Erträgnisse ihrer Arbeit in Gegenstände ihres Bedarfs in nicht allzu großer Entfernung umsetzen zu können. Dadurch entstand eine natürliche Güterzirkulation, indem nicht bloß einfache Austauschleistungen stattfanden, sondern auch neue Grundwerte — die Resultate ursprünglicher produktiver Arbeit — diesen kleinen Gemeinwesen zugingen. Der volkswirtschaftliche Organismus erhielt hierdurch stetig neue Lebenskraft. Was nun die Lebensverhältnisse der zwischen hohen Bergen eingekeilten Bergdörfchen anbetrifft, so kann man über die Preise wenigstens derjenigen Artikel, die dem notwendigen allgemeinen Konsum dienen, nicht klagen, sie sind in keiner Weise exorbitant, nur die Preise für Rauchwaren und Alkohol, sowie für die dem Sport dienenden Gegenstände bewegen sich an der Obergrenze der Warenpreisskala. Das gesellige Leben ist natürlich nach den berühmten amerikanischen Mustern zugeschnitten und bietet für den an öffentliche Unterhaltungen gewöhnten Europäer kein Interesse. Gegen die berüchtigten Temperenzgesetze, die darauf hinausgehen, jeder Geselligkeit, jeder fröhlichen Stimmung den Garaus zu machen, haben sich diese „Bergvölkchen" bis jetzt tapfer gewehrt, doch sind auch hier die Temperenzfanatiker an der Arbeit und lassen durch Sendlinge — Mitglieder der „salvation army" — dem Alkohol den Krieg predigen. So gastierte während meiner Anwesenheit in Reno unter freiem Himmel eine Truppe Angehöriger der „Heilsarmee" und trug einige ihrer bekannten, von frömmelnden Anspielungen stark durchwehten Gesänge vor, worin Entsagung der Genüsse als höchste Tugend gepriesen und deren Grundtendenz gegen den verderbenbringenden Alkohol gerichtet war. Daß unter diesen Heilspredigern auch Frauenzimmer waren, ist für amerikanische Verhältnisse selbstverständlich.

Der amerikanische Gastwirt, in dessen Lokalitäten der Fremde sich für kurze Zeit dem Einflusse des amerikanischen, von puritanischem Geiste erfüllten Lebens entziehen kann, ist natürlich an solchen Plätzen ein Spekulant erster Güte, der in jedem eintretenden Gaste ein willkommenes Objekt seiner Profitwut erblickt und der es sorgsam unterläßt, für die Gäste Tische und Stühle in Bereitschaft zu stellen, wahrscheinlich deshalb, damit die Gäste nicht unnützerweise ihre Zeit vertrödeln und er selbst sein oberstes Geschäftsprinzip: quick sale, quick returns — Rascher Umsatz bringt Gewinn — besser wahren kann. In diesen Wirtschaftslokalitäten gibt es indessen nicht bloß Rauchwaren, Bier, Wein und Schnaps (whiskey), sondern auch eine Menge der dem Amerikaner mehr zusagenden Mischgetränke (mixed drinks), worunter der berühmt „cock tail“ eine hervorragende Rolle spielt.

Von Reno, von wo sich eine Zweiglinie südwärts nach der 60 km entfernten Staatshauptstadt von Nevada, nach Carson City, abzweigt, führt unser Weg ostwärts durch fortgesetzt wüstenhafte Regionen, die zwischen den zwei Plätzen Wadsworth und Winnemucca in Ansehen ihrer Schrecknisse und Einöde wohl ihren Höhepunkt erreichen dürften. Die durchschnittliche Meereshöhe der Wüstenhochebene beträgt etwa 4500 Fuß. Trümmergesteine — Sand, Kies und Gerölle — entlang des Plateau, Granit- und Kalkberge zur Rechten und zur Linken, von denen die höchsten Gipfel auch zur Sommerszeit an ihren nordöstlichen Abhängen noch schwere Schneemassen zeigen, andererseits keine Szenerie einer grünen Fläche entlang dieser Strecke, kein Strauch, mit Ausnahme der Salzsträucher (sage brushes), die einen nicht weniger traurigen Anblick gewähren als die Wüste selbst, kein Schatten spendender Baum, unter dem man Schutz gegen die mit aller Kraft niederfallenden Sonnenstrahlen finden könnte, kein sprudelnder Quell, an dem man sich eine Erfrischung gönnen könnte — all dies kennzeichnet den 220 km langen Weg von Wadsworth nach Winnemucca. Im Orte Wadsworth selbst, am Truckeeflusse gelegen, der sich in den nordwärts gelegenen Pyramidesee ergießt, zeigt die Natur noch etwas Lebensgeist, indem für einen kleinen Umkreis, hauptsächlich entlang des Flusses, sich einige Vegetation zeigt, neben Weidengebüsch und Graswuchs auch Eschen und Pappeln. Die Bewohner dieses kleinen Dörfchens, worunter auch eine deutsche Familie ist, erzielen ihren Lebensunterhalt teils im Eisenbahnbau und Bergbau, teils betreiben sie Detailgeschäfte. Im ganzen führen sie ein einförmiges, nur an Strapazen reiches Leben. Merkwürdig wird der Fremde den Gegensatz finden, der in topographischer Hinsicht zwischen der örtlichen Beschaffenheit diesseits des Flusses und der am entgegengesetzten Ufer zu beobachten ist. Dieser Gegensatz läßt sich am besten wahrnehmen, wenn man einen Gang über die Eisenbahnbrücke, an deren beiden Seiten entlang der Brückenpfeiler ein Fußsteg führt, macht. Schaut man nach Süden, so hat man zur Rechten das Dörfchen und rings um dasselbe noch etwas Natur, zur Linken eine sich auftuende Wüste, eine tote Welt, worin kein Lebenszeichen sich mehr regt. Nur wenn der Reisende sich vom Bahnkörper wegwendet und in das vom Verkehr noch abgeschlossene Land begibt, wird er in einzelnen Taleinsenkungen oder Niederungen auf einige Kultur stoßen und inmitten dieser Kultur menschliche Niederlassungen — Einzelfarmen (ranches) oder kleine Ansiedlungen (settlements) — antreffen. Dies wird da sein, wo durch diese Niederungen ein Bach (creek) zieht, der seine Existenz hauptsächlich dem von den umliegenden Höhen herabströmenden Schneewasser verdankt, oder auch da, wo durch eine nicht weit von der Oberfläche liegende Kalksteinschichte sich Bodenwasser lange halten kann und dem Erdboden dauernde Feuchtigkeit gibt. Während zur Winterszeit Regen oder Schnee genug fällt, um den Bewohnern ihre Existenz zu ermöglichen, sind dieselben zur Sommerszeit, während welcher in diesen

Gebirgswüsten auf die Dauer von 6—7 Monaten auch noch nicht ein Tropfen Regen fällt, auf das Schmelzen des Schnees und den Feuchtigkeitsgehalt der sie umgebenden Bodenfläche angewiesen. In solchen verlassenen Gebieten trifft man dann wieder Menschen, Tiere und etwas Vegetation. Hier gedeiht das bekannte „Alfalfa", eine Art Luzerner Klee, das Viehzucht ermöglicht und in der Form von Heu als Handelsartikel eine große Rolle spielt. Viehzucht und Heuproduktion sind neben Bergbau, der jedoch an Ausdehnung und Wichtigkeit hinter dem Bergbau der östlich davon gelegenen Staaten Kolorado und Wyoming zurücksteht, die Haupterwerbszweige der dortigen Bewohner. Mit dem Handel in Heu, das für diese Gegenden einen fundamentalen Produktionszweig bildet, erwerben sich diese Bergbewohner durch Austausch einen Teil ihrer Lebensbedürfnisse, außerdem werden sie hierdurch in günstigen Jahrgängen instand gesetzt, einige Ersparnisse zu sammeln, während ihre Viehzucht, darunter auch Schweine- und Geflügelzucht, ihnen die Gegenstände unmittelbaren Bedarfs liefern. Aber auch mit dem Schlachtvieh und Geflügel treiben sie Handel, während ihr Pferdebestand hauptsächlich den Zweck hat, als Zugtiere Verwendung zu finden. In großen Teilen des Staates Nevada ist die Alfalfakultur ein bedeutsamer Erwerbszweig und ihr Gedeihen oder eine Fehlernte bedeutet nicht viel weniger als für andere Erdstriche eine gute oder schlechte Ernte in Weizen, Mais, Baumwolle oder Kartoffeln. Große Alfalfakulturen trifft man in der Umgebung von Winnemucca, Battle Mountain und Elko. Die Heufarmen (ranches) sind natürlich auf die wenigen feuchten Niederungen beschränkt.

Von dem Dorfe Winnemucca aus, das so ziemlich in der Mitte liegt zwischen San Francisco und Ogden, Staat Utah, von beiden Plätzen rund 660 km entfernt, machte ich an einem heißen Sommertag einen Ausflug in das sog. Paradiestal (Paradise Valley). Dieses Tal erstreckt sich auf eine Länge von 60 km in nordöstlicher Richtung, entlang dessen man in großen Entfernungen voneinander gelegenen Heufarmen beobachtet.

Der Weg führt zuerst über den Humboldtfluß, der sich in den Humboldtsee oder den „Carson Sink“ ergießt, von da aus zwischen gewaltigen Sandhügeln hindurch, die im Sonnenglanze in grau-weißer Farbe schimmern und oft ganz merkwürdig regelmäßige geometrische Formen annehmen, nach dem von hohen Gebirgskämmen eingeschlossenen Tale, dessen Boden ziemlich Feuchtigkeitsgehalt aufweist und dem Alfalfabau sehr günstig ist. Entlang des Tales stößt man von 20 zu 20 km auf eine „Haltestation“ — ein einsam gelegenes Farmerhaus, wo der umliegende Bewohner seine Pferde an der „Pumpe“ tränken und sich selber eine Erfrischung gönnen kann. Die wenigen Farmhäuser, die man in der Runde erblickt, sind in der einfachsten Art gebaut, auf die zur Sommerszeit, da keine schattigen Bäume das Haus schützen, die Sonne ihre Glut mit aller Kraft herniedersendet, trotz der Höhe von über 4000 Fuß, in der das Paradiestal sich befindet. Ja die Hitze erschien mir drückender als in einer nur wenige Fuß über dem Meere gelegenen Tiefebene. Während man zu Wagen durch diese in traurigem Zustand befindlichen Feldwege hindurchfährt, bemerkt man oft auf noch große Entfernungen leichte Staubwölkchen aufsteigen, die der Fremde sich anfänglich nicht erklären kann. Aber diese bei der in solchen Höhen reinen Lufthülle weithin sichtbaren aufsteigenden Wölkchen rühren von einem Gefährt her, das in weiter Entfernung über einen ähnlichen primitiven Feldweg dahinzieht und dabei den Staub aufwirbelt.

Die Lebensweise dieser Heufarmer ist trotz der Kargheit und Armut der sie umgebenden Natur keineswegs so armselig, wie man sich dies vorstellen möchte. Sie ziehen Nutztiere, wie Schweine und Geflügel, wovon sie einen großen Teil zu ihrem Hausgebrauch verwenden, und die übrigen Artikel ihres Lebensbedarfs handeln sie in den allerdings oft weit entlegenen Niederlassungen resp. Bahnstationen gegen Umtausch ihrer Produkte resp. gegen den Gelderlös dieser Produkte ein. Aber das Leben bleibt trotz alledem einförmig, hart, freudlos und mit Strapazen verknüpft. Gesellige Vergnügungen, städtischer Komfort mangelt diesen Berg- und Wüstenbewohnern gänzlich. Als ich das Leben einer dieser Farmen beobachtete, ein Leben, das für all diese Regionen charakteristisch war, fand ich es wunderbar, daß dieses Dasein inmitten von Wüstenregionen für Menschen noch erträglich und anziehend genug sein kann, um es eines Kampfes als wert zu erachten. Ältere Ansiedler, in deren Erinnerung noch bessere Zeiten oder schönere Erdgegenden wach sind, werden sich an solchen verlassenen Orten wohl nie ganz zurechtfinden, während die Nachkommenschaft und die Jugend sich leichter mit den Verhältnissen abfindet, schon deshalb, weil sie nichts anderes kennt als die kleine, grünende Fläche, die sie umgibt, diese kleine Oase, die ringsum eingefaßt ist von sich hoch auftürmenden, kahlen Sand- und Steinbergen. Diese Jugend kennt keinen grünenden Wald, keine üppigen Fluren, kein Gemeinwesen, wo das Leben in seiner Mannigfaltigkeit sich zeigt, keine Bequemlichkeit und Genüsse, die ein besser gestaltetes Dasein zu bieten vermag — sie kennt weder eine reich gestaltete Natur noch die Sonnenseiten des gesellschaftlichen Lebens — aber sie kennt auch nicht die Schattenseiten, die außerhalb ihrer Wohnungsplätze in bevölkerten Distrikten sich zeigen.

Was die Nationalitäten dieser Bergbewohner anbetrifft, so bilden die Mischlinge einen großen Prozentsatz, doch trifft man einen ansehnlichen Bestandteil von der speziell „amerikanischen Rasse". Das deutsche Element habe ich hier wenig getroffen. Unangenehm für den Deutschen ist die Wahrnehmung, daß seine Landsleute in diesen Regionen ihre Abstammung vergessen zu haben scheinen und auf ihre Muttersprache wenig Gewicht legen. Ihre Nachkommenschaft kennt die deutsche Sprache nicht mehr. Indessen mögen die sie umgebenden Verhältnisse sie einigermaßen entschuldigen, auch hat in ihrer isolierten Lage und inmitten einer vorwiegend englisch sprechenden Bevölkerung die Fortpflanzung der deutschen Sprache wenig praktischen Wert. Dessenungeachtet müßte innerhalb deutscher Familien die deutsche Sprache unbedingt festgehalten und auf die Nachkommen vererbt werden, wie ich dies auch in einzelnen ganz merkwürdigen Fällen getroffen habe.

Dem Reisenden ist die große Fernsicht, die er in diesen Hochebenen genießt, entschieden auffällig. Man sieht hier bei hellem Wetter mit freiem Auge auf hundert und mehr Kilometer klar und deutlich. So schien mir der Winnemucca Peak, ein südlich von Winnemucca gelegener hoher Schneeberg, als ich ihn vom Nordostende des Paradiestales in einer Entfernung von 60 km aus beobachtete, so deutlich und gleichzeitig so naheliegend, daß ich seinen Abstand von meinem Standorte auf noch nicht 20 km schätzte. Allerdings zählt dieser „Winnemucca Peak“ nicht zu jenen aus Kalkstein und Porphyr gebildeten Nadelbergen, wie der Reisende sie in Arizona und Kolorado beobachtet, sondern seine Gipfelfläche (top) stellt einen gewaltigen, lang hingezogenen Bergrücken, aus Granit bestehend, dar, doch bleibt immerhin die Tatsache merkwürdig, daß man ihn auf eine so bedeutende Entfernung noch in voller Deutlichkeit sehen kann. In diesen Hochplateaus scheinen auch die Sterne zur Nachtzeit viel lebhafter zu funkeln und das Blau des Himmels zeigt einen viel stärkeren Grundton als in den Tiefebenen.

Wenn es den Anschein hat, als sei in diesen Einöden außerhalb der menschlichen Niederlassungen alles tierische Leben erstorben, so kann man häufig, und dies besonders zur Nachtzeit, eines anderen belehrt werden: plötzlich erhebt sich aus irgend einem Schlupfwinkel ein Geschrei und ein Geheul, wie es schrecklicher kaum gedacht werden kann. Dieses Geheul, dessen Ausgangsort und Entfernung sich nicht leicht feststellen läßt und das in seinen Lauten lebhaft an das Geschrei kleiner Kinder erinnert, rührt von Bergwölfen (coyotes) her, die oft weit ab von menschlichen Wohnungen in diesen Bergwüsten hausen. Die Töne, die diese Tiere ausstoßen, haben einen so wehklagenden Laut, daß man sich darob ergriffen fühlt. Man könnte fast meinen, als ob diese Tiere der Wüste ihr Schicksal bejammern, das sie in grausige Einöden verdammt hat. Im übrigen sind sie menschenscheu und werden nur gefährlich, wenn sie vom Hunger geplagt werden, aber auch dann nur, wenn sie rudelweise angetroffen werden.

Von Winnemucca ostwärts setzt sich der einförmige Charakter der Gegend ununterbrochen fort. Kein einziges Merkmal ist zu erkennen, das auf eine Abwechslung der Naturszenerie schließen ließe. Nur wenige Punkte entlang der Hauptverkehrsader dieser Wüstenregion, der Union Pacific, sind noch nennenswert: Battle Mountain, Palisade, Carlin, Elko und Wells. Sie zeigen insgesamt dieselben örtlichen Charaktereigenschaften wie die voraufgegangenen Plätze, und ihre ökonomischen Lebensbedingungen gleichen sich untereinander wie ein Ei dem anderen.

Im Bergdörfchen Wells, 5700 Fuß über dem Meere gelegen, wo ich einige Tage Rast nahm, beobachtete ich während eines Nachmittags einige reguläre Karawanenzüge, deren Teilnehmer dem indianischen Typus angehörten, und die vom Norden kommend in südwestlicher Richtung weiterzogen. Sie machten in Wells nicht Halt, sondern trieben ihre kleinen halbverhungerten Ponys, ohne ihnen auch nur einen Trunk zu gönnen, ununterbrochen vermutlich ihren „Wigwams" resp. ihrer Reservation zu. In diesen Bergdörfern und Reservationen, welche letztere speziell für die Indianer von der amerikanischen Regierung genehmigte und unterhaltene Niederlassungen sind, trifft man die letzten Überreste dieser aussterbenden Menschenrasse. Die Indianer, die durch Wells zogen, gehörten dem Piute-Indianerstamme an. Da sie nach und nach aller Anrechte auf Grund und Boden verlustig gingen und sie auch keine Lust zeigten, die Lebensweise des Nomaden aufzugeben, so sah sich die Union gezwungen, den Ureinwohnern des Landes auf Reservationen eine Heimstätte zu schaffen und gleichzeitig auch für ihren Lebensunterhalt zu sorgen. Zu diesem Zwecke wird den auf diesen Reservationen zusammengepferchten Indianern vermittelst Agenturen auf Kosten der Regierung bei verschiedenen Einkaufsstellen ein Kredit eröffnet, wodurch es ihnen möglich gemacht ist, für ihre Subsistenz zu sorgen.

Wenn man einen Indianer oder eine Indianerin spricht, soweit dies durch das Idiom des Englischen für den Fremden möglich ist, und ihre Gesinnung erforscht, so bemerkt man nichts von dem ritterlich romantischen Zug, den manche Dichter und Romanciers dieser Rasse angedichtet haben. In seinem Äußeren bietet der Indianer ebensowenig wie die Indianerin, von welch letzterem Geschlechte ich mich nicht erinnere, eine wirklich hübsche Figur gesehen zu haben, irgend etwas Anziehendes oder Bemerkenswertes. Im allgemeinen sind beide Geschlechter mittelgroß bis klein, plump und gedrungen gebaut, von bronzener Hautfarbe, dunkelbraunen Augen, tiefschwarzen Haaren und äußerst plattgedrückter Gesichtsformation. Nach ihrem Gesichtsausdrucke zu schließen, möchte man sie eher für stupid als aufgeweckt halten; nur der stechende, lauernde Blick, der aus ihren Augen leuchtet, läßt auf eine gewisse Schlauheit und Verschmitztheit schließen, Eigenschaften, die ihrer Charakteranlage eigen zu sein scheinen.[22] Es schien mir stets, wenn ich mit ihnen sprach, daß ein unausrottbarer Haß sowie das tiefste Mißtrauen gegen die weiße Rasse in ihnen wohnt. Wie der alte indianische Typus sich unversöhnlich zeigt gegen die moderne Kultur, so zeigt er sich auch unversöhnlich gegen die Träger der Kultur selbst. Der Indianer liebt das Nomadenleben und die Wanderschaft, und nichts anderes kann ihm zusagen. Die indianische Rasse wird aussterben, weil durch das Vordringen der modernen Kultur das Feld ihrer ursprünglichen Beschäftigung — Jagd, Fischfang und überhaupt nur ganz extensive Volkswirtschaft — ihr genommen ist. Auch scheint durch die stattgehabte Veränderung in ihrer Lebensweise, wie sie das Vordringen der weißen Rasse im Gefolge hatte, der Fortpflanzungstrieb des Indianers wie die Fruchtbarkeit der Indianerin gehemmt worden zu sein. So könnte man dem Indianer alle Genüsse geben, die das moderne Leben bietet, ein Heim mit dauerndem Komfort zur Verfügung stellen, und er würde doch nicht in seinem Element sein, das die Fortdauer seiner Rasse verbürgt. Nur die ungestörte, in keiner Weise eingeschränkte Freiheit der Bewegung könnte sie noch retten. Hierin gleicht der Indianer dem Büffel, der nur in seinen großen Wanderungen durch die Präriegebiete in seinem Lebenselement war, aber durch die fortdauernd weit und weiter sich ausbreitenden

Niederlassungen in seinem Wandertrieb und damit gleichzeitig auch in seinem Fortpflanzungstriebe gehemmt wurde. Der Indianer wie der Büffel werden daher durch die Fortschritte der Zivilisation aus inneren und äußeren Gründen vom Erdboden vertilgt werden.

Während ich in Wells mich aufhielt, wurde das berühmte amerikanische Nationalfest zu Ehren des denkwürdigen Tages der Unabhängigkeitserklärung der nordamerikanischen Kolonien von England (4. Juli 1776) gefeiert. Dieser öffentliche Fest- und Feiertag — The Fourth of July — wird unter den Amerikanern bis in die entlegensten Hütten eingehalten. Auch im Bergdörfchen Wells und Umgebung ruhte die Arbeit, und man sah alt und jung den Geboten des Festtages Rechnung tragen. Da in diesen Bergdörfern des Staates Nevada der Temperenzfanatismus noch keinen Einzug gehalten hat und es nicht einmal gelang, das heuchlerische Sonntagsgesetz (Sunday law) durchzuführen, so konnte man seine Bedürfnisse in dieser Richtung vollauf befriedigen. Nahezu ein halbes Dutzend Wirtschaften (saloons) sind in diesem etwa 300 Einwohner zählenden Dörfchen anzutreffen. Diesen Tag wurden so ziemlich alle fleißig frequentiert trotz der für Getränke und Zigarren geforderten abnormen Preise. Ein Glas Bier — noch nicht 3 Dezi — 60 Pfennig, zwei 1 Mark; ein Gläschen Whisky 40 Pfennig; eine Zigarre gewöhnlicher Sorte 60 Pfennig, zwei Stück 1 Mark. Unter den Festteilnehmern bemerkte ich auch eine Gruppe Italiener, die in der Umgebung am Eisenbahnbau beschäftigt waren und die das Lokal eines „Landsmanns" stark frequentierten. Die meisten, wie ich bemerkte, ließen ihre Ausgaben „buchen" für den nächsten Zahltag (pay day oder when the pay car is coming); ob ihr Landsmann, der, offenbar vordem ebenfalls in schweren Arbeitszweigen tätig, aber zu jenen „Genien" zählte, die Geld zu machen und auf eigene Füße sich zu stellen wissen, mit einfacher oder doppelter Kreide buchte, ist mir leider nicht bekannt geworden. Auch etwa ein Dutzend Bauernjungen aus den in der Nähe liegenden Bergfarmen (ranches) waren zur Stelle, und es war amüsant zu sehen, wie diese Jungens, offenbar sich für die Strapazen auf ihren verlassenen Farmen zu entschädigen, den ganzen Nachmittag eine konstante Bierreise (beer trip) machten, d. h. abwechselnd von Lokal zu Lokal zogen. Leider hatten diese Jungens (boys) ihre Auserkorenen (girls) nicht mitgebracht, wahrscheinlich deshalb, weil die Amerikanerin einen angeborenen „horror“ (Schrecken!) vor solchen Bierausflügen zeigt. Der Gambrinussaft stammte zum Teil aus Milwaukee, teils aus St. Louiser Großbrauereien.

In Toano nahm ich das letztemal Aufenthalt im Staate Nevada, ehe ich nach dem Staate Utah abreiste. Toano ist eine jener Stationen, die in bezug auf Größe und Umfang als typisch für die Mehrzahl der Dorfschaften der Prärie und der Wüste gelten kann. Dieses Dörfchen besteht, abgesehen von dem ganz primitiv gehaltenen Stationsgebäude, aus einem Hotel und einem Warengeschäft (grocerie store). Während im Hotel die Preise für Quartier und Mahlzeiten keine überschwenglichen waren — Nachtquartier 2 Mark, eine Mahlzeit 1 Mark 60 Pfennig — waren die Preise in dem an das Hotel angrenzenden Detail- resp. Warengeschäft durchweg hohe zu nennen. Wie in all diesen amerikanischen, auf den Prärien und an den einzelnen Plätzen innerhalb der Wüstengegenden anzutreffenden Kaufläden (grocerie stores), so war auch hier eine reiche Auswahl von Verkaufsgegenständen: Artikel aus der Lebensmittelindustrie, besonders Konserven, daneben Schuhwaren, Woll- und Weißwaren, Tuchwaren, Kleidungsstücke, Lederwaren, Gerätschaften usw. Diese kleinen Stationen, die diesen Namen kaum verdienen, sind merkwürdigerweise in den von den betreffenden Eisenbahngesellschaften herausgegebenen und gratis verabfolgten Fahrplänen mit ebenso fetter Schrift (heavy types) hervorgehoben wie Plätze von weit größerem Umfange. Der unkundige Reisende wird erst bei seiner Ankunft in einer für ihn oft sehr unangenehmen Weise durch den wirklichen Tatbestand aufgeklärt.

Da die hohen Berge bei diesem verlassenen Erdflecken Toano etwas zurücktreten, so hat man von der Station aus eine ziemlich große Fernsicht. Vergebens späht indessen das Auge nach einem grünen Fleckchen Erde, nach einem Grasplätzchen oder nach einer Baumgruppe. Nur öde, tote Natur ringsum, unfruchtbarer Kalk- und Sandsteinboden, Sand und Gerölle und andere Verwitterungsprodukte. In der Ferne sieht man steil herabfallende Felswände der Kordilleren, daneben einzeln sich erhebende Sandhügel von beträchtlichem Umfange. Die ganze Gegend leidet an großer Trockenheit des Klimas. Von April bis November stets wolkenloser Himmel, von dem die Sonne ihre auch noch auf diesen hochgelegenen Bergwüsten zur vollen Geltung gelangenden Gluten niedersendet. Die wenigen Farmen, die noch in Talsenkungen anzutreffen sind, haben häufig Mißernten infolge der Dürre zu erleiden. Neben dem Feuchtigkeitsgehalt des Bodens, auf dem seine Farm sich befindet, stützt der nevadische Alfalfabauer seine Hoffnung auf reiche Schneemassen zur Winterszeit, die im Frühjahr und Sommer schmelzen und so bedeutende Zufuhren von Feuchtigkeit für die Talgründe liefern. Wie der texanische Bauer sehnsüchtig nach einem im Osten oder Norden aufsteigenden Wölkchen ausschaut, das ihm als Vorbote eines Gewitters oder eines Regenfalles gelten könnte, so ist der Rancher in Nevada darauf besorgt, daß Schneewolken um die Kuppen der Berge sich sammeln, die einen reichen, ausgiebigen Schneefall verheißen.

Zwischen Toano und Ogden über Tecoma und Terrace bleibt der sterile Charakter der Gegend gewahrt. In südöstlicher Richtung stößt man auf die große amerikanische Wüste (Great American Desert), ein ausgetrocknetes ehemaliges Salzwasserbecken mit seinen Überresten in „Salzbracktümpeln", Tonerden, Kiesen und Geröllen. Diese Wüsteneien ohne alle Vegetation sind für den Fremden anfänglich schrecklich anzusehen, und es wird ihm unheimlich zumute werden, wenn er diese aller Kultur baren Einöden erblickt; schrecklicher erscheinen ihm jene pechschwarzen Lavafelder nicht, die man an verschiedenen Plätzen im Territorium Neu-Mexiko wahrnimmt und die eine völlig tote Welt in sich schließen. An solchen Orten scheint die Natur sich völlig aufgegeben zu haben.

An diese große amerikanische Wüste grenzt der bekannte Große Salzsee (Great Salt Lake), in dessen abflußloses Wassergebiet drei Flüsse einmünden: in der Nähe der Station Corinne der Bärenfluß (Bear River), bei Ogden der Weberfluß, sowie der kleine Jordanfluß. Der Große Salzsee ist fortwährend einer starken Verdunstung ausgesetzt, so daß er wahrscheinlicherweise mit der Zeit dem Schicksal der ihn angrenzenden Wüste, die nichts anderes als ein großes Salzwasserbecken war, anheimfallen wird. Er ist etwa 130 km lang und 50 km breit. Sein Wasser enthält 15 Prozent reines Salz, und übertrifft somit den Salzgehalt des Meeres um 10 Prozent, während die Wasser des Toten Meeres in Palästina 25 Prozent Salzgehalt enthalten und somit alles tierische Leben unmöglich machen, was beim Großen Salzsee nicht der Fall ist. Im Großen Salzsee bemerkt man mehrere Inseln, darunter die Insel Antelope und Stansbury die bemerkenswertesten sind, auch soll sich ein unterirdischer Vulkan im linken Arm des Sees, in der Nähe von Promontory Point, befinden. Im Badeplatz Saltair hat man Gelegenheit, im Gewässer des Großen Salzsees zu baden, und man muß gestehen, daß ein Bad darin außerordentlich erfrischend ist.

Der Reisende nimmt indes auf seinen Wanderungen durch den Mormonenstaat Utah auch wirklich fruchtbare Gegenden neben diesen Wüsteneien wahr, besonders in den wasserreichen Niederungen, wo man Ackerbaukultur, darunter viel Weizenkultur, daneben Obstzucht und Gartenbau antrifft. Diese Wahrnehmung ist um so überraschender, als sich diese landwirtschaftlichen Erwerbszweige auf Hochebenen befinden, die zwischen 4000 und 5000 Fuß über der Meeresfläche gelegen sind.

Jeder Reisende wird auf seinen Streifzügen durch Utah auch die Hauptstadt der Mormonen, Salt Lake City (Salzseestadt), besuchen. Diese Hauptstadt, die gegenwärtig 46 000 Einwohner zählt, von denen 30 000 wirkliche Mormonen sind, während der Rest von 16 000 noch keine Veranlassung gefunden hat, der Mormonenreligion beizutreten, liegt in einem Hochplateau von ca. 4000 Fuß Meereshöhe, umgeben in einer

Entfernung von 30 km von den Washatchbergen. Die Entfernung zum Großen Salzsee beträgt auf dem nächsten Wege 20 km.

Die Salzseestadt wurde im Jahre 1847 von den Mormonen unter Anführung von Brigham Joung gegründet, der nicht nur ein Verkündiger und Verbreiter der von Josef Smith gegründeten neuen Religion, sondern auch der unter ihren Anhängern verbreiteten Vielweiberei (Polygamie) war. Im Jahre 1850 wurde Utah als ein Territorium konstituiert, Brigham Joung wurde der erste Gouverneur dieses Gebiets, worauf sich alsbald ein großer Strom Einwanderer, die zu einem großen Teile von Europa kamen, nach dem Mormonenterritorium Utah begab, das im Jahre 1896 vom Kongreß zum Staate erhoben wurde, nachdem vorher die Vielweiberei in diesem Gebiete als ungesetzlich erklärt worden war. Der Umstand, daß in Utah auch viele nicht der Mormonenreligion Angehörige (sog. „Gentiles“) sich niedergelassen haben, mag zu dem Schritte des Kongresses mitgewirkt haben. Gegenwärtig zählt man ungefähr im ganzen 250 000 Anhänger der Mormonenreligion in Utah und außerhalb davon gelegenen Gebieten.

Als wichtigste Sehenswürdigkeit in der Salzseestadt gilt das Tabernakel und der Tempel der Mormonen. Beide Gebäude erheben sich zwischen der Nord-, Süd- und Westtempelstraße. Das Tabernakelgebäude, ein mächtiger, in Form einer Ellipse aufgerichteter Bau, hat in seinem Innern Raum für 10 000 Personen. Es dient hauptsächlich zur Abhaltung des Gottesdienstes und der Predigten, daneben werden auch in diesen mächtigen Hallen Vorlesungen, Konzerte und Versammlungen abgehalten.

Der nahe dabeistehende Tempel, ein mächtiger Granitbau, an dem 40 Jahre lang gearbeitet wurde und dessen Baukosten sich auf ca. 15 Millionen Mark stellten, dient ähnlichen Zwecken wie das Tabernakel, außerdem werden in ihm die oft geheimnisvollen Ehen abgeschlossen, und zwar nicht bloß für diese Welt, sondern auch für die „kommende“ und für die „Ewigkeit allein“. Auffällig für den Fremden sind die an den beiden Enden des

Tempels sich erhebenden gewaltigen Türme, von denen der höchste zu 250 Fuß emporsteigt und von einer großen Engelsfigur überragt ist.

Trotz aller religiösen Betätigungen, die unter dem Gesamtbegriff „Zeremonie“ jedermann bekannt sind, sind die Anhänger der Mormonenreligion, soweit sie Arbeitgeber oder Geschäftsinhaber sind, Spekulanten der gewöhnlichsten Sorte. Sie verstehen, im Interesse des Dienstes ihrer Kirche die Leute zu schröpfen, die sie beschäftigen und die zur Mormonensekte gehören, und zwar auf eine Art, wie sie listiger kaum erdacht werden kann. In der heiligen Stadt der Mormonen, nämlich in der genannten Salzseestadt, hatte ich Gelegenheit, einen solchen Fall von Auspressung zu beobachten. Das Opfer der betreffenden Manipulationen war Familienvater und noch ein sog. „Neu-Mormone“, d. h. ein kürzlich „Zugezogener“, und der daher noch nicht in alle Geheimnisse der „Ältesten, der Apostel, der Engel und Propheten“ eingeweiht war. Er arbeitete in einem von Mormonen geleiteten Detailgeschäfte und stellte sich wöchentlich auf 9 Dollars (36 Mark), ein Einkommen, das für die dortigen Verhältnisse karg bemessen war. Aber als „Green horn“ kann er keine höhere Entschädigung beanspruchen und der betreffende Geschäftsinhaber durfte sich sagen, daß er bei diesem Manne, der als „Neu-Mormone“ nicht dieselben Ansprüche erheben durfte, wöchentlich mindestens 2 Dollars erspare. Aber abgesehen davon, daß dieser „Neuangekommene“ wöchentlich um 2 Dollars zu niedrig eingeschätzt wurde, so wurde ihm von dem 36 Mark betragenden wöchentlichen Arbeitslohn 8 Mark in sog. „Thiding Money“ oder Zehntengeld ausbezahlt, das er nur in einem sog. „Thiding Store House“, d. h. in einem von Mormonen geleiteten Geschäfte einlösen konnte. Hier wurde er nun von neuem geprellt, indem er für das 8 Mark betragende Kirchengeld („Thiding Money“) nur Waren oder Gegenstände seines Bedarfs im Werte von 6 Mark erhielt, also um 25 Prozent weniger. Diese zurückbehaltenen 2 Mark oder 25 Prozent erhält der Arbeitgeber oder Geschäftsinhaber von dem Zehntenhaus (Thiding Office) zurück, das er als weiteren Gewinn einstecken kann. Das alles geschieht angeblich im Interesse der Kirche, in Wirklichkeit aber im Interesse des Brotherrn, der natürlich in diesem Falle ein Mormone ist. Dieses Zehnten- oder Kirchengeld bietet für die Mormonengeschäfte die beste Gewähr, ihre Waren an den Mann zu bringen, da das in großem Umfang zur Ausgabe gelangende Kirchengeld von anderen Geschäften und Einkaufsstellen nicht angenommen wird. Aber der Neuling, der glücklich Mormone geworden ist, hat abgesehen von obengenannten Manipulationen auch noch den „Zehnten" von seinem ganzen Wochenverdienste im Interesse der Kirche zu opfern und außerdem an jedem ersten Sonntag im Monat, der bei den Mormonen ein Festtag ist, seinen Tageslohn. Opposition gegen diese Prellereien und Ausbeutungen kann der Angestellte eines mormonischen Arbeitgebers nicht leicht machen, denn er riskiert dabei, ohne weitere Zeremonien an die Luft gesetzt zu werden.

Soviel ich in Utah und speziell in der Salzseestadt beobachtet habe, dauert die Vielweiberei trotz aller dagegen erlassenen Gesetzesvorschrift fort. Natürlich beschränkt sich ihre Ausübung auf die wohlhabenden Klassen, denn der arme Teufel, der auch hier in überwiegender Mehrheit auftritt, ist froh, soviel zu erwerben, um wenigstens eine Frau ernähren zu können. Im übrigen darf nicht vergessen werden, daß diese reichen Mormonen, die in der Salzseestadt inmitten schattiger Gartenanlagen ihre „interessanten" Wohnungen haben, neben angetrauten Weibern auch sog. Konkubinen unterhalten, die eine hübsche Summe Geldes pro Jahr kosten und deren Lebensunterhalt möglicherweise zum Teil aus jenen oben angedeuteten Quellen stammt.

Wie der weitaus größte Teil des Staates Utah, sowie des Staates Nevada einem Wüstenhochplateau angehört, so auch der nordöstlich an Utah angrenzende Staat Wyoming. Wie in Utah, so befinden sich auch in dessen Gebiet ausgedehnte Salzseebecken, die jetzt meistens trocken gelegt sind, und nur die seichten Brackwassertümpel deuten darauf hin, daß diese Becken mit Salzwasser angefüllt waren. Der westliche Teil von Wyoming wird von der zweiten großen Parallelkette der Felsengebirge durchzogen, die in ihrem Hauptstamm den Namen Wahsatchgebirge führt. Von hier aus zieht sich das Hochplateau, von ganzen Querriegeln und einzeln stehenden Kegelbergen unterbrochen, bis an die Ostgrenze Wyomings fort. In seiner Gesamtbeschaffenheit ähnelt der Wüstenstaat Wyoming dem Wüstenstaat Nevada, nur ist er in seinen Niederungen vereinzelt mehr wasserreich als sein westlicher Schicksalsgenosse; auch hat hier der Löß, jener aus Tonerde gebildete und aus ausgetrockneten Salzseebecken aufgewirbelte, gelbgraue Verwitterungsstaub in den mehr einen steppenartigen als wüstenhaften Charakter tragenden Niederungen sich stärker angehäuft, als in den westlich davon gelegenen Wüstengebieten, und so in Verbindung mit schon etwas vorhandener Vegetation den Anstoß zu verhältnismäßig fruchtbaren Niederungen gegeben. Sind in Nevada die landwirtschaftlichen Kulturen vorwiegend auf die Produktion des Alfalfa-Klees beschränkt, so überwiegt in Wyoming im Gebiete der landwirtschaftlichen Produktion die Viehzucht, worunter wiederum die Schafzucht die hervorragendste Rolle spielt. Neben Viehzucht ist der Bergbau und speziell der Abbau in Kohlen sehr bedeutend. Bei einem Streifzug entlang der Union Pacific-Bahn, die quer durch Wyoming führt, beobachten wir eine ganze Anzahl kleiner Bergdörfer, deren Bewohner von der Kohlengewinnung ihren Lebensunterhalt fristen. Wenn man diese großen Berggebiete durchreist und sieht, wie Kohlenbecken an Kohlenbecken sich reiht, so kann sich der denkende Beobachter keine richtigen Vorstellungen machen über den Umfang des Pflanzenwuchses, der die jetzt in Bergwüsten verwandelten, in einem fernen Erdzeitalter aber mit sumpfigen Niederungen überzogenen Gebiete bedeckte und aus dem während des sog. Karbon- oder Steinkohlenzeitalters die jetzigen Kohlenflöze sich im Laufe der Jahrtausende entwickelt haben. Es wird den Beobachter beim Anblick dieser mächtigen Kohlenlager seltsam anmuten, wenn er sich vergegenwärtigt, wie einstens in einer fernen Zeitperiode an der Stelle, wo sich diese verlassenen, baumlosen Wüstengebiete mit ihren

Kohlenbecken erheben, sich mächtige Urwälder dahinzogen, worin neben einzelnen Koniferen jene merkwürdigen, über 100 Fuß emporstrebenden, mächtigen Bäume der Sigillarien am stärksten vertreten waren. Jetzt ringsum nichts als tote Wüste, damals eine reiche Flora, die jede Phantasie hätte anreizen können!

Diese Kohlenbergwerke sind durchgängig in Händen großer Unternehmungsgesellschaften, und zwar gehören sie speziell dem Syndikat der Union Pacific-Bahn. Diese Unternehmungsgesellschaften sind indessen nicht nur gewöhnliche Arbeitgeber, sondern sie üben auch eine unbegrenzte politische Macht aus, um die sie mancher Fürst beneiden dürfte. Auffällig ist die große Zahl der Ausländer, die in den Kohlengruben beschäftigt sind. Während man in Kalifornien und Nevada in den Haupterwerbszweigen wie Ackerbau, Bergbau, Eisenbahnbau u. dgl., neben Amerikanern vorwiegend Chinesen und Japaner antrifft, so stößt man in Wyoming neben amerikanischen auf spezifisch polnische, czechische, irländische und italienische Arbeitskräfte. Deutsche sind wenige zu finden. Diese Ausländer, meistens sog. „Grünhörner", der geographischen, ethnographischen und sozialen Verhältnisse des Landes völlig unkundig, werden von Unter- und Zwischenhändlern (gewöhnlich routinierte Landsleute) aus ihrem Heimatlande unter Vorspiegelung falscher Tatsachen, d. h. unter Schilderung der paradiesischen Verhältnisse in diesen Bergwüsten, unter Versprechungen von hohen Löhnen und exzellenter Behandlungsweise, übers „große Wasser" gelockt. Sie opfern gewöhnlich ihre ganzen Ersparnisse bis zum letzten Groschen, so daß sie vollständig mittellos in diesen Bergwüsten ankommen und auf Gnade und Ungnade ihren Brotherren (the „bosses") verfallen sind. Ohne Mittel zur Heimreise und der Sprache des Landes völlig unkundig, sind sie an Ort und Stelle gefesselt und nicht viel besser daran als ein ehemaliger Negersklave, wenn auch dieser im Falle der Flucht unter Peitschenhieben auf seinen alten Platz zurückbefördert worden ist.

Soweit diese düpierten Einwanderer am Eisenbahnbau beschäftigt werden, erhalten sie als Schlafstätten ausrangierte

Eisenbahnwagen, in deren Innern kasernenmäßig richtige Pritschenlager primitivster Form aufgestellt sind, während die Lieferung der Lebensmittel entweder einem gewiegten Entrepreneur anvertraut ist, der mit seinen Prozenten nicht zu niedrig herauskommt, oder aber, wie ich das bei den Polen und Czechen beobachtet habe, der einzelne richtet sich sein Essen selbst her, und sofern sie in Bergwerken engagiert werden, erhalten sie gegen Verzinsung als Wohnungsplätze eigens zu diesem Zwecke hergestellte billige Holzbaracken, in denen sie ihren Haushalt führen können.

Eine dieser Kolonien innerhalb einer unermeßlich sich ausbreitenden Wüstenregion ist die Kolonie Hanna mit einer Einwohnerschaft von etwa 500 Seelen an der Union Pacific-Bahn gelegen, unweit des Aufstieges zu der Laramie-Bergkette. Lage und Leben in ihr kann als typisch für all diese Kohlenbergwerksdörfer gelten. Die eine Hälfte der Niederlassung liegt auf einer felsigen, kahlen Anhöhe und ist unregelmäßig gebaut, während die andere Hälfte durch zwei regelrecht verlaufende Häuserreihen gebildet wird und entlang einer niedrigen Böschung aufgebaut ist. Die Mehrzahl der Bewohner besteht aus Polen und Czechen, daneben finden sich Irländer und Amerikaner, sowie einige Deutsche. Die Unternehmungsgesellschaft hat dafür gesorgt, daß nicht bloß aus dem Mehrwert der Arbeit dieser armen Bergbewohner hohe Profite in ihre Taschen fließen, sondern sie hat noch, indem sie alle geschäftliche Konkurrenz fernhält, die Bewohner gezwungen, alle ihre Einkäufe in dem von der Gesellschaft selbst gestellten und betriebenen großen Verkaufs- resp. Einkaufsgeschäfte (grocerie store oder besser: bargain house) zu machen, wodurch für die Gesellschaft die Perspektive eröffnet ist, einen neuen Teil von Profiten in ihre schon vollauf gefüllten Taschen wandern zu sehen. In diesen Bazars ist nun alles erhältlich, was ein gewöhnlicher Sterblicher zu seinem Lebensunterhalt bedarf: Kolonialwaren (Kaffee, Tee, Kakao usw.), die verschiedensten Konserven, Backwaren (crakers!), ferner Leder- und Schuhwaren, Eisenwaren, Woll- und Weißwaren, Kleidungsstücke, Gerätschaften usw. Der sog. „store keeper“, d. h. der im Auftrage und natürlich auch im Interesse der Gesellschaft fleißig sich betätigende Inhaber oder Verwalter des Geschäftes, führt genaue Buchung über die täglich stattfindenden Warenablieferungen oder Warenverkäufe und über die täglichen Geldeinnahmen. Er kennt jedes Haus der Kolonie, worin jedes derselben numeriert ist, und so hat er auch in seinem Kontobuch die Wohnungen genau der Reihenfolge nach aufgeführt nebst ihren verheirateten oder unverheirateten Bewohnern. Das Schicksal jeder dieser Familien ist ihm anvertraut und er weiß über die Aktiva und Passiva der Dorfbewohner ganz genau so Bescheid, wie die in Obhut gegebenen Schützlinge. Dieser „store keeper“ ist natürlich ein gewiegter Finanzmann, der sich auf sein Geschäft versteht. Kommt es dann vor, daß Arbeitsunterbrechungen in den Gruben stattfinden — man munkelt, dies geschähe häufig nach dem Willen der Unternehmer — so müssen diese armen Bergbewohner ihre wenigen Ersparnisse aufzehren, oder aber, wenn keine solchen vorhanden, ihre dem Bazar entnommenen Waren auf Kredit nehmen. Dadurch geraten sie in Schulden und andere Verbindlichkeiten, und, was der Gesellschaft keineswegs unangenehm ist, in fortdauernde ökonomische Abhängigkeit, die sich vom Zustande offizieller Sklaverei schier in nichts unterscheidet, indem diese Bergleute nicht bloß in Rücksicht ihrer Verbindlichkeiten, sondern auch im Hinblick auf ihre dort ansässigen Familien tatsächlich an diesen Ort gebannt sind. An solchen Plätzen steht also das berüchtigte „Trucksystem“, wonach der Arbeitslohn in seiner Verausgabung dem Unternehmer zu neuen Profiten verhelfen soll, in voller Blüte. Somit ist das Leben dieser Bergbewohner, die neben harter Arbeit bei geringem Lohn dazu gezwungen sind, ihre Einkäufe, um der Profitgier der Unternehmer zu genügen, unter den denkbar ungünstigsten Bedingungen, d. h. zu Monopolpreisen zu machen, keineswegs ein beneidenswertes, und mancher, der aus schöneren Erdstrichen durch Schicksalsumstände in diese Regionen verschlagen worden ist, wird mit Entsetzen gewahr, welch trügerischen Vorstellungen er gefolgt und welch traurigem Geschicke er jetzt verfallen ist. In schwerer Arbeit sich aufopfernd, kann er zwischen Felsenregionen sein fürderes Leben langsam vertrauern, und nur die Erinnerung an bessere Gegenden oder bessere Verhältnisse wird ihm verbleiben. Von paradiesischen Fluren wurde ihm gefabelt, als man ihn bestimmte, seine Heimat aufzugeben, und nun sieht er sich in eine Bergwüste versetzt, die von den berüchtigsten afrikanischen und asiatischen Wüsten nur das voraus hat, daß arme Menschenkinder sich darin gegen kargen Lohn abplagen und aufreiben müssen. Von einem freien Menschentum wurde ihm gefabelt, und nun sieht er sich dem dort herrschenden Amerikanertum gegenüber, das ihn als Lohnsklaven behandelt und ihn geistig so einschätzt, als habe er kein besseres Schicksal verdient.

Der Staat Wyoming, obgleich in seinen Niederungen wasserreicher als Nevada, ist ähnlichen Perioden von Dürre und Trockenheit ausgesetzt, wie Utah, Nevada, Neu-Mexiko und Arizona. Das ganze Frühjahr und den Sommer hindurch fällt nur selten Regen und dann oft im Gefolge eines heftigen Gewitters; indessen fällt zur Winterszeit reichlich Schnee, der dann zur Zeit der Frühjahrs- und Sommerschmelze Wassermassen für die Talgründe liefert. Auffallend ist die geringe Anzahl nennenswerter Flüsse, die in diesen ein so ungeheueres Areal umfassenden Gebirgsstaaten anzutreffen sind. So ist in Neu-Mexiko nur der Rio Grande und der Pecosfluß, in Arizona[23] nur der Gila- und der Koloradofluß,[24] welch letzterer übrigens während eines großen Teils seines Laufs für Arizona nur Grenzfluß ist, in Nevada nur der Truckee- und der Humboldtfluß, in Utah nur der Green River und der Koloradofluß und in Wyoming endlich nur der Green River, der Big Horn- und der North Plattefluß einer Erwähnung wert. Daneben gibt es allerdings noch eine Menge kleiner Flüsse (creeks), die aber den größten Teil des Jahres ausgetrocknet sind. Dabei kommen Fälle vor, wo solch ein Flüßchen innerhalb kurzer Zeit oft nahezu urplötzlich verschwindet. Einen solchen Fall beobachtete ich im westlichen Wyoming. In einer engen Talsohle zwischen hohen Bergwänden floß noch zur Mittagszeit lustig und munter ein Bächlein von mäßiger Tiefe und Breite. Entlang der Ufer bemerkte man Schilfrohr, Weiden- und Grasbüsche, und der Anblick dieses mitten in der Wüste, wenn auch nur schwach pulsierenden Lebens der Natur wirkte wohltuend und erfrischend. Als ich gegen Abend nach einem Aufstieg auf einen in der Nähe liegenden Bergkegel an genannten Platz zurückkehrte, war das Flüßchen vollständig versiegt und verschwunden. Nur an dem feuchten Flußbette konnte man noch erkennen, daß an dieser Stelle kurz vorher noch Wasser geflossen sein mußte. Allerdings war das Flußbett mit Sand und Kies ausgefüllt, also mit Verwitterungsprodukten, die dem Wasser leicht Durchlauf gewähren, aber damit war die eigentümliche Erscheinung nicht erklärt. Es war zu vermuten, daß aus irgendwelcher Ursache die Speisung des Flusses gehemmt wurde. Gleichzeitig bemerkte ich einige hundert Schritte von meinem Standorte entfernt eine Anzahl jener bekannten Berghasen, die in wasserhaltigen Niederungen in Menge anzutreffen sind. Instinktiv von einem Angstgefühl ergriffen, rannten sie neben dem ausgetrockneten Flußbett auf und nieder, als ob sie sich überzeugen wollten, ob das für sie so wichtige Lebenselement nicht mehr existierte. Arme Wüstentierchen! Wenn es ihnen nicht gelang, eine andere feuchte Niederung ausfindig zu machen, so waren sie unvermeidlich, im Falle ihre alte Labequelle kein Leben mehr zeigte, einer der schrecklichsten Todesarten verfallen, nämlich dem Tode durch Verdurstung.

Indessen nicht bloß in den offenen Wüstengebieten, sondern auch an benachbarten Plätzen ist das Wasser sehr selten. So beobachtete ich in Rock Springs, einem der größeren Plätze in Wyoming, daß die dortige Einwohnerschaft sozusagen um ihr Trink- und Kochwasser kämpfen muß. Des Morgens und Abends sieht man erwachsene Leute und Kinder in Scharen nach der Stelle hinwandern, wo vermittelst eines mächtigen Zementrohrs aus dem etwa 30 km entfernten Green River Wasser in die Stadt geleitet wird und das nun von den Bewohnern in Eimern und Kübeln gesammelt wird. Das Wasser ist warm und daher keineswegs erfrischend und hat einen stark schwefelartigen Beigeschmack. Doch diejenigen Leute des Ortes, die sich den Luxus einer eigenen Wasserleitung nicht leisten können, sind froh, daß sie überhaupt in den Besitz dieses unentbehrlichen Elements gelangen können.

Das Städtchen Rock Springs, inmitten einer Gebirgswüste gelegen, kann hinsichtlich des Lebens und Treibens seiner Bewohner als typisch gelten für alle größeren Gebirgsplätze des westlichen Nordamerika. An solchen Plätzen, die alle noch neueren Datums sind, ist das Geschäftsleben so überwiegend, daß alle übrigen Seiten des Lebens in Hintergrund treten. Geschäftsleute, Unternehmer und Spekulanten und schwer arbeitendes Personal drücken dem Leben und Treiben einer solchen Niederlassung den Stempel auf. Alles ist geschäftig und rührig, unablässig auf Gewinn und Vorteil bedacht, rücksichtslos gegen andere und nur an sich selbst denkend. Die besseren Seiten des Lebens, vorab ein Gemütsleben, kennt man nicht. Auch das Leben an den Erholungsplätzen und Vergnügungsorten, wenn man von solchen in der üblichen Begriffsauffassung sprechen kann, läßt keinen wahren Frohsinn erkennen, denn die Hastigkeit, mit der aus dem Becher der Lebensfreude geschlürft wird, kann nicht mit dem Begriff Genuß betitelt werden. Neben Detailgeschäften, die in allen Branchen figurieren, gibt es in Rock Springs eine Menge Restaurants und Wirtschaften, in welch letzteren, wie ich bemerkte, viel dem Pockerspiel gefrönt wird. Die Preise für die Genußmittel sind hoch, nur die paar chinesischen Restaurants, die dort zu finden sind, geben ihre Waren zu billigeren Preisen ab. Das Deutschtum scheint hier schwach vertreten zu sein, den ich konnte keine Geschäftsfirmen, an deren „signs“ deutsche Namen zu lesen waren, entdecken. Etwas mehr Deutsche, darunter auch eine Hotelbesitzerin, wohnen in dem 50 km westlich davon gelegenen Städtchen Green River, am gleichnamigen Fluß gelegen. In Green River wohnen mehrere deutsche Geschäftsleute, die s. Z. aus den Grenzgebieten von Wyoming und Utah dahin gezogen sind. Auch eine kleine Brauerei, deren Gründer ein Deutscher war — die einzige Brauerei in dieser Wüstengegend zwischen Ogden und Denver in Kolorado — befindet sich in Green River.

Als größere Punkte in Wyoming sind noch zu nennen: Rawlins, Laramie und die Hauptstadt Cheyenne. In der Umgebung von Rawlins[25] und Laramie befinden sich in einzelnen Talgründen große Weideplätze, worin man große Viehherden beobachten kann. Man erblickt große Schafherden, daneben wird noch Pferde-, Rindvieh- und Schweinezucht betrieben. Bedauerlicherweise sind diese Bergfarmer (ranchers) in ihren Erwerbszweigen vielem Mißgeschick ausgesetzt, ihr Erwerb ist auf ebenso unsicherer Grundlage aufgebaut, wie dies bei allen denjenigen der Fall ist, die infolge der Ungunst der Natur sich nur auf einen oder nur ganz wenige Erwerbsarten stützen können. Wyoming zählt zu jenen Staatengebieten, die ein ungewöhnlich großes Kontingent an lebendem Vieh, besonders Schafen, an den östlichen Markt abliefern. Von den vielfach weit entlegenen Farmen werden die zum Verkauf bestimmten Tiere in großen Herden durch Hirten zu Pferde (cow boys) zur nächstgelegenen Eisenbahnstation getrieben, wo sie zunächst in den in der Nähe der Haltestelle gelegenen Viehhöfen (stock yards) eingepfercht werden, um von da aus direkt in die Viehwagen (stock cars) eingeladen zu werden. Es ist beachtenswert, wie diese Tiere sich oft sträuben, ihre unheimliche Eisenbahnfahrt anzutreten. Nicht selten haben die „cow boys" und die Viehzüchter einen harten Kampf zu bestehen, bis es ihnen gelingt, diese Tiere in Gewahrsam zu bringen. Es hat den Anschein, als ob die klügeren dieser Tiere das instinktive Bewußtsein hätten, daß diese Fahrt, die sie auf die Schlachthöfe bringt, gleichzeitig auch ihre Todesfahrt ist.

Man sollte glauben, daß die Viehzüchter in Wyoming ohne große Mühe zu Wohlstand kommen, wenn sie nur soviel Kapital in Händen haben, um mit ihrem Unternehmen zu beginnen. Denn da die Erstehungskosten der zwischen den Gebirgswüsten liegenden Weideländereien gleich null waren und auch die Erhaltungskosten ihrer Herden, die auf freier Weide ihren Unterhalt selbst suchen müssen, minimal sind, so könnte man daraus schließen, daß sie durch Verkauf eines Teils ihrer Herde oder wie bei der Schafzucht durch Wollschur sich namhafte pekuniäre Vorteile verschaffen. Aber dem ist keineswegs so. Diese Bergfarmer haben teils mit der Ungunst der Naturverhältnisse, wie Dürreperioden, teils mit Seuchen, die oft ganze Herden hinwegraffen, zu kämpfen. Zu diesen Verhängnissen, die fortwährend ihrem Produktionszweige drohen, tritt der weitere Mißstand, daß die Eisenbahngesellschaften durch ungewöhnlich hohe Frachtraten den Profit, den sie durch direkten Verkauf erzielt hätten, auf ein Minimum herabsetzen. Dieselbe Praxis, die die Eisenbahnmagnaten bei den Weizenbauern in Dakota und Minnesota oder bei den Baumwoll- und Maisbauern in den Mittel- und Südstaaten üben, bringen sie auch bei den Viehbauern des Westens und Nordwestens in Anwendung. Ein günstiger Kursstand der Bahnaktien liegt diesen Geldgrößen mehr am Herzen als der Wohlstand der Produzenten.

Wenn wir die Bergstadt Laramie, in 7000 Fuß Seehöhe gelegen, verlassen haben und uns östlich gegen Cheyenne zuwenden, so durchkreuzen wir die letzten östlichen Ausläufer der Felsengebirge. Man beobachtet auf diesem Wege noch hohe Gebirgsketten, von Norden nach Süden ziehend, Querriegel in westlich-östlicher Richtung, ferner Sandhügel und einzeln sich erhebende Kegelberge. Auf nahezu 2000 km — von Auburn in Kalifornien bis nach Sherman Hills in Wyoming — haben uns diese Berge mit ihren Talgründen in ununterbrochenem Einerlei begleitet. In Sherman Hills erhebt sich das Plateau noch einmal bis 8000 Fuß Seehöhe und in nahezu gleicher Höhe bewegt sich auch die Bahnlinie. Wir sehen hier, soweit das Auge reicht, mächtige Granitblöcke auf dem Plateau verstreut, die durch äußere Einflüsse, vorwiegend durch Wassergewalten, bald rundliche, bald ovale und oft ganz phantastische Formen angenommen haben. Es sind das noch stumme Zeugen ehemaliger großartiger Erdrevolutionen. Auf den Höhen rings um Sherman Hills, wo ich noch ausnahmsweise grüne Rasen wahrnahm, umgibt uns eine balsamische und an Sauerstoff reichhaltige Luft, die eine ungemeine Erfrischung des Körpers hervorruft. Es scheint, als ob die Natur noch im letzten Momente, ehe wir die Granitberge der Kordilleren verlassen, den Eindruck verwischen wollte, welchen die grausigen Bergwüsten in uns hervorgerufen hatten.

Wenn man auf die bei Cheyenne beginnende große Ebene oder Prärie (plain), die sich von da aus in fortschreitender Absenkung ununterbrochen bis gegen das Alleghanygebirge, („Appalachian System“) in einer Ausdehnung von über 3000 km erstreckt, hinabsteigt, so hat man ein Gefühl, als ob man nach einer Wanderung durch ein Totenreich dem Leben zurückgegeben wäre. Die ungeheueren Talgründe, von gewaltigen Gebirgskämmen umschlossen, die der Reisende auf seinem Wege durch die Felsengebirge durchqueren muß, zeigen keine Merkmale, wie sie einer Landschaft, die wirkliches Leben zeigt, zukommen. Und dennoch entbehren jene ewigen Berge, die keinen Anblick nennenswerter Vegetation bieten und nur Sand und Felsengestein zu zeigen vermögen, eines eigentümlichen Zaubers nicht. Manchmal denkt der Reisende, wenn er wieder grünende Fluren und waldige Berge um sich erblickt, an jene von allem Leben verlassenen starren Einöden zurück.

Wenden wir uns von Cheyenne aus ostwärts der Grenze von Nebraska zu, so nimmt die Natur allmählich und stetig ein verändertes Aussehen an. Der fruchtbare Erdstrich der Lößablagerungen tritt häufig und häufiger auf und gewinnt an Mächtigkeit, während die Sandbänke und Felsengesteine, welche bis hierher der Landschaft den Charakter verliehen, in ihrer Bedeutung zurücktreten und langsam verschwinden. Die Natur fängt an, neues Leben zu zeigen. In der Nähe von Pine Bluff überschreiten wir die Grenze von Wyoming und Nebraska und treten in das große ausgestreckte Prärieland von Nebraska ein. Ist der westliche Teil von Nebraska vorwiegend Weideland, auf dem man Gelegenheit hat, große Viehherden weiden zu sehen, so nimmt der mittlere und östliche Teil allmählich den altgewohnten Typus eines ackerbautreibenden Staates an. Je mehr man östlich dem Missouristrom entgegen sich bewegt, um so häufiger werden auch die menschlichen Niederlassungen, die bis dahin so äußerst spärlich vertreten waren. Bei der Station North Platte überschreiten wir den North Plattefluß, der sich hier mit dem Süd-Plattefluß (South Platte River) vereinigt und in östlicher Richtung den zentralen Teil von Nebraska durchfließt, um südlich unweit von Omaha in den Missouri zu münden. Noch lange Zeit bemerkt man im westlichen Nebraska am fernen Horizonte eine Hügelkette von unbedeutender Erhebung sich dahinziehen, parallel laufend zu dem Laufe des North Platteflusses. In diesen im allgemeinen noch schwach bevölkerten Distrikten trifft man neben dem Amerikanertum eine große Menge aus Europa eingewanderter Ansiedler, darunter namentlich Deutsche, Schweden und Norweger. Man stößt auf ausgedehnte Niederlassungsbezirke, worin die betreffenden Nationalitäten in abgesonderten Gebieten vorzugsweise anzutreffen sind, um auf diese Weise ihre Sprache und nationale Eigenart besser behaupten zu können. In der Umgebuug des Städtchens Grand Islands, wo auch eine deutsche Zeitung erscheint, ist eine große Anzahl deutscher Farmerfamilien ansässig, ebenso sind die Bewohner der Städte Columbus und Fremont vorwiegend deutscher Nationalität.

Ist die Viehproduktion des mittleren und östlichen Teils von Nebraska auf alle Arten Haus- und Zugtiere ausgedehnt und spielt im engeren Haushalt, sowie für den nächstliegenden Absatzmarkt die Schweine- und Geflügelzucht eine große Rolle, so sind die landwirtschaftlichen Kulturen vorwiegend auf den Maisbau beschränkt, neben dem Getreidebau, Gartenbau und Obstzucht nur eine sekundäre Stellung einnehmen. Die Farmer haben hier wie in all den westlichen und südlichen nordamerikanischen Staatengebieten viel mit Dürreperioden zu kämpfen, die große Mißernten in ihrem Haupterwerbszweig zur Folge haben, ein Umstand, der nicht bloß ihre Haupteinnahmequelle im besonderen, sondern ihre wirtschaftlichen Verhältnisse überhaupt ungünstig beeinflußt.

Die klimatischen Verhältnisse sind in den Prärien von Nebraska insofern äußerst mißlich, als zur Sommerszeit tropische Hitze herrscht, während der Winter durch strenge Kälte und durch jene gefürchteten, aus dem Nordwesten kommenden eisigen Schneestürme, die ungehindert Hunderte von Meilen weit durch die baumlosen Prärien hinwegfegen, ausgezeichnet ist. Schwer arbeitet hier der Landmann zur Sommerszeit im glühenden Sonnenbrande auf seinen Mais- und Getreidefeldern, während er zur Winterszeit sich kaum gegen die eisige Kälte zu schützen vermag. Das Leben in den Prärien von Nebraska ist ebenso hart und freudlos wie in den Prärien von Texas, wenn es andererseits auch weit mehr Anziehungskraft besitzt als das Leben der Bewohner in den Bergwüsten.

Die beiden größten Plätze in Nebraska sind die Städte Omaha und Lincoln, von denen die erstere etwa 140000, die andere etwa 60000 Einwohner zählt. Nähert man sich der Stadt Omaha, die nur noch in einer Seehöhe von 1050 Fuß liegt, so bemerkt man an ihrer Westseite ein mäßig sich erhebendes Plateau, dessen Terrassen und Abhänge mit Maispflanzungen bedeckt sind. Von der Hügelkette aus hat man einen Ausblick auf die Häusermassen der Stadt, doch kann man den dicht am Ostende derselben vorbeifließenden Missouristrom wegen den ihn einschließenden Dammbauten nicht erblicken. Von Omaha aus, das eine lebhafte Industrie hat in Schmelzwerken, Maschinerien, Brauereien und Destillerien, Wagenfabrikation usw. und besonders durch seine Schlachthäuser, die nur von denen von Kansas City und Chicago übertroffen sind, berühmt ist, führen drei mächtige eiserne Brücken über den Missouri, von denen zwei dem Eisenbahnverkehr und eine dem Privatverkehr dient, nach dem am gegenüberliegenden Ufer liegenden Council Bluffs, das bereits dem Staate Jowa (Hawkeye State) angehört.

Im Staat Jowa treten wir in den engeren Gürtel der Maiszone ein. Die Niederlassungen werden jetzt häufiger, die einzeln stehenden Farmgebäude treten näher aneinander, die Verkehrsbedingungen werden günstiger und insbesondere auffällig werden die vielfachen Verzweigungen und Verästelungen der Eisenbahnsysteme. Obgleich die Maiskultur dominiert, so stellen auch die übrigen Ackerbauproduktionen ein starkes Kontingent, neben denen auch die Viehzucht intensiv betrieben wird. Wie im östlichen und mittleren Nebraska, so sind auch in Jowa viele Ansiedler europäischer Abstammung zu beobachten und nicht zum geringsten ist das Deutschtum, besonders Norddeutsche vertreten.

Im Staat Jowa bemerkt man noch jene wertvollen Überreste und Verwandlungsprodukte der Kryptogamen aus dem Steinkohlenzeitalter, nämlich Kohlenbecken oder Kohlenflöze, die sich von hier aus ostwärts bis zum Alleghanygebirge fortsetzen und besonders im zentralen Illinois, in Indiana, Westvirginien und in überaus reichen Lagern im Staate Pennsylvanien sich finden.

Nach dem Überschreiten des Missouristroms treten wir aus dem Präriegebiet, soweit es im engeren Sinne des Worts begriffen wird, in die Zone des Ackerbaues ein, wo die landwirtschaftlichen Produktionen ein reichhaltigeres Bild ihrer Entwicklung zeigen als in den einförmigen Grasprärien und in Verbindung mit den jetzt mächtig und mächtiger hervortretenden Erwerbsfaktoren der industriellen Produktion und des Handels den ökonomischen Lebensbedingungen der Menschen eine geänderte und mehr vielgestaltige Form geben.

Drittes Kapitel.

Onkel Sam.

Die moderne nordamerikanische Republik ist eine Plutokratie, aus welcher der alte echte demokratische Geist, wie er die Gründer der Republik beherrschte, völlig entschwunden ist. Aus einem anfänglich wirklich von einem demokratischen Geiste getragenen Gemeinwesen hat sich infolge der Entwicklung der politischen und ökonomischen Verhältnisse das nordamerikanische Staatswesen zu einem konservativ-plutokratischen fortgebildet, worin das demokratische Banner nur noch als Aushängeschild dient, hinter dem eine wahre demokratische Gesinnung nicht mehr zu finden ist. Die Anstifter und Gründer der Republik, wie George Washington, Ben Franklin, Thomas Jefferson, Samuel Adams u. a. waren gewiß von dem Wunsche beseelt, in ihren neuen Landen ein Gemeinwesen zu gründen, worin sowohl ein politischer wie ökonomischer Rechtszustand Platz greifen soll. Auch war es gewiß nicht einseitiger Haß gegen den Druck und die Besteuerung des Mutterlandes, das die damaligen amerikanischen Kolonien bewog, ihren Abfall von England ins Werk zu setzen, sondern es stak auch ein Stück Idealismus in jenen Bestrebungen, die zum Bruch mit England führten. Man wollte den Grundstein legen zu Verhältnissen, wie sie Europa neu waren. Man wollte durch Errichtung neuer, selbständiger Staatengebilde der Welt ein Beispiel geben, wie ein Volk, wenn es ihm nur an gutem Willen und Entschlossenheit nicht fehlt, aus eigener Kraft imstande ist, sich selber zu regieren, d. h. sich selber Gesetze zu geben, es also fürderhin einer Bevormundung seitens privilegierter Machtgrößen nicht mehr bedürfe. Die Verhältnisse waren dem kühnen Unternehmen in einer Zeit, die von idealen Bestrebungen durchweht war, überaus günstig, und überall in den Kolonien fand der Gedanke, ein autonomisches Staatswesen (self governement) zu gründen, begeisterten Widerhall. England machte auf die Dauer keine ernsthaften Versuche, die abtrünnig gewordenen Kolonien wieder in seinen Interessenkreis hereinzuziehen und anerkannte die Unabhängigkeit als vollendete Tatsache an. Die damaligen nordamerikanischen Kolonien wurden ein eigenes, von fremden Machteinflüssen unabhängiges Gebiet, das sich selber eine Verfassung (constitution) und selber Gesetze (laws) gab.

Seit der Gründung der Republik sind an fünf Vierteljahrhunderte verflossen und während dieses Zeitraums haben die Verhältnisse merkwürdige Veränderungen erfahren. Aus den dreizehn Staaten, die zu Zeiten der Gründung der Republik bestanden haben, hat sich ein Gebiet von 45 Staaten und drei Territorien entwickelt, wovon jeder einzelne Staat resp. jedes Territorium seine eigene Gesetzgebung und Verwaltung hat. Die Einzelregierungen der Staaten (State governements) sind in Fragen der inneren Politik, Gesetzgebung und Verwaltung von der Washingtoner Bundesregierung (Federal governement) in keiner Weise abhängig, während hingegen die Bundesregierung in einigen von der Bundesverfassung (Federal Constitution) näher bezeichneten Fragen und Punkten allein maßgebend ist. Dazu gehören Fragen der äußeren Politik, Kriegswesen, Handelsverträge, Postwesen u. a. Da es den Einzelstaaten überlassen worden ist, an Stelle der alten vorhandenen neue Gesetze einzuführen, Amendements (Ergänzungen, Gesetzesverbesserungen und Gesetzesverschlechterungen) einzubringen, so konnte es nicht ausbleiben, daß in diesen nahezu halb hundert Einzelstaaten eine Menge neuer Gesetze auftauchte, die in ihrem Geist und in ihren Bestimmungen nicht bloß untereinander sich widersprachen, sondern auch nicht mehr im Geiste der ursprünglich entworfenen Bundesverfassung waren.

Nur in einigen wenigen, zum Teil wichtigen Verordnungen oder Bestimmungen hat die Bundesverfassung keine Änderung zugelassen, weder von seiten der Bundesregierung noch von seiten der Staatsregierungen. Diese Punkte betreffen die Freiheit der Religion, der Rede und der Presse.

Wenn man das moderne amerikanische Leben beobachtet, so ist nicht zu verkennen, daß von der einst berühmten nordamerikanischen Bundesverfassung (Federal Constitution), die lange Zeit das Ideal der europäischen Fortschrittsmänner war, nur noch der Name und die Form übrig geblieben ist, während der Geist der Verfassung der Bevölkerung in ihrem Handeln wie Denken vollständig entschwunden ist. Im Fortgang der Entwicklung und der Zeiten ist eine Unzahl von Gesetzesbestimmungen, Verordnungen, Verfügungen erlassen worden, die tatsächlich den Einfluß der alten Gesetzesbestimmungen, wie sie in der Bundesverfassung niedergelegt waren, null und nichtig machten. Daher hat für die Mehrzahl der Bevölkerung — für die proletarische Welt — die alte Verfassung kein Interesse, weil sie ihr nichts mehr zu bieten hat; für den kleineren Bruchteil der Bevölkerung — für die reiche und gleichzeitig gesetzgebende Welt — hat sie keinen Reiz mehr, weil sie mit ihren modernen Begriffen und Anschauungen nicht mehr im Einklang steht. Die Zeiten haben sich eben geändert und mit ihnen die Anschauungen der Menschen. Der moderne Amerikaner ist kein Typus mehr der Rasse seiner Ahnen, nur ein Typus der in einer neuen Begriffswelt lebenden Rasse. Der alte Benjamin Franklin, ein ewiges Muster eines einfachen und ehrbaren Charakters, würde im modernen Amerikaner seine Nachkommen nicht mehr erkennen, wie er überhaupt über den Fortschritt der amerikanischen Zivilisation sehr enttäuscht sein würde, ebensowenig würde der „up to date“ Amerikaner einen Gefallen oder ein Interesse an der Denkungsart seines Vorfahren finden. Es würden sich in diesem Falle die Auffassungen zweier Repräsentanten ganz verschiedener Begriffswelten begegnen, die nur noch im Namen und der Sprache ihre gemeinsame Abstammung verrieten.

Das moderne nordamerikanische Leben ist gekennzeichnet durch die großen Gegensätze von Reichtum und Armut, durch das Fehlen eines jeglichen Idealismus und durch einen krassen, alle Rücksichten wegwerfenden Egoismus. Ist die erste Erscheinung eine spezifisch ökonomische, so betreffen die beiden anderen die ethischen Seiten des Lebens. Was den Idealismus im besonderen anbelangt, so fehlt er dem Urtypus des Landes, nämlich dem Yankee, völlig, und auch dem eingewanderten und dort sich niederlassenden Fremden, der noch etwas Idealismus mitbringt, kommt er bald notwendig abhanden, da er keinen anderen Ausweg sieht, wenn er sich sein Fortkommen sichern will. Der Eingewanderte wird in kurzer Zeit in seiner Denk- und Handlungsweise ebenso bloß auf das rein Materielle hingewiesen, wie es dem eingeborenen Amerikaner schon von Jugend auf eingegeben ist, und er wird bestrebt sein müssen, die amerikanische Denk- und Handlungsweise sobald als möglich sich zu eigen zu machen, wenn er nicht ausgeschaltet werden will. Die Jagd nach dem Gelde, die verderbliche Sucht nach Reichtum wird auch dem sich ansässig machenden Fremden als einziges Lebensprinzip zu gelten haben. Der Mangel des Amerikaners an Interesse für Ideale und an Verständnis für reale Lebensgenüsse kann als Ursache wie als Wirkung des ihn voll beherrschenden Egoismus angesehen werden. Beide bedingen sich gegenseitig, und der Egoismus, d. h. die eigene Wertschätzung, verbunden mit der Nichtachtung anderer Interessen, wird proportional verlaufen mit der Geringschätzung aller Bestrebungen, die nicht auf das Pekuniäre oder Materielle gerichtet sind. Der Egoismus ist dem amerikanischen Leben so eingewurzelt, daß er ihm als oberstes Moralprinzip gilt, neben dem die althergebrachten Begriffe von Moral keine Anerkennung haben. Die europäischen Begriffe von Moral, Charakter, Selbstbewußtsein sind dem Amerikanertum fremd. Seine Moralgrundsätze liegen auf entgegengesetztem Gebiete. In Nordamerika ist die wahre Moral diejenige, die zu Geld und Reichtum führt; welche Wege dabei zur Erreichung dieses Zieles eingeschlagen werden, ist ganz nebensächlich. Die Hauptsache bleibt, daß der

Zweck selbst erreicht wird. In diesem Zeichen des Egoismus, dem auch der letzte Hauch idealistischen Schimmers genommen ist, steht das amerikanische Leben, sei es nun in der Prärie oder in der Weltstadt.

In einem Gebiete wie das nordamerikanische, das besonders in seinen östlichen Teilen große natürliche Hilfsquellen besitzt, war für die ersten Kolonisten, sofern sie über einiges Kapital verfügten, reichlich Gelegenheit vorhanden, bei Umsicht, Fleiß und Tatkraft bald zu Ansehen und Wohlstand zu gelangen. Nicht minder war in seiner Weise der einfache Eingewanderte, der nur über seine Geschicklichkeit und Arbeitskraft verfügte, in die günstige Lage versetzt, für seine Leistungen entsprechende Einkünfte zu erzielen. Der Arbeitslohn zu den Anfängen und von da eine größere Periode hindurch war hoch, weil erstens die Nachfrage nach Arbeit das Angebot derselben überwog, zweitens weil die drückende Konkurrenz innerhalb der Kreise des Unternehmertums, die den Arbeitslohn eminent ungünstig beeinflußt, noch mangelte, und drittens endlich, weil die Unternehmer infolge des niederen Standes der Produktionskosten, soweit sich diese auf Gewinnung der Rohstoffe und der Erwerbung von Ländereien bezogen, unbedenklich der Arbeit eine angemessene Entschädigung zugehen lassen konnten. Diese Zeiten waren auch günstig für die Geld darleihenden Kapitalisten, denn der Zinsfuß, d. h. die Vergütung für die ökonomische Verwertung von Darlehen, war hoch, weil die Gelegenheit zur Nutzbarmachung von Geldkapitalien groß war, wobei jedoch nicht abzustreiten ist, daß das Risiko der Geldverleiher bei der Höhe des Zinsfußes mitsprach und somit ein Teil desselben als sog. Assekuranzprämie erschine. Daß die Bewegung des Arbeitslohnes ein ähnliches Verhältnis zeigte wie die Bewegung des Zinsfußes, wies darauf hin, daß beide den gleichen ökonomischen Gesetzen unterliegen.

Angesichts eines hohen Standes des Arbeitslohnes und des Zinsfußes waren zu Beginn der nordamerikanischen Kolonisation markante Gegensätze in den Lebensverhältnissen nicht zu bemerken, schon deshalb nicht, weil die gesamte Lebensweise der

Bevölkerungsteile nicht auffällig differierte. Die den modernen Zeiten so bekannten Erscheinungen von Reichtum und Armut waren den alten Kolonisten fremd, und noch weniger bekannt waren ihnen die Auswüchse, die in der Folge die unverhältnismäßig große Ungleichheit in der Güterverteilung zeitigte.

Hätte der ökonomische Zustand, wie er sich anfänglich herausentwickelte, fortgedauert, und wäre die Entlohnung der Arbeit mit dem Gewinn aus den landwirtschaftlichen und industriellen Unternehmungen gestiegen, wäre also der Gewinnprozentsatz der Arbeit mit dem Gewinnprozentsatz des Kapitals in gleicher Weise fortgeschritten, so wäre dieser Zustand immerhin ein erträglicher gewesen, und Kapital und Arbeit hätten vereint in ersprießlicher Weise am Ausbau der amerikanischen Kultur mitwirken können. Dieser ökonomische Zustand war indes von verhältnismäßig nur kurzer Dauer und wich bald einem anderen Zustand der Dinge, indem die Verhältnisse beider zugunsten des Unternehmertums mehr und mehr verschoben wurden. Solange der Spielraum der Erwerbstätigkeit im nordamerikanischen Gebiete sozusagen ein unbegrenzter war, hatte die Arbeit ein großes Feld ihrer Betätigung, indem sich dem produktiven Kapital immer neue Gebiete zu seiner Nutzbarmachung oder Investierung eröffneten. Eine Änderung trat zuerst in den älteren und mehr besiedelten Teilen des Ostens ein, indem durch das Anwachsen der ansässigen Bevölkerung wie durch die ununterbrochene Neueinwanderung vom Auslande die Nachfrage nach Arbeit sich zusehends verringerte, was seinen letzten Grund darin hatte, daß der Boden keine Vermehrung ertrug und die produktive Kapitalverwendung mit der wachsenden Bevölkerungszahl nicht Schritt hielt. Zu der ungünstigen Lage, in die mehr und mehr die Arbeit gedrängt wurde, trat auch ein Mißstand für die neuankommenden Unternehmer ein, indem die alten, erstansässigen Bodeneigentümer und Unternehmer infolge der Verringerung des Erwerbsfeldes in die vorteilhafte Lage kamen, die Verwertung ihres Eigentums durch fremde kapitalkräftige Personen dadurch für sich auszunützen, daß sie eine neue Art Einkünfte — genannt Rente — aus diesen den fremden Personen überlassenen Ländereien und Produktionsmitteln für sich beanspruchten und sich hierdurch eine neue Lebensposition schufen. Mit der Entstehung der Rente tauchte in diesen neuen Kolonien eine ganz neue Einkommensform am Horizonte des ökonomischen Lebens auf. Diese Rente konnte in der Form einer landwirtschaftlichen oder Bodenrente, wie sie aus der Verpachtung von Ländereien resultiert, oder in der Form von Mieten, die auf die Benützung gewerblicher Unternehmungen oder Wohnplätze gesetzt waren, auftreten. Aber all diese verschiedenen Rentenbezüge stellten kein Einkommensteil dar von der Natur des Arbeitslohnes oder Zinses, ja diese Einkünfteform stand sogar in einem diametralen Gegensatz zu den beiden anderen Einkünfteformen: denn während der Arbeitslohn als eine Vergütung für wirklich geleistete Arbeit gilt, und der Zins dafür bezahlt wird, daß ein Darlehen zu einem wirtschaftlichen Unternehmen, d. h. zur Nutzbarmachung produktiver Kräfte aufgenommen worden ist, so resultiert der Einkommensteil der Rente weder aus einer Leistung, wie der Arbeitslohn, noch ist ihm ein Ursprung eigen, wie dem Zins, sondern er entsteht aus einer für das ursprüngliche Besitztum — und nur für dieses — günstigen Entwicklung wirtschaftlicher Verhältnisse, worin eine gewisse Volksdichte und intensive Volkswirtschaft die Hauptfaktoren spielen. Durch das Entstehen der Rente wurden die Verhältnisse für die bloße Arbeitskraft ungünstig und ungünstiger, und auch der Kapitalist konnte von seinen Darlehen nicht mehr denselben Gewinn erwarten wie zu den Anfängen der Kolonisierung, weil eine hohe Vergütung für ein geliehenes Kapital auch eine gewinnbringende Anlage voraussetzt. Denn die Inhaber von Besitztiteln resp. die Rentenempfänger heimsten den Löwenanteil ein und beeinträchtigten nicht nur die Einkünfte des mit fremdem Kapital arbeitenden Unternehmers, sondern auch den Geldgeber und nicht zum geringsten die wirtschaftliche Arbeit selbst. So gestaltete sich bei dieser Entwicklung des Zustandes der Dinge die Lage des Boden- und Grundbesitzers, der, inmitten einer bevölkerten Gegend mit entwickelter Industrie und

Landwirtschaft stehend, alle Vorteile eines in der Entwicklung begriffenen Gemeinwesens auf Grund seiner ökonomischen Rechtstitel für sich beanspruchen konnte, überaus günstig. Der gesteigerte Wert seines Besitztums verschaffte ihm nicht nur bedeutende Einkünfte, sondern er war auch ein gefürchteter Konkurrent für Unternehmer wie Neuansiedler, die nicht mehr unter den alten Bedingungen sich eine Existenz verschaffen konnten.

Dieser Umstand, nämlich die Verteuerung aller Lebensverhältnisse durch die Entstehung der Rente, hatte, so paradox es auch erscheinen mag, den Vorteil, daß die Urbarmachung und Besiedlung der nordamerikanischen Gebiete schneller vor sich ging, als dies sonst der Fall gewesen wäre. Kapital und Arbeit hatten, sofern sie nicht durch besondere Verhältnisse festgelegt waren, nicht notwendig, in den östlichen schon stark bevölkerten Distrikten zu verweilen, um für Rente zu arbeiten, sie hatten noch ein großes, unbesiedeltes und anbaufähiges Gebiet vor sich, und so wanderten sie aus und zogen westwärts, um sich ein mehr gewinnbringendes Feld ihrer Betätigung zu suchen. Sowohl einheimische Arbeitskräfte und Kapitalisten als auch eine große Menge Einwanderer mit einigem Kapital wandten sich den südwestlichen, westlichen und nordwestlichen Teilen der Union zu, um in den neu erschlossenen oder erst noch zu erschließenden Gebieten sich niederzulassen und eine Heimstätte zu gründen. Zu dem Momente, seine Arbeit oder sein Kapital gewinnbringender zu verwerten, trat noch das Bestreben, ein eigenes, selbständiges Heim zu gründen, was für Leute von keinem oder nur geringem Kapital in den bevölkerten Ostdistrikten schwierig und schwieriger wurde. So schob sich die Bevölkerung zonenweise in westlicher, und ausbreitend in südwestlicher und nordwestlicher Richtung bis gegen die Felsengebirge hin fort, wo natürliche Schranken dem Fortschritt des Prozesses Einhalt geboten. Was die Pioniere der nordamerikanischen Kultur bewog, über den breiten Kamm dieses Wüstengebirges zu ziehen und die noch in völliger Wildnis liegenden Gebiete von Kalifornien, Oregon und Washington zu besiedeln, war in erster Linie nicht um der Urbarmachung willen, wie sie eine ackerbautreibende Bevölkerung erstrebt, sondern die Kunde von reichen Goldfunden im äußersten Westen, was dann, als die erschlossenen Goldminen zur Neige gingen, allerdings zur Besiedlung und Urbarmachung der fruchtbaren Niederungen von Kalifornien, Oregon und Washington führte. Aus den goldsuchenden Abenteurern wurde in der Folge eine seßhafte, ackerbau- und gewerbetreibende Bevölkerung. Dieser Prozeß der Fortbewegung von dicht bevölkerten Gegenden in schwach besiedelte hält noch an. Wie bemerkt, sind es neben frischen Einwanderern auch Einheimische und darunter längst ansässige Grundeigentümer und gewerbliche Unternehmer, die sich aufmachen und dem Westen zusteuern. Der Grund hiervon ist leicht einzusehen: Manche dieser Eigentümer, auch wenn sie schon Rentenempfänger waren, ebenso auch Unternehmer sind infolge Unwirtschaftlichkeit, äußerer Unglücksfälle, verfehlter Spekulationen u. dgl. in finanzielle Schwierigkeiten geraten und suchen nun unter weniger schwierigen ökonomischen Bedingungen das Leben von neuem zu beginnen, um auf diese Weise in ihre alten günstigen Verhältnisse zurück zu gelangen. Daß diese Wanderungen von Osten nach Westen unter den alten und neuen Ansiedlern Nordamerikas einmal ihr Ende erreichen, ist augenscheinlich. Eng und enger ziehen sich die Grenzen dieser Bewegung, und schon ist der bei weitem größte Teil des Bodens, dessen Kultivierung noch Gewinn verheißt, in festen Händen oder nur unter großen Opfern zu erstehen. Ländereien, die noch um einen Spottpreis zu haben sind, unterliegen der Mißgunst der Natur, und ist daher die Arbeit und das Kapital, die darauf zu verwenden wären, nicht mehr gewinnbringend genug, um jemanden zur Besiedlung zu veranlassen.

Während in den mittleren Teilen der Union und im äußersten Westen die Kolonisierung begann und die Gewerbe in dem Umfange sich entwickelten, wie es dem nächsten Bedürfnis der Kolonisten entsprach, entstanden in den Oststaaten neben der landwirtschaftlichen Produktion die verschiedenen Unternehmungsformen, wie Groß- und Kleingewerbe, Groß- und

Kleinhandel in größtem Umfang und in rascher Aufeinanderfolge. Nachdem der Ackerbau einmal die Grundlage geschaffen hatte, auf der der weitere Ausbau der Kultur sich vollziehen konnte, traten nicht bloß gewerbliche Unternehmungen ins Leben, die mit der landwirtschaftlichen Produktionsform in irgendwelcher ökonomischen Beziehung standen, sondern es kamen mit dem ökonomischen Fortschritt eine Menge Industrien auf, die ihren Ursprung der Entwicklung gesteigerter und verfeinerter Bedürfnisse verdankten. Natürlich ging diese Nachfrage nach Gegenständen, die den Charakter des Luxusartigen trugen, von seiten der reicheren Bevölkerungsklassen aus, während das Gros der Bevölkerung sich auf den Genuß notwendiger Bedarfsartikel beschränkt sah. Infolge ihrer vorteilhaften ökonomischen Positionen konnten die Inhaber von Boden und Produktionsmittel, sofern sie nur ihre günstige Lage auszunützen verstanden, rasch große Vermögen zusammenraffen und zu eigenem Vorteil verwenden. Ihre Einkünfte konnten in Rente bestehen, die sie aus Landverpachtung oder aus Vermieten von Geschäfts- und Wohnungszwecken dienenden Baulichkeiten oder aus Gewinnanteilen von gewerblichen Unternehmungen in der Form von Dividende bezogen. Ihre Verhältnisse wurden bei der fortschreitenden Entwicklung des Gemeinwesens günstig und günstiger, so daß ihnen große Reichtümer aus der produktiven Arbeit des Gemeinwesens zufielen. Der ökonomische Fortschritt hatte indessen für das Kleingewerbe, sowie für die einfache Arbeitskraft im ganzen wenig Vorteil, in vielen Fällen sogar Nachteil, da durch die Ausbreitung und größere Intensität der Produktion der greifbare Nutzen augenscheinlich nur den Inhabern großen Besitztums zuteil wurde. Die Entlohnung der einfachen Arbeitsleistung oder der Arbeitslohn stieg nicht im Verhältnis zur vermehrten Produktivkraft des Landes, ja er zeigte sogar in seinem Größenverhältnis wie in seinem Austauschwert eine rückschrittliche Tendenz. Ebensowenig war ein Vorteil für das Kleingewerbe aus der Entwicklung des Gemeinwesens ersichtlich, weil das Großgewerbe sowohl bei der Fabrikation als beim Warenverkauf unter günstigeren ökonomischen Bedingungen arbeitete und so ein gefährlicher und überlegener Konkurrent des Kleingewerbes wurde.

Trotz der relativ ungünstigen ökonomischen Lage der Mehrzahl der Bevölkerung entstanden doch in diesen neuen Kulturländern an einzelnen Punkten, die in geographischer und kommerzieller Hinsicht manche Vorteile hatten, die ohne Konkurrenz waren, große Niederlassungen oder Städte, in denen wie in einem Brennpunkte alle Lebensäußerungen zusammenliefen. Indessen der merkwürdige Gang der ökonomischen Verhältnisse trat in diesen Plätzen, nachdem sie einen großstädtischen Charakter angenommen hatten, noch viel sichtbarer zutage, als in den Tagen ihrer Entstehung oder in kleinen Ansiedlungen. Die Scheidung von Reichen und Armen ward hier jedermann deutlich sichtbar, wenn auch wegen der verschlungenen und komplizierten Lebensformen Ursache und Wirkung nicht mehr so leicht zu erkennen war wie im Anfange der Entwicklung.

Daß zur Bildung von Großstädten und überhaupt von Verkehrszentren gewisse, dieser Entwicklung günstige Bedingungen vorhanden sein müssen, ist unbestreitbar. Wenn jemand fragen wollte, welche Umstände oder welche Faktoren zur Entstehung der großen Industriestädte in den mittleren Teilen der nordamerikanischen Union mitgewirkt haben, so müßte ihm in erster Linie die Antwort zukommen, daß die landwirtschaftliche Produktion, vorab der Maisbau, in Verbindung mit ausgedehnten Viehzüchtereien die Grundlage schufen, auf der späterhin jene großen Ansiedlungen entstanden. Durch ihre eigentümliche geographische Lage waren diese Plätze für ein Verkehrszentrum günstig, indem die umwohnenden Produzenten ein vorteilhaftes Absatzgebiet für ihre Produkte erhielten. Ein so großes, eng zusammenhängendes Gemeinwesen stellte einen Mittelpunkt dar, dem die in dessen Umkreis liegenden produktiven Kräfte ihre Produkte als einem willkommenen Absatzmarkt zuführten und das ihnen gleichzeitig eine wertvolle Bezugsquelle für Gegenstände aller Art galt. Durch den sich mehr und mehr entwickelnden Transportverkehr zu Wasser und zu Lande erweiterte sich die Wirksamkeit der betreffenden Städtezentren, die unter Umständen sich auf fern gelegene Gebiete erstrecken konnte. So verdankt Kansas City, Missouri, einer günstigen kommerziellen Lage seine staunenswerte rasche Entwicklung. Am Missouristrom gelegen, und zwar an der Krümmung, von wo er von seinem bisher südlich gerichteten Lauf ostwärts abbiegt, dem Güterumsatz von Norden wie von Süden, zu Wasser und zu Lande ein günstiges Absatzfeld bietend, war Kansas City auch den östlich und westlich hiervon gelegenen Produktionsgebieten ein günstiger Verkehrssammelpunkt. Die Viehzüchter des Westens wie die Maisbauern und Getreidebauern der östlich davon gelegenen Bezirke fanden in Kansas City einen Marktplatz, auf dem sie für ihre Produkte stets willige Käufer fanden. Ähnliche Faktoren wirkten bei der Entstehung und raschen Entwicklung der Städte St. Louis, Cincinnati und Chicago mit. St. Louis, am Mississippistrom, unweit der Einmündung des Missouri in den Mississippi, wurde besonders dadurch von Bedeutung, daß es in der Mitte des Mississippitales (Mississippi Valley) gelegen, ein wichtiger Durchgangsverkehrspunkt zwischen Osten und Westen und von Norden nach Süden wurde und im letzteren Falle die natürliche Zentrale sowohl für Landverbindungen als für den Verkehr zu Wasser. Cincinnati am Ohioflusse und am verkehrsreichen Miamikanal, inmitten einer industriellen und an landwirtschaftlichen Produkten reichen Gegend, entwickelte sich unter ähnlichen Verhältnissen, während Chicago, an der Südostspitze des Michigansee gelegen, durch seine überaus vorteilhafte Lage als Durchgangstor des Nordwestens und Ostens für „ranchers“ sowohl wie für Ackerbauern und Handeltreibende der günstigste Stapelplatz des Nordwestens wurde. Chicago, vor allem merkwürdig durch eine Bevölkerungszunahme ohnegleichen — denn während es zu Mitte des 19. Jahrhunderts nicht viel über 20000 Einwohner zählte, wird seine Einwohnerzahl zurzeit auf rund zwei Millionen geschätzt, worunter unter anderen sämtliche europäische Nationalitäten vertreten sein dürften — schwang sich im Fortschritt seiner Entwicklung zur ersten Industrie- und Handelsstadt des Nordwestens empor, seine Rivalinnen Kansas

City, St. Louis und Cincinnati weit überflügelnd. Gleichzeitig ist es gegenwärtig der erste Eisenbahnknotenpunkt (railway centre) Nordamerikas: nicht weniger als 22 große Eisenbahnsysteme münden in Chicago ein, um den Verkehr, der sich in der Richtung von und nach Chicago abspielt, zu bewältigen.

Auf dem großen Wege von Chicago nach San Francisco (Entfernung 2400 engl. Meilen = 3840 km) sind, wenn wir von Kansas City absehen, nur noch zwei Städte als Verkehrszentren von Bedeutung: nämlich Omaha in Nebraska und Denver in Kolorado. Beide Städte verdanken ihre kommerzielle und industrielle Entwicklung günstigen natürlichen Bedingungen wie die vorgenannten Städte, doch ist ihre geographische Lage nicht mehr in gleichem Grade vorteilhaft. Zwar liegt Omaha noch innerhalb großer Produktionsgebiete und eines reich gegliederten Verkehrssystems, aber der Verkehr und die Produktionszone gegen Westen hin kann sich an Umfang und Intensität mit den östlich davon gelegenen Gebieten und Industrieplätzen nicht mehr messen. Die gegen Westen, Nord- und Südwesten sich von hier aus ausbreitenden Prärien stehen an Produktionskraft um ein Bedeutendes hinter den östlich davon gelegenen Bezirken zurück, außerdem ist das südlich davon gelegene Kansas City eine scharfe Konkurrentin. Was die Stadt Denver in Kolorado anbetrifft, so haben die in der Umgebung liegenden reichen Minen den Hauptanteil an ihrer Entstehung und ihrem raschen Wachstum gehabt. Dazu tritt der Umstand, daß Denver einen Durchgangspunkt bildet für den Verkehr von den Nordstaaten Montana, Dakota und Wyoming nach dem Süden hin und ebenso einen Verbindungsweg nach den Pacificstaaten hin. Denver ist der bedeutendste Platz am Ostabfall der Felsengebirge, wo sich außer den schon wesentlich kleineren Orten wie Cheyenne in Wyoming, Pueblo in Kolorado und Albuquerque in Neu-Mexiko keine nennenswerten Niederlassungen mehr finden. Die Ansiedlungen im Bereiche der Felsengebirge sind teils auf die Entdeckung von Minen, teils auf vereinzelt sich findende wasserhaltige Niederungen zurückzuführen, wobei zu erwähnen ist, daß eine große Anzahl dieser

Bergdörfer und Bergstädtchen erst nach Legung des Schienenwegs entstanden ist, somit der Eisenbahnbau der unmittelbare Veranlasser dieser kleinen Gemeinwesen war. War auch die Legung eines Schienenwegs über diese unwirtlichen Regionen in erster Linie zu dem Zwecke geschehen, die innerhalb des Rayons der Bahnsysteme liegenden, zum Teil reichhaltigen Kohlen-, Blei-, Kupfer-, Silber- und Goldminen zu erschließen und nutzbar zu machen, war sie also in erster Linie zu spekulativen Zwecken geschehen, so hatte sie auch eine zivilisatorische Bedeutung, indem sie zur Gründung vieler kleinen Kolonien den Anstoß gab. Außerdem hatten die Eisenbahnunternehmer bei dem Bau der Pacific-Bahnen mit den Faktoren gerechnet, daß eine Verbindung des Ostens mit den fruchtbaren Talgründen am Westabfall der Felsengebirge, wo günstige klimatische und ausgezeichnete Bodenverhältnisse ein der östlichen Ackerbaukultur gleichkommendes Wirtschaftsleben in Aussicht stellten, nicht bloß zur Steigerung des Verkehrs nach dem Westen hin beitragen werde, sondern daß auch in der ökonomischen Entwicklung der Ländergebiete entlang des Stillen Ozeans, vor allem der Produktionsgebiete Kalifornien, Oregon und Washington, für sie die Perspektive sich eröffnete, große pekuniäre Vorteile, insbesondere aus Rückfrachttaxen, für ihr Unternehmen zu erzielen. Gegenwärtig kreuzen im Gebiete der nordamerikanischen Union fünf Schienenwege die Felsengebirge: Die nördliche Pacific-Bahn zwischen Helena in Montana und Portland in Oregon, resp. Seattle in Washington; die Union Pacific-Bahn zwischen Cheyenne und Sakramento[26], die Denver- und Rio Grande-Bahn zwischen Denver — Pueblo und der Salzseestadt; die Santa Fé-Bahn zwischen Albuquerque und San Bernardino, und endlich die Südpacific-Bahn zwischen El Paso und Los Angeles. Als letzte Zielstation gilt all diesen Eisenbahnverbindungen, ob sie nun den nördlichen, mittleren oder südlichen Kamm der Felsengebirge durchziehen, die Stadt San Francisco, die für die Pacificküste in bezug auf Handel und Verkehr eine ähnliche Bedeutung erlangt hat wie die Stadt Neuyork für die atlantische Küste. Neben San Francisco spielen an der Pacifickküste nur noch Portland und Seattle, insbesondere als Exportplätze für Holz und Getreide, eine nennenswerte Rolle. In diesen wenigen verkehrsreichen Städten im äußersten Westen bemerken wir ein letztes Aufleuchten der nordamerikanischen Kultur, die hier durch das größte Wasserbecken der Erde von der starren, unbeweglichen Kultur Asiens getrennt ist. Hierdurch ist schon angedeutet, daß der Stille Ozean oder die Südsee nicht dieselbe Bedeutung hat wie das große atlantische Meeresbecken, das Amerika von Europa trennt. Denn während dieses ein bedeutsamer Verbindungsweg ist zwischen den bis jetzt relativ am weitesten vorgeschrittenen Völkerrassen und ein natürlicher Austauschweg für ihre geistigen wie materiellen Errungenschaften, stellt die Südsee eine Scheidewand dar zwischen einer mehr vorgeschrittenen und einer stagnierenden und langsam in Fäulnis übergehenden Kultur dar.

Wenn auch die nordamerikanische Kultur eine große Beweglichkeit in ihren Formen und Äußerungen zeigt und daher keineswegs mit den rückständigen indischen und chinesischen Kulturen in Vergleich zu bringen ist, so haften dieser Kultur doch so viele Mängel an, daß sie die Vorzüge, die ihr eigen sind, weit überwiegen. Der Kardinalfehler der amerikanischen Bevölkerung besteht darin, daß ihre Bestrebungen nur auf das rein Materielle gerichtet sind unter nahezu völliger Vernachlässigung aller Bestrebungen, die ihre Wurzeln in idealen und humanitären Anschauungen haben. Das amerikanische Leben geht auf höchstmögliche Steigerung des Triebes nach materiell greifbaren, nicht eines solchen nach geistigen Gütern und Errungenschaften aus. Diese Tatsache ist in all ihren geistigen Produkten zu erkennen. Die amerikanische Literatur, soweit sie zur Förderung des Wissens und zur Belehrung dienen soll, steht vorwiegend im Dienste einer nach Geld und materiellen Gütern gierigen Rasse.

Betrachten wir die ersten Ansiedler Nordamerikas, so treten jene nach Gelderwerb gerichteten Sinnestriebe ganz unverhüllt hervor. Jene Abenteurer, die zu Mitte des verflossenen Jahrhunderts in Kalifornien ihr Leben einsetzten, um sich in Besitz der noch reichlich vorhandenen Golderze zu setzen, waren dermaßen vom Geldteufel besessen, daß sie alle auf geistige Pflege gerichteten Ideen verachteten und, einmal im Banne der Geldgier gefesselt, alle Rücksichten und Menschenpflichten als hinderlichen Ballast über Bord warfen. Man muß die Schilderungen von Augenzeugen oder ihrer unmittelbaren Nachkommen vernehmen, um ein richtiges Bild von dem damaligen Leben und Treiben zu erhalten. Nachdem diese ersten Abenteurer von der See aus oder zu Lande durch die großen Wüsteneien der Felsengebirge, auf welchem gefährlichen und unwirtlichen Wege eine große Anzahl den Strapazen erlag und deren im Sonnenbrande gebleichten Gebeine oft haufenweise aufgeschichtet, den nachziehenden Pionieren als Wegweiser dienten, in die kalifornischen Goldlande eingedrungen waren, war jeder nur auf seinen Vorteil und Gewinn bedacht, den zu erlangen er sich nicht scheute, seinen Gegner oder Konkurrenten oder auch seinen Mitarbeiter zu vernichten, wenn er nur damit hoffen durfte, seinem Ziele näher zu kommen. So kannte der Verwandte den Verwandten, der Freund den Freund nicht mehr. Das Menschenleben galt diesen Abenteurern nichts, und das zu erhoffende Gold war ihr alles und einziges. Wie bei all diesen Glücksrittern es zu kommen pflegt, so erreichte auch hier nur eine kleine Anzahl, durch besondere Glücksumstände begünstigt, ihr heiß ersehntes Ziel, während der größere Teil bei der Jagd nach dem Golde zugrunde ging. Gewöhnlich kamen diejenigen Personen obenauf, die, abgesehen davon, daß sie im allgemeinen vom Glück bevorzugt waren, zu ihren Unternehmungen den nötigen Mut und die nötige Entschlossenheit zeigten, dabei auf das Los ihrer Nebenmenschen nicht die geringste Rücksicht nahmen. Waren sie spekulativ genug, in den Wildnissen, also an Ort und Stelle, wo sich die provisorischen Niederlassungen zum Zwecke der Ausbeute der Minen befanden, ein Geschäft (Schenke, Lebensmittelgeschäft u. dgl.) zu errichten, das ihnen hohe Prozente abwarf und erwarben sie in der Folge festen Grundbesitz, vielleicht auf einem Platze, auf dem sich später ein Gemeinwesen rasch entwickelte, so hatten sie den Grundstein zu ökonomischen Verhältnissen gelegt, woraus ihnen in der Folge mühelos große Reichtümer erwuchsen. Im Fortgange der Verhältnisse steigerte sich mit ihren materiellen Reichtümern auch ihr Einfluß auf die Gestaltung der öffentlichen Verhältnisse: auf Politik, Religion, Gesetzgebung und Verwaltung. Durch Erwerb von wertvollem Bodenbesitz, durch Ankauf der ehemals herrenlosen Minen, durch Eignung von Transportmitteln zu Wasser und zu Lande, sowie durch Unternehmungen aller Art wurden sie und ihre Erben und Nachkommen auch arbeitgebende Mächte, die auf die persönlichen wie politischen Verhältnisse der in ihren Diensten stehenden Bevölkerungsteile großen Einfluß ausübten. Diese Besitzesmächte wurden ihre eigenen Gesetzgeber und, obgleich numerisch in Minderheit, auch die Gesetzgeber für die übrigen, die weiter keinen Einfluß mehr auf die Entwicklung der Verhältnisse hatten und, da das ehemals herrenlose Gut in Privatbesitz übergegangen war, ihr Geschick nicht mehr weiter bestimmen konnten.

Wenn wir Kalifornien bereisen, dessen ökonomischen Verhältnisse als typisch für alle übrigen Teile der Union gelten können, so machen wir die Beobachtung, daß der Boden, der industrielle Betrieb, sowie der Handel: die drei Faktoren, aus denen der Reichtum erwächst, in den Händen verhältnismäßig weniger Personen sich befinden, seien diese Personen nun ursprüngliche, zur Zeit der Ansiedlung oder späterhin glückliche Unternehmer gewesen: genug, der Reichtum des Landes in seinem überwiegenden Umfange ist im Verhältnis zur Gesamtbevölkerung an eine geringe Anzahl Leute übergegangen, denen so das Geschick des Landes anheimgefallen ist. Natürlich sind die ursprünglichen Ansiedler größtenteils zur großen Armee abgereist, aber ihre Erben haben sich in den Besitz geteilt, den sie auf Grund ihrer pekuniären Machtverhältnisse zu erweitern und zu vergrößern in der Lage sind.

Die Wahrnehmung, daß die Eigentums- und Geldmächte alle bedeutenderen ökonomischen, gewinnbringenden Positionen und mit ihnen auch die politischen Machtstellungen an sich gerissen und das Gros der Bevölkerung, das von den herrschenden Mächten durch eine unübersteigbare Kluft getrennt ist, zu abhängigen Dienstleistungen und Verhältnissen gezwungen haben, kann man in diesem der Kultur noch nicht lange erschlossenen Gebiete von Kalifornien ebensowohl auf dem offenen Lande — einzelnen Bauernhöfen und Dörfern — wie in den größeren Niederlassungen oder Städten machen. In den größeren Gemeinwesen wie San Francisco, die bis zu einem gewissen Grade ein in sich geschlossenes Produktions- und Konsumtionsgebiet bilden, treten die Gegensätze zwischen den Verhältnissen der Großbesitzenden und der Klein- resp. Nichtbesitzenden ganz auffällig hervor. Durch die Zunahme der Industrie, des Handels und der Bevölkerung in einem größeren geschlossenen Gemeinwesen steigert sich vor allem der Wert des Grund und Bodens, d. h. ein bestimmtes Areal Bodenfläche kann eine ungleich höhere Ertragsrente oder Miete abwerfen als an einem Platze von geringerer Volksdichtigkeit. Hierbei spielt auch die örtliche Lage innerhalb des Rayons der Stadt eine wichtige Rolle. Während in einzelnen Stadtteilen, wo die arbeitende Bevölkerung und die kleinen Geschäftsleute wohnen, die Mietbeträge aus Wohnungen und Geschäftslokalitäten nicht übermäßig hoch und notgedrungen sich dem Stande der Verhältnisse der Geschäfte wie der Bewohner anbequemen müssen, sind in Miete gegebene Lokalitäten in den Geschäftszentren für ihre Besitzer wahre Goldgruben, ähnlich denen, die ihre Ahnen ehemals ausgebeutet haben mögen, nur mit dem Unterschiede, daß sie noch eine mehr sichere fortlaufende Einnahmequelle bilden.

Macht man beispielsweise einen Gang durch die zwei bedeutendsten Detailgeschäftsstraßen von San Francisco, nämlich durch die Market- und Kearnystraße, so bemerkt man feine Geschäftslokalitäten in allen Branchen, ferner Hotels, Restaurants, die, wie auf den ersten Anblick ersichtlich, für ihre Besitzer geradezu erstaunliche Renten abwerfen müssen. An einzelnen solcher vermieteten Etablissements liest man oft, gewöhnlich auf der Frontseite den Namen des Besitzers. So erblickt man, um nur ein

Beispiel anzuführen, am Zeitungsgebäude des „San Francisco Call“ die anspruchslose Inschrift: „Claus Spreckels Building“. In den Einnahmen aus diesem Gebäude steckt ein Teil — wenn auch nur ein kleiner Teil — der enormen Reichtümer, die dem Spreckelschen Familienbaum zufließen. Das Gebäude selber ist 15 Stockwerke hoch, dessen letztes Stockwerk, gleichsam wie die Krone das Ganze, ein Restaurant ziert. Geht man durch die 15 Stockwerke bis zum Erdgeschoß, wo sich die Zeitungsexpedition usw. befindet, hinunter, nicht vermittelst des „lift“, sondern entlang der steinernen Wendeltreppe, so beobachtet man auf seiner Wanderung eine Menge vorteilhaft ausgenützter Bureaus (offices), deren zeitweilige Inhaber aus Doktoren, Advokaten, Kommissionären, Agenten u. dgl. sich rekrutieren und die alle ihren schweren Mietzins gewissenhaft in der Spreckelschen Schatzkammer deponieren. Ähnliche Goldgruben eröffnen sich für die Besitzer der Lokalitäten entlang der Montgomery-, der unteren Kalifornia- und der Sansomstraße, wo sich die Bank-, Kommissions-, Versicherungs- und Wechselgeschäfte und die Billetagenturen befinden.

Während nun die Inhaber der kleinen, wenig lukrativen Geschäfte gewöhnlich da, wo sie dieselben betreiben, wohnen, und der große Troß der arbeitenden und eigentumslosen Bevölkerung sich da konzentriert, wo die billigsten Mieten verlangt werden, haben die Besitzer des Grund und Bodens von San Francisco ebenso die besser gestellten Unternehmer ihre eigenen Privatwohnungen, die entfernt vom Geräusche des Tages und außerhalb des Gesichtskreises der Armut liegen und von denen manche an modernem Komfort und Luxus nichts zu wünschen übrig lassen. So sind die Golden Gate Avenue, die Van Neß Avenue, die oberen Teile der Kalifornia- und Pinestraße nebst einigen anderen von vielfach stein- oder besser „grund“reichen Leuten bewohnt, worunter von solchen, die ihre Einkünfte nicht mehr nach Tageseinnahmen, sondern nach stündlichen Einnahmen berechnen. Es soll Leute in San Francisco geben, die pro Stunde 1000 Dollars und mehr zu ihrem eigenen, unbeschränkten Verbrauch vereinnahmen. Auf solche einzelne „Auserwählte“ kommen natürlich tausend andere, die in der Stunde nichts oder nur ein paar Cents ihr eigen nennen.

Aus obigen Angaben wird man ersehen, daß diese Gemeinwesen im äußersten Westen, obgleich noch jungen Datums, bereits alle Schwächen älterer Gemeinwesen zeigen, und dies ist nicht bloß der Fall in Betracht der ökonomischen Gegensätze, sondern auch in manch anderen wirtschaftlichen Beziehungen. Wer heute nach Kalifornien kommt, um seinen Lebensunterhalt zu verdienen, oder ein Geschäft zu betreiben und gleichzeitig nicht über ein gewisses Kapital und hinreichende Geschäftskenntnisse verfügt, wird dort wenig mehr zu hoffen haben. Vollends derjenige, der nur auf seine Arbeitskraft oder Geschäfts- oder technischen Kenntnisse sich stützen kann, hat dorten für seine Zukunft nichts mehr zu erwarten. Da der meiste Grund und Boden, sofern er überhaupt noch produktiven Wert hat, monopolisiert, d. h. in feste Hände übergegangen ist, ebenso im Punkte des industriellen Betriebes das Großkapital sich aller gewinnbringenden Produktionsmittel bemächtigt hat, so steht ihm kein anderer Ausweg übrig, als seine Arbeitskraft und Geschicklichkeit gegen Lohn zu verdingen; will hingegen der neuangekommene Ansiedler mit einigem Kapital ein Geschäft oder Unternehmen gründen, so wird er bald seine Ohnmacht einsehen; denn er steht einer mächtigen Großkonkurrenz gegenüber, die mit ganz anderen Hilfsmitteln arbeitet als er und welcher er auf die Dauer nicht standhalten kann. Was für den zugezogenen Handwerker noch besonders mißlich werden kann, ist der Umstand, daß er in vielen Fällen auf seinem erlernten Gebiete überhaupt keine Beschäftigung findet und sich daher, da er nicht beliebig lange zusehen kann, gezwungen sieht, irgendeine Beschäftigung aufzugreifen, auch wenn sie mit dem, was er gelernt hat, in keinerlei Beziehung steht. Überdies sieht sich jeder, der in diese neuen Gemeinwesen an der Pacificküste kommt, einer internationalen Bevölkerung gegenüber, deren Lebensweise in bezug auf Bedürfnis und Kostenaufwand sehr verschieden ist. Dadurch steht der Neuankömmling, der an einen höheren Komfort des Lebens gewohnt ist und aus der

Ausübung seiner Arbeitskraft seine Unterhaltungsmittel bestreitet, dem weiteren Mißstande gegenüber, daß er mit tieferstehenden Rassen und Nationalitäten, die ihre Arbeitskraft billiger verkaufen, bei der Erkämpfung seines Lebensunterhalts konkurrieren muß. In diesem Völkergewimmel begegnen sich Chinesen, Japaner, Neger, Mexikaner, Spanier, Portugiesen, Italiener, Amerikaner, Deutsche, Irländer, Polen und Czechen usw., die alle verschiedene Ansprüche ans Leben erheben. Die Rassen und Nationalitäten, die an eine wohlfeile Lebensweise gewöhnt sind und daher um niedrigen Lohn sich verdingen, wie beispielsweise die Chinesen, Japaner, Neger, Polen und Czechen, drücken auf die Lohnverhältnisse der Nationalitäten, deren Lebensweise ein höheres Niveau zeigt, denn die lohnzahlenden Unternehmer ziehen billiges Arbeitspersonal vor und sind nur wenig geneigt, ihre Lohnskala den verschiedenen Ansprüchen ihrer Arbeitskräfte anzupassen. Daß die Chinesen, Japaner, Neger, Polen, Czechen u. a. im allgemeinen schlechter bezahlt sind als andere Nationalitäten, ändert an dieser Tatsache nichts; denn erstens sind die Löhne überhaupt wegen des Angebotes billiger Arbeitskräfte gesunken, und zweitens sind die Lebensverhältnisse zwischen genannten und den anderen Rassen so verschieden, daß kleine Abweichungen im Lohnbetrage den Unterschied, der in ihrer gegenseitigen Lebensweise besteht, nicht ausgleichen können. Die ökonomischen und damit auch die Lebensverhältnisse der einzelnen überhaupt sind, soweit dieselben im Arbeits- oder einem Dienstverhältnisse stehen, in diesen neu erstandenen Gebieten auf annähernd dasselbe niedrige Niveau, wie in den älteren Ansiedlungen des Ostens es wahrzunehmen ist, herabgedrückt, ohne daß irgendwelche Aussicht besteht, daß in der Folge eine Änderung in günstigem Sinne erfolgen werde. Zu diesem allgemeinen Tiefstand der Arbeitsentlohnung tritt noch das weitere Übel, daß der Arbeit in ihrer Betätigung das Element der Sicherheit fehlt. Kein Mensch, der in einem Arbeitsverhältnis steht, vermag zu sagen, ob er nicht schon in allernächster Zeit der Willkür des Arbeitgebers oder auch der Intrigue eines Nebenmannes zum

Opfer gefallen ist. Der Wechsel im Arbeitspersonal in Groß- und Kleinbetrieben, in industriellen und landwirtschaftlichen Unternehmungen ist so häufig, daß man nur noch von fluktuierenden, nicht mehr von regulären Arbeitermassen reden kann. Diese Unsicherheit in den Lebensverhältnissen erstreckt sich jedoch nicht bloß auf die arbeitende Bevölkerung im engeren Sinne, sondern auch auf die vielen kleinen Geschäftsleute, die hohe Mieten bezahlen und in ihren Einnahmen vorzugsweise auf den Erwerb der arbeitenden Bevölkerung, die deren Abnehmerin ist, angewiesen sind. Ebenso darf man nicht glauben, daß das Bureaupersonal, wie es sich in öffentlichen und privaten Betrieben findet, von einer sicheren Existenz reden kann. Dauernde Anstellungen, oder gar solche, die mit einer späteren Pensionierung verbunden sind, gibt es keine, und was insbesondere die Anstellung in kommunalen und staatlichen Unternehmungen betrifft, so sind die betreffenden Beamten der Gefahr ausgesetzt, daß ein Wechsel im politischen Regime auch einen Wechsel in der Besetzung der verschiedenen Ämter zur Folge hat. Entlassungen und Kündigungen folgen sich willkürlich, und dies in geradezu schreckenerregender Weise in den von Privatpersonen und Privatgesellschaften innegehabten Betrieben.

Bei all diesem ewigen Wechsel in Einstellungen und Entlassungen spielt nicht bloß Willkür der Arbeitgeber, sondern auch Neid und Mißgunst innerhalb der Kreise der Arbeitnehmer eine Rolle; und zwar sind Intriguen sowohl innerhalb der Arbeiterkreise gleicher wie gemischter Nationalität anzutreffen. Es bleibt oft zweifelhaft, ob diese Intriguen aus persönlicher Abneigung oder aus Gründen der Nationalität in Szene gesetzt werden, daß aber der Nationalhaß bei einer gemischten Bevölkerung vielfach dabei mitwirkt, wenn nicht sogar ausschlaggebend ist, unterliegt keinem Zweifel. In einem Staatengebiete wie das nordamerikanische, wo niemand außer dem Großbesitzer und Großunternehmer einer einigermaßen sicheren Grundlage seiner Existenz sich erfreuen kann, feiert diese Kabale wahre Triumphe.

Angesichts der fortwährenden Zufuhr von Unterhalt suchendem Personal ist durchschnittlich ein großer Überschuß von dienstbaren Arbeitskräften vorhanden, so daß eine in einem landwirtschaftlichen oder industriellen Großbetriebe entstehende Lücke ohne Mühe ausgefüllt werden kann. Demzufolge geschieht es, daß der eigentliche ökonomische Kampf sich in die Reihen der arbeit- und brotsuchenden Elemente verschiebt und der Kampf zwischen Kapital und Arbeit vom Schauplatze wegtritt. Die Unternehmer können ruhig zusehen, wie sich der Kampf zwischen den Interessenten der Arbeit abspielt, sie haben gar nicht notwendig, eine Lohnskala festzusetzen, die eigentumslosen und Beschäftigung suchenden Personen setzen durch ihre Konkurrenz untereinander den Lohn selbst auf einen Punkt herab, mit dem sich jeder Unternehmer zufrieden geben kann. Beati possidentes! sagten schon die alten Römer, aber diese modernen Unternehmer sind dies nicht bloß in dem Sinne, daß ihnen aller Genuß freisteht, sondern auch darin, daß sie im Konkurrenzkampf der Arbeit selbst einen mächtigen Förderer ihrer Interessen gefunden haben.

Die größten Konkurrenten in diesem Kampfe sind zweifellos die Chinesen, die im Konkurrenzkampf alle ihre Gegner aus dem Felde geschlagen haben. Man bemerkt sie rudelweise als Arbeiter auf den großen kalifornischen Farmen, wo sie sich selbst verköstigen und ganz nach ihrer Manier und ihren Gewohnheiten leben. Man sieht sie auch als Köche (cooks) und Restaurationskellner (waiters), und das nicht bloß in Kalifornien, sondern noch weiter östlich über Nevada und Utah hin: allenthalben begegnet man dieser blaßgelben Rasse mit ihren langen, pechschwarzen Zöpfen, auffallend hervorstehenden Backenknochen, plattgedrückten Nasen und geschlitzten Augenformen. Im allgemeinen arbeiten die Chinesen um den halben Preis, daher sind sie, weil sie auch gleichzeitig unterwürfig und arbeitswillig sind wie ein Ackergaul, eine geschätzte Arbeitsware seitens der Unternehmer. Trotz der geringfügigen Entlohnung erübrigt diese mongolische Rasse doch mehr Bargeld als irgendein weißer Arbeiter, denn es ist ausgemacht, daß ein Chinese mit dem Betrage von 25 Cents

(1 Mark) sich in seiner Art ebensogut stellt, als ein Weißer mit dem Besitze von 1 Dollar (4 Mark), und daher, wenn er auch nur die Hälfte Lohn gegenüber dem Tageslohn eines Weißen einheimst, doch noch in einem großen Vorsprunge ist. Die Chinesen, die man in Kalifornien und ganz besonders in San Francisco beobachten kann und die ihre Anschauungen, Sitten und Gebräuche unverändert von Ozean zu Ozean tragen, sind durchweg jeder vorgeschrittenen Kultur unzugänglich. Obgleich sie in San Francisco, wo sie ein eigenes Stadtviertel bewohnen — die sog. China town — alle möglichen Geschäfte — Kaffee- und Teegeschäfte, Porzellanwarengeschäfte, Apotheken, Restaurationen, Wirtschaften usw. betreiben und sich infolgedessen aus geschäftlichen Rücksichten dem modernen amerikanischen Leben anbequemen müssen, bleiben sie doch mit einer Zähigkeit und einem Fanatismus, der wahrlich einer besseren Sache würdig wäre, an ihren überlieferten, abgelebten und verrosteten Sitten und Anschauungen hängen, als wäre ihre Weltanschauung die einzige, die Anspruch auf Wahrheit hätte. So bleibt der Chinese der modernen Kultur ewig feindlich und wenn er scheinbar an sie Zugeständnisse macht, so geschieht dies nur notgedrungen, und er wird die nächste Gelegenheit benützen, das ihm durch die Verhältnisse aufgedrungene Joch von sich abzuschütteln.

Wie schon bemerkt worden ist, tragen die nordamerikanischen Verhältnisse in allen wichtigeren Beziehungen des Lebens gleichartige Merkmale, und insbesondere in Rücksicht der ökonomischen Entwicklung können wir trotz der Verschiedenheiten in den Produktionsverhältnissen einen ähnlichen Werdegang beobachten. Ob im Sakramentotale in Kalifornien oder entlang des Kolumbiaflusses, der Oregon von Washington scheidet, ob in den Niederungen des Missouri und des Mississippi oder in den Ebenen von Texas, ob in den trocken gelegten Sümpfen von Louisiana und Florida oder entlang des Hudsonflusses: allenthalben haben dieselben Ursachen dieselben Wirkungen gezeitigt. Die anfänglich gemeinsame schwere Kulturarbeit der ersten Ansiedler und Pioniere spaltete sich in der Folgezeit durch äußere Umstände in Besitztum und Arbeit, — wobei der ökonomische Faktor des Besitztums progressiv an Einfluß gewann, während der zweite ökonomische Faktor der Arbeit, welcher durch diese Spaltung eine höchst eigenartige Position zu nehmen anfing, progressiv an Einfluß und Machtstellung zurückging. Durch das Anwachsen der Bevölkerung, das teils durch die Vermehrung der Ansässigen, teils durch die fortdauernde Einwanderung hervorgerufen wurde, sah sich, weil die einmal eroberten Eigentumssphären nicht beliebig vermehrbar waren, ein stetig größer werdender Prozentsatz der Einwohner in die Arbeitssphäre gedrängt, um so im Dienste des Besitztums sich zu betätigen. So kam es, daß die Arbeit unter dieser ganz merkwürdigen Entwicklung der Verhältnisse ökonomisch und damit auch politisch und gesellschaftlich zu einer auffälligen Bedeutungslosigkeit herabsank. Alle außerhalb des Reiches der Arbeit liegenden Lebenserscheinungen, wie Lebensgenuß und Lebensfreude, Kenntnisse und Ausbildung, welche erst den höheren Gehalt des Lebens ausmachen, wurden dem Eigentum zuteil, das sich rühmen durfte, im Besitze zweifacher Güter, der materiellen und geistigen, zu sein.

Waren die Sitten und Lebensgewohnheiten der ersten Kolonisten den einfachen Kulturverhältnissen entsprechende, so änderte sich dieser Zustand im Fortgang der Zeit, indem mit der Zunahme des privaten Reichtums und der gleichzeitig auftretenden Armut eine tiefgehende Scheidung in den Lebensäußerungen innerhalb der Bevölkerungsteile Platz griff. Waren die ersten Kolonisten unter sich in ihren Anschauungen und in ihrer Denkungsart als eine gleichartige Volksmasse zu betrachten, so trat in dieser Richtung in der Folgezeit eine große Kluft ein: die einfachen Sitten und Gebräuche, der einfache Komfort des Lebens und der demokratische Gedanke — was alles dem menschlichen Fortschritte so förderlich ist — fingen zu schwinden an und verwandelten sich auf der einen Seite in Luxus und Herrschsucht, auf der anderen in Not und Unterwürfigkeit.

Die Epigonen oder Nachkommen der ursprünglich in schwerem Kampfe und mit Erfolg operierenden Ansiedler nahmen keine

Veranlassung mehr, über die Entstehungsursache ihrer Reichtümer nachzudenken, sie freuten sich der goldenen Früchte, die ihnen das Geschick mühelos in den Schoß geworfen hatte, sie brauchten jetzt nur noch Vorsicht und Klugheit zu üben, um der ererbten Reichtümer nicht mehr verlustig zu gehen. Sie hatten es in ihrer Macht, mittelst ihrer Eigentumsrechte an Grund und Boden und an wichtigen Produktionsmitteln ihren überkommenen Reichtum nicht nur festzuhalten, sondern auch zu vermehren und so ihren Einfluß und ihre Machtbefugnisse zu verstärken. Sie wurden die herrschenden Mächte in Gesetzgebung und Verwaltung, in staatlichen, kommunalen und privaten Angelegenheiten und waren bis zu einem gewissen Grade noch imstande, die Denkungsart der in ungünstigen Lebensverhältnissen befindlichen und zum großen Teil von ihnen abhängigen Nebenmenschen nach ihrem Machtinteresse zu richten und zu modeln. Diese Zunahme privaten Reichtums erzeugte bei seinen Repräsentanten einen unbegrenzten Grad von Egoismus, wie er zwar allenthalben, aber in den nordamerikanischen Staatengebieten in ganz auffälliger Weise hervorgetreten ist. Was diesen Egoismus des Reichtums besonders grell erscheinen ließ, war die Beobachtung, daß er in hervorragendem Maße gegenüber den ärmeren Teilen der Bevölkerung zum Ausdruck kam.

In seinem ganzen Sinnen und Streben, in seinem ganzen Handeln und Fühlen offenbart sich der Amerikaner als niedriger Typus, der das höchste Ziel seines Strebens darin sieht, möglichst schnell zu großem Reichtum zu gelangen. Er unterscheidet sich in dieser Richtung wenig von dem mongolischen Typus, dessen Dichten und Trachten auch nur dem „Wägbaren“ gilt und in dessen eingerosteter Seele sich noch nicht ein Stäubchen Verlangen nach etwas Höherem findet. Der Geldteufel steckt so sehr im Amerikaner, daß sein ganzes „Ich“ von dieser Leidenschaft beherrscht wird. Der Gelddurst tritt in all seinen Äußerungen zutage, das Gespräch um Gelderwerb erscheint als Mittelpunkt seines Gedankenkreises, dem sich alles übrige nur als nebensächliche Momente anzugliedern haben. Das „to make money“

(Gelderwerben), „what you make?“ (was verdienen Sie?) und „how is the business?“ (wie geht das Geschäft?) sind mehr als stereotype, landläufige Ausdrücke, sie offenbaren das ganze Seelenleben des Amerikaners, der neben der Welt des Geldes keine andere mehr kennt. Das ideale oder das mehr auf geistige Pflege gerichtete Leben steht seiner Gedankenwelt fremd gegenüber, denn es ist ihm unverständlich, wie man sich neben der Jagd nach dem Gelde noch mit etwas anderem beschäftigen kann. Ein ideales Streben erscheint ihm unnütz, weil dabei nicht ersichtlich ist, ob irgendwelche materielle Vorteile damit verknüpft sind. Wenn das Ringen nach Idealen ihm sicheren Geldgewinn in Aussicht stellen würde, so wäre er gewiß ebenso scharf dahinter her, wie hinter dem Erwerb von materiellen Gütern.[27]

Dieser Geist der Selbstsucht durchdringt alle Verhältnisse des amerikanischen Lebens: ökonomische, politische, gesellschaftliche und kirchliche. In ökonomischer Hinsicht erzeugt er die krassen, in die Augen fallenden Gegensätze zwischen Reichtum und Armut, in politischer den Haß wegen des Wettbewerbes um öffentliche einträgliche Positionen, in gesellschaftlicher den bereits orientalische Formen annehmenden Kastengeist und in kirchlicher die Zwietracht der um die Gunst der Menge buhlenden Kongregationen oder Religionsgesellschaften.

Was nun die ökonomischen Gegensätze im besonderen anbetrifft, so ist zu bemerken, daß dieselben um so größer, je bevölkerter die Niederlassungen sind, worin die Menschen zum Zwecke des Erwerbes sich angesiedelt haben, um allmählich gegen das offene Land hin an ihrer Schärfe zu verlieren. In Anbetracht der Armut auf dem Lande ist nicht zu übersehen, daß sich dorten oft neben der künstlich geschaffenen auch natürliche Armut vorfindet, jene Form von Armut, welche in ungünstigen Naturverhältnissen begründet ist und die zu überwinden außerhalb menschlicher Kraft liegt. Diese natürliche Armut ist um so weniger drückend, als ihr Gegenstück, der Reichtum, hier nur wenig augenfällig auftritt. Die Bewohner wenig ergiebiger Prärien gelten als Beispiel davon. Wenn nun aber auch bei den Präriebewohnern das Einkommen aus Arbeit keineswegs dem Müheaufwande entspricht und sie beständig an einem ökonomischen Defizit leiden, so wird ihr Mißgeschick doch dadurch um ein Bedeutendes vermindert, daß sie sich eines großen Ausmaßes von Bewegungsfreiheit erfreuen. Natürlich ist auch der Präriebewohner einem gewissen Grade von Egoismus verfallen, aber da die ökonomischen Gegensätze hier nicht so scharf sind, ist er nicht in demselben Maße wirksam wie an dicht bevölkerten Plätzen oder an Erwerbszentren, wo der Egoismus in höchster Weise sich offenbart. Hier stößt man auf den Egoismus des Reichtums wie der Armut in seiner höchsten Potenz. Wer die sog. feinen Stadtviertel in Neuyork und Philadelphia, in St. Louis, Chicago und San Francisco und die oft nur einen Steinwurf entfernten proletarischen Niederlassungen kennt, wird den Egoismus auf beiden Seiten wahrgenommen haben, aber während die Reichen es in ihrer Macht haben, ihren selbstsüchtigen Geist wirksam zur Entfaltung zu bringen, sind die Armen in dieser Richtung zur Ohnmacht verurteilt.

Kennt das einflußreiche Amerikaner- oder Yankeetum nur seinen eigenen pekuniären Vorteil, unbekümmert um die Wünsche und Bedürfnisse anderer, so sucht es auch andererseits alle politische Macht an sich zu reißen, um mittelst der Gesetzgebung nicht bloß seine bevorrechtete Stellung zu behaupten, sondern auch fortwährend neue pekuniäre Vorteile aus seiner politischen Machtstellung zu ziehen. Der Yankee treibt keine Politik im Interesse des Gesamtwohles, nicht einmal im Interesse einer politischen Partei, sondern er vertritt in erster Linie sein eigenstes Interesse und das einer einflußreichen Clique, deren Interessen dem seinigen nicht zuwider zu laufen scheinen. Er treibt spezifisch Geldpolitik, wie sie sich ihm beispielsweise in Fragen des Schutzzolles, des Freihandels, der Silberfrage usw. aufdrängt. Die schön klingenden Namen „Republikaner“ und „Demokraten“, oder die „republikanische“ und „demokratische“ Partei dienen ihm nur als Aushängeschild, um die leichtgläubigen Massen zu ködern und in den Fallstrick plutokratischer Interessen zu ziehen. Diese breiten

Massen der Bevölkerung haben so wenig Einfluß auf Gesetzgebung und Verwaltung wie ein Automatenkasten auf den in seinem Inneren wirkenden Mechanismus. Diese Volksmassen werden durch Bestechung und Stimmenkauf dem Interesse der jeweiligen politischen Mächte, die auch die Geldmächte sind, dienstbar gemacht, ohne ihnen eine Mitwirkung an gesetzgeberischen Akten oder Verwaltungsmaßnahmen zu gewähren. „Money is talking", nur das Geld hat Recht und Macht ist die politische Parole. Was haben auch die armen, brotlosen Teufel um Gesetzgebung und Verwaltung sich zu kümmern, genug wenn sie ihre Stimme der herrschenden Clique, der republikanischen oder demokratischen, abgeben. Die Interessen dieser Enterbten werden schon im Sinne der reichen Machthaber geregelt werden.

Der moderne Amerikaner hat keine politische Überzeugung, keine politischen Ideale, um die er in uneigennütziger Weise kämpfen würde. Er hat nicht mehr politische Ideale wie der Chinese, der höchstens durch Aufstachelung des Fremden- oder Rassenhasses aus seinem Stumpfsinn aufgerüttelt werden könnte. Zur Zeit der Gründung der Republik hat man noch um Ideale gekämpft, aber jene Zeiten sind längst dahin, und sollte es jemandem einfallen, dem modernen geldsüchtigen Yankee jene Periode in Erinnerung zu bringen, so würde er bei ihm Gefühle hervorrufen, die mehr die Merkmale des Schreckens als der Bewunderung enthielten. Die amerikanische Geld- und Beutelpolitik wird in ihrer stärksten Machtentfaltung von Korporationen betrieben, die bald unter dem Namen „Trusts", oder „Pools" oder „Syndikate" figurieren. Diese zusammenwirkenden Geldgrößen entwickeln eine Stärke, von der sich die große Masse der amerikanischen Bevölkerung nichts träumen läßt. Sie modeln nicht bloß die Gesetzgebung und Verwaltung, stehen nicht bloß als diktatorische Mächte den richterlichen und exekutiven Organen gegenüber, sondern greifen auch mit ihren mächtigen Armen in die Gesellschaftsverhältnisse ein, denen sie jeden echt demokratischeu Anstrich nehmen und dafür einen mehr aristokratisch-despotischen unterschieben. Aus dem ursprünglich in demokratischem Geiste errichteten nordamerikanischen Gemeinwesen wurde unter dem alles überwältigenden Einflusse der Geldmächte ein plutokratisches, d. h. ein Gemeinwesen, wo das Geld alles gilt, alles übrige, und wären es auch die besten Kräfte in moralischer Hinsicht, nichts gilt. Das alte Wort der römischen Kaiser Septimius Severus und seines Sohnes Caracalla: „nur die Soldaten soll man achten, alle übrigen nicht achten" wurde zum Ausspruch umgewandelt: „nur das Geld resp. die Geldmenschen zu achten, alles übrige für nichts zu achten." Daß diese Maxime in unheilvollem Sinne wirkt, d. h. daß sie die gesamte Richtung der Denkungsart auf eine schiefe Ebene führt, ist unverkennbar. Es ist ein Grundgesetz der menschlichen gesellschaftlichen Beziehungen, daß die stärkeren, machthabenden Faktoren auf die Gesinnungsart der schwächeren bestimmend einwirken. Das numerische Verhältnis spielt dabei keine Rolle. Die große Menge folgt dem gegebenen Beispiele, welcher Art dieses Beispiel auch sein mag.

In einem Lande, wo das Ringen und Hasten nach Mammon den Inhalt des Lebens ausfüllt, findet man kein Streben nach einer besser gearteten Kultur. Aller Sinn für eine Änderung der Verhältnisse stumpft allmählich ab, bei den Reichen wie bei den Armen: die Reichen glauben ihrem Erdenwirken Genüge zu tun, wenn sie Reichtum auf Reichtum häufen, die Armen geben sich zufrieden, wenn ihnen vom Tische der Reichen noch einige Brotsamen erübrigen. Denn der Kernpunkt im Übel der Armut besteht darin, daß die davon Betroffenen nach und nach alle Energie, Tatkraft und Elastizität des Geistes einbüßen. Die Armut drückt den Geist zur völligen Untätigkeit nieder. Ist also daran nicht zu denken, daß das moderne Amerikanertum auf eine Änderung des bestehenden Zustandes der Dinge sich einläßt, so besteht auch wenig Hoffnung, daß es seine Gesetzgebung mit mehr sozialem Geiste erfüllt. Eine solche gesetzgeberische Maßregel würde ihm als ein sträflicher Eingriff in die bekannte Devise: laissez faire, laissez aller gelten, deren Sinn im Sprichwort „Jeder ist seines Glückes Schmied" ausgedrückt ist, als wenn der ökonomisch Ohnmächtige es überhaupt in seiner Gewalt hätte, sein Geschick zu bestimmen.

Als eine der ersten Ursachen der weit verbreiteten Armut in Nordamerika können nicht bloß die tiefstehenden, mehr und mehr sinkenden Arbeitslöhne gelten, sondern auch die Verschmelzung großer produktiver Kapitalien, wodurch das kleine Unternehmertum auf einen prekären Zustand herabgedrückt beziehentlich in seiner Existenz bedroht ist und die Masse der Arbeiter den großen ökonomischen Machthabern auf Gnade und Ungnade ausgeliefert ist. Arbeitslosigkeit ist eine im größten Umfange chronisch auftretende Erscheinung amerikanischer Verhältnisse, wodurch die davon Betroffenen nicht nur nicht auf irgendwelche staatliche oder kommunale Fürsorge zu hoffen haben, sondern ganz im Geiste amerikanischer Willkür alles Schutzes des Gesetzes verlustig gehen. Aber nicht bloß die aus ihrem Arbeitsverhältnis herausgerissenen Elemente befinden sich in einer mißlichen Lage, sondern auch die Inhaber vieler kleiner Geschäfte fristen ein kümmerliches Dasein. Wer Gelegenheit hatte, die tausend und abertausend kleinen Detailgeschäfte in der Weltstadt Neuyork zu beobachten, wird sich der Überzeugung nicht entschlagen können, daß diese kleinen Unternehmer angesichts einer geradezu erdrückenden Konkurrenz kaum ihr nacktes Leben fristen und ihre Lebensverhältnisse sich nicht merklich über das Niveau der auf die Ausübung ihrer bloßen Arbeitskraft sich stützenden Personen erheben. Mit Ausnahme verhältnismäßig weniger Fälle drückt sich dieses Kleinunternehmertum knapp durchs Leben hindurch, froh, Tag für Tag seine kümmerliche Existenz erhalten zu haben, und mit nur geringer Hoffnung, je in einen besseren Zustand seiner Verhältnisse hineinzugelangen.

Die privaten Anhäufungen großer Geldkapitalien haben, wie schon erwähnt, neben dem Übel der Armut mit allen seinen Begleiterscheinungen noch die verderbliche Wirkung, daß sie die kleinen selbständigen Existenzen unmöglich machen und das große „Mehr“ der Bevölkerung zu ökonomischer Abhängigkeit verurteilen. Die ökonomische Freiheit, wie sie den ersten amerikanischen Kolonisten zukam, verschwindet vollständig, um einer neuen Art des Despotismus Platz zu machen. Diese proletarisch-plebejischen und kleinbürgerlichen Existenzen sind tatsächlich der Sklaverei verfallen, wenn auch nicht durch brutale Gewalt, sondern Not und Sorge haben sie unter das Joch der Geldmacht getrieben.

Es wäre lächerlich, von Nordamerika als einem Lande der Freiheit zu sprechen, sei dies nun in ökonomischer oder politischer Hinsicht. Daß letztere Form von Freiheit in einem plutokratischen Lande, wo der Mammon allein das Zepter schwingt, gar keinen Sinn hat, liegt auf der Hand. Denn man wüßte nicht, was politische Freiheit für einen reellen Wert haben sollte, wenn die Mehrzahl der Menschen einer sicheren Grundlage ihrer Existenz sich nicht erfreuen kann. Die politische Freiheit sinkt herab zu Farce, wenn der große Troß der Menschen in unsicheren ökonomischen Abhängigkeitsverhältnissen lebt. Der Kenner der nordamerikanischen Verhältnisse muß lächeln, wenn er wahrnimmt, wie europäische Doktrinäre und Ideologen von Nordamerika als dem Lande der Freiheit fabeln. Es wäre zu wünschen, daß diese Fabulisten einmal in den Strudel des amerikanischen Lebens hineingerissen würden, um zu erfahren, wie ihre vorgefaßten Meinungen mit der nackten Wirklichkeit übereinstimmen. Dergleichen falsche und verworrene Urteile geben alle diejenigen zum besten, die die Verhältnisse nur von ferne kennen, oder aber, wenn auch an Ort und Stelle anwesend, nicht ins Leben eingedrungen sind.

In einem Lande, wo das Geld allmächtig ist und nach dessen Mehr- oder Minderbesitz die Menschen eingeschätzt werden, müssen auch die Verhältnisse hiervon betroffen werden, die sich auf die gegenseitigen rechtlichen Beziehungen der Menschen beziehen. Wo das Geld der Mittelpunkt alles Interesses und alles Einflusses ist, da ist ihm auch das Recht und die Rechtsprechung unterworfen. Gleiches Recht für alle ist für den Amerikaner ein unverständliches Postulat, das nur ein Schwärmer sich aneignen kann, der von der Geldmacht keine Ahnung hat. Kann man mit Geld alles kaufen, so wird man auch das Recht kaufen können.

Kommt so ein amerikanischer Krösus mit dem Gesetze einmal in Konflikt, so weiß er sich schon aus der Schlinge zu ziehen:

er kennt seine Pappenheimer; weder die Polizeiorgane noch Staatsanwälte und Richter zeigen sich dem glänzenden Golde gegenüber allzu hartherzig, und in dem Maßstabe, wie das Geld zunimmt, nimmt die Schuld ab. Ganz anders liegen die Verhältnisse bei jenen Personen, die nicht mit Geld operieren können: diese müssen um so stärker bluten. So sind es denn auch bei weitem jene ungezählten armen Teufel, die für ihre Sünden büßen müssen.[28]

Eine merkwürdige rechtliche Stellung nimmt das weibliche Geschlecht ein. Sowohl in jenem Teil der Gesetzgebung, der die Rechtsverhältnisse regelt, als auch durch die Sitte erfreut sich die Amerikanerin gewisser Privilegien und Sonderrechte, worauf sie sich nicht wenig einbildet und die sie weidlich auszunützen sucht. Die Vorrechte der Weiber gegenüber den Männern treten überall zutage und schmälern die rechtliche Stellung des Mannes gegenüber dem Weibe in ganz bedenklichem Umfange. Daher ist der Amerikaner nur dem Namen nach ein freier Mann, in Wirklichkeit steht er unter dem Einflusse des Weibes, das seine Machtbefugnisse oft in uneingeschränktem Maße zur Geltung bringt.

Die amerikanischen Weiberrechte datieren schon seit Gründung der Republik her und mögen wohl ihren Ursprung teils in dem bei Neuansiedlungen sich zeigenden Weibermangel teils auch im Naturell des Amerikaners haben, der zuwenig Widerstandskraft gegenüber den Prätensionen der Weiber zeigt. Man kann beobachten, daß der Amerikaner mit einer Art Scheu von seiner Frau resp. vom weiblichen Geschlechte spricht und er dessen Vorrechte als etwas Natürliches betrachtet. Der vielfach gebräuchliche Ausdruck „the lady of the house“ (die Herrin des Hauses) deutet darauf hin, welche Stellung im engeren Familienleben die Frau einnimmt. Sie ist die tonangebende Persönlichkeit im Hause, und wenn die Verhältnisse es auch nur halbwegs erlauben, so beschränkt sie ihre Tätigkeit darauf, im Hause das Regiment zu führen, während sie die häuslichen Obliegenheiten einem dienstbaren Geiste überläßt. Daß die Amerikanerin die ihr gesetzlich zugestandenen Vorrechte vielfach dazu ausnützt, Ungehörigkeiten zu fordern, und daß hierdurch eine Unsumme von

Ärger und Verdruß in den Herzen der machtlosen Männer erregt wird, dürfte keinem Zweifel begegnen. Trotz der schwer begreiflichen Verehrung des weiblichen Geschlechtes seitens des männlichen ereignen sich infolge der oft geradezu maßlosen Überhebungen und unausstehlichen Kaprizen des ersteren höchst unliebsame Vorkommnisse im amerikanischen Eheleben. Ehescheidungen und Ehezerwürfnisse zählen wahrlich nicht zu Raritäten, und ist die überwiegende Mehrzahl derselben auf den Mißbrauch, den die Weiber von ihren Privilegien machen, zurückzuführen. Das Weib als Klägerin hat das „Recht" auf seiner Seite, und kein amerikanischer Richter würde es wagen, die Rechte des Mannes zuungunsten des Weibes geltend zu machen. Auch hat die Amerikanerin es verstanden, in mancherlei Erwerbszweigen, mit denen ein gewisser Einfluß auf die Gestaltung des öffentlichen Lebens verbunden ist, leitende Stellungen zu erwerben: so unter anderem im Verwaltungsgebiet und ganz besonders im Schulwesen. Es ist nicht übertrieben, wenn man behauptet, daß im letztgenannten öffentlichen Gebiete mehr als zwei Drittel aller Lehrkräfte aus Mädchen und Frauen bestehen, somit der Schwerpunkt des amerikanischen Erziehungswesens weiblichen Händen anvertraut ist. Dies gilt insbesondere für die Elementar- oder Volksschulen (Primary oder Grammar Schools) und für die Seminarien (Normal Schools). Wenn aber die Erziehung und der Unterricht eines Volkes in ihren wichtigsten Teilen weiblicher Obhut anvertraut ist, so braucht man sich darüber nicht zu verwundern, daß die Erzieherinnen bei der Ausübung ihres Berufes manches in den Kreis ihrer Betrachtungen mit einbeziehen, was weniger der allgemeinen Belehrung als dem Interesse ihres Geschlechts dienlich ist, so daß schon die Jugend die nötigen Begriffe von ihrem bevorrechteten Stande erhält. Eine derart im weiblichen Sinne und Interesse geleitete Erziehung wird das männliche Geschlecht nicht zu wirklichen Männern, sondern zu Weiberverehrern, und das weibliche Geschlecht hingegen zu Männerweibern heranbilden.

Wie Recht und Gesetz im Lande Onkel Sams gebeugt werden, kann man bei der Temperenzbewegung und in den im

Gefolge stehenden Temperenzgesetzen beobachten. Die Temperenzgesetze bekunden einen listigen Charakter der amerikanischen Rasse und wären allein hinreichend, wenn auch die übrigen Zustände nichts zu wünschen übrig ließen, die nordamerikanischen Staatengebiete in die Kategorie eines nach orientalisch-despotischem Schnitte unterjochten Gemeinwesens einzureihen. Zwar sind die Verhältnisse in dieser Richtung nicht überall dieselben, aber allenthalben sind die Anhänger des Temperenztums, die um so einflußreicher sind, als sie aus den reicheren Klassen sich rekrutieren, an ihrem finsteren, die menschliche Willensfreiheit gefährdenden Werke, das sie unbekümmert um Sitte, Recht und Freiheit und private Interessen auszuführen gesonnen sind. Einzelne Staatengebiete, wie Maine und Kansas, sind dem Temperenzfanatismus völlig ausgeliefert, in anderen haben die Temperenzler durch zwangsweise Einführung der Sonntagsgesetze (Sunday laws) oder durch gesetzliches Verbot des Alkoholverkaufs für bestimmte Stadtteile oder bestimmte Plätze ihre unheimliche Macht fühlen lassen.[29] Die Führerschaft in der Temperenzbewegung hat die Kirche übernommen, und darunter sind es die Episkopal-, die Methodisten-, die Baptisten- und die Presbyterianer-Kirchen, die einen rücksichtslosen Kampf gegen die Anhänger des Alkohols führen. In dieser Richtung bildet die Religion für die amerikanischen Priester kein Hindernis, die Zerstörung des Eigentums, soweit es dem Alkohol dient, öffentlich zu predigen. Ihr fanatischer Haß geht so weit, daß sie auf die Existenz und das Schicksal der in der Alkoholindustrie engagierten Personen nicht die geringste Rücksicht nehmen, sind doch in ihren Augen die mit der Herstellung von geistigen Getränken beschäftigten Personen nichts anderes als die vom Teufel gesandten Kulturvertilger! Unter dem Einfluß der amerikanischen zelotischen Priester stehen die Weiber, und natürlich sind es wieder die besser situierten, die ihre Tätigkeit in der Temperenzbewegung entfalten. Der Fanatismus dieser Weiber übertrifft noch den der Priester, und was sie an Zertretungen von Recht und Freiheit sich leisten können, geschieht redlich von ihrer Seite. Als einer der Staaten, worin der Temperenzfanatismus seine schönsten Blüten treibt, kann der Weiberstaat Kansas gelten, und was da schon an Verfolgungen, Exzessen und Einkerkerungen geleistet worden ist, übersteigt alle diesbezüglichen Begriffe. Nicht bloß der Alkoholausschank (Bier-, Wein- oder Schnapsausschank) ist durch die unter dem Drucke von Priestern und Weibern fabrizierten Gesetze verboten, sondern auch die Zubereitung und die Einfuhr geistiger Getränke. Ein Verstoß gegen diese barbarische Gesetzgebung steht mehr am Pranger und wird mehr verfolgt und geahndet als irgendein Vergehen oder Verbrechen. Daß bei einer solchen an die finsteren Zeiten des Mittelalters erinnernden und unter der Maske der Heuchelei betriebenen Gesetzgebung viel Denunziation unterläuft, wird jedem klar sein, der die menschliche Natur kennt und der weiß, wie gerne Menschen von niedriger Gesinnung die Gelegenheit wahrnehmen, unter dem Scheine, dem Gesetze zu dienen, ihre Rachsucht zu befriedigen. Nachdem im Staate Kansas die Alkoholproduktion und der Alkoholhandel gesetzlich untersagt war, wurde, wie natürlich, viel Schmuggel getrieben und Alkoholerzeugnisse unter falscher Marke verkauft. Manche büßten hierdurch infolge von Denunziation Vermögen und Freiheit ein, und es sind Fälle bekannt geworden, die nach europäischen Rechtsbegriffen schier undenkbar sind, die jedoch die wahre Natur des Amerikanertums deutlich erkennen lassen. So wurde, um nur einen Fall anzuführen, ein Apotheker, der riskiert hatte, in Eierschalen unter anderer Marke Whisky zu verkaufen, auf Denunziation hin verhaftet und vom richterlichen Stuhle aus zu mehrjähriger Zuchthausstrafe verurteilt. Weithin bekannt wurde auch der vor einigen Jahren von einem fanatisierten Weibe ausgeführte Kriegs- und Raubzug gegen die in Wichita und Topeka noch übriggebliebenen Wirtschaftslokalitäten. An der Spitze eines großen Pöbelhaufens, der bekanntlich zu allem zu haben ist, wenn es nur geeignet erscheint, seine niedrigen Leidenschaften zu befriedigen, drang sie, mit einem Beil bewaffnet, in die Restaurationsräume und demolierte mit Hilfe dieses Pöbels alles, was der Demolierung wert war, ohne daß irgendwelche öffentliche Sicherheitsorgane sich ins Mittel legten oder in der Folge ein Staatsanwalt darin eine Basis zu einer Klagerhebung erblickt hätte. Auf ihr entschlossenes Vorgehen wurde diese Fanatikerin späterhin von einer Temperenzgesellschaft mit einem silbernen Beile beschenkt, um hiermit um so wirksamer ihr Zerstörungswerk fortsetzen zu können.[80] Bekannt wurden auch jene Aussprüche von Neuyorker Richtern, die, wie die Zeitungen kolportierten, den Wunsch äußerten, daß sämtliche deutsche Brauereien in Neuyork in die Luft gesprengt werden mögen.

Der Beobachter solcher Vorgänge wird nicht verkennen, daß diese in Nordamerika mit großer Leidenschaftlichkeit geführte Agitation gegen den Alkohol ihre Spitze gegen das Fremdentum oder Ausländertum und speziell gegen das Deutschtum richtet. Mit einem Worte: es steckt ein starkes Stück sog. „Nativismus" dahinter, ein Begriff, der die Abwehrbestrebungen aller fremdländischen Einflüsse, Sitten und Gewohnheiten in sich schließt. Und weil dieses Temperenztum im deutschen Element einen mächtigen Widersacher seiner Bestrebungen erkennt, so richtet sich die Wucht dieses Hasses gegen das eingewanderte und dorten ansässig gewordene Deutschtum. Nur der Umstand, daß die Deutschen in Nordamerika selbst einen nicht zu unterschätzenden Faktor im öffentlichen Leben darstellen, und daß dieselben an dem wirtschaftlich und intellektuell mächtigen Heimatgebiete einen Rückhalt haben, hält diese amerikanischen Temperenzfanatiker noch zurück, ihren Haß und ihre Feindschaft gegen das Deutschtum öffentlich zu proklamieren. Wie weit die einflußreichen Temperenzler in ihren Vorstößen gegen fremde Interessen noch gelangen, wieviele Staatengebiete ihrem Fanatismus noch zum Opfer fallen, läßt sich noch gar nicht absehen: aber sicher ist, daß dieses „Panamerikanertum", über reichliche Geldmittel verfügend, sein finsteres Werk ununterbrochen fortsetzt und kein Gewaltmittel scheut, um mit seinem Fanatismus durchzudringen. Nur ein rechtzeitig sich erhebender, kraftvoller Widerstand vermag dem drohenden Unheile zu steuern, und ob in Nordamerika eine solche Widerstandskraft vorhanden ist, muß erst die Folge lehren.

Die schiefe Ebene, auf der sich die Entwicklung der nordamerikanischen Verhältnisse fortbewegt, führte auch zu jener Erscheinung, wie sie dem orientalischen Leben eigen war und ist und die sich in der Absonderung der Gesellschaftsmitglieder nach Rang oder Vermögensverhältnissen offenbart. Zwar zeigt der amerikanische Kastengeist nicht dieselbe menschenentwürdigende Form, wie wir sie bei dem orientalischen Kastengeist sehen, aber nichtsdestoweniger läuft er auf eine Geringschätzung gewisser Bevölkerungsschichten hinaus. Der Kastengeist macht sich nicht bloß an jenen Plätzen bemerkbar, wo der Reichtum geradezu widerliche Formen angenommen hat und auf hohen Stelzen menschenverachtend einherstolziert, sondern er treibt auch an kleinen Plätzen und auf dem Lande seine Blüten. An den amerikanischen Verhältnissen läßt sich sehr deutlich sehen, daß der Reichtum jederzeit die Tendenz zeigt, wie im ökonomischen so auch im gesellschaftlichen Leben sich seine eigenen Positionen zu schaffen und sich vom kleinen Mann abzuschließen, und wie die reicheren Klassen von den ärmeren sich absondern, so lassen auch die oberen Gesellschaftsregionen innerhalb der verschiedenen Reichtumsstufen eine Klassifizierung eintreten. Natürlich ist es in einem plutokratischen, nur von Geldinteressen beherrschten Lande stets spezifisch der Stand der Vermögensverhältnisse, der eine Klassifizierung bedingt, und keineswegs wie in den orientalischen Ländern die Art des Berufs oder der Grad des Ranges.

Wer zum ersten Male in das Land von Onkel Sam kommt, wird zwar häufig genug zu hören bekommen, daß dorten jede Arbeit, welcher Art sie auch beschaffen sein mag, in Ehren steht, und daß jeder Arbeiter seines Lohnes wert ist. Augenscheinlich hat die Betonung der hohen Wertschätzung irgendwelcher Arbeit ihre Spitze gegen alle außeramerikanischen Gebiete, worin, nach des Amerikaners vorgefaßter Meinung, eine prinzipielle Verachtung gegen gewöhnliche Arbeitsleistungen besteht. Natürlich kann der Neuankömmling sich noch kein Urteil bilden und er wird dem Glauben zuneigen, daß auf amerikanischem Boden die Verhältnisse in dieser Richtung wesentlich anders liegen müssen als in seiner alten Heimat. Erst in der Folge werden ihn die Erfahrungen eines Besseren belehren: wenn er kaum eingestellt oder halb aufgebraucht ohne Grund entlassen wird, wenn er sich fortwährend Schikanen ausgesetzt sieht, wenn er, um eine einigermaßen anständige Stelle zu behaupten, seinen Vordermännern aus seinen Einkommensbezügen regelmäßige Anteile zugehen lassen muß, wenn Krankheit, auch von kürzester Dauer, ihn um seine Beschäftigung bringt, wenn er neben geringem Solde rohe Behandlung[31] und rohe Schimpfworte erntet, wenn nur die Tatsache der Nationalität als Grund zur Vertreibung aus seinem Wirkungkreis dienen muß — wenn er all diese Momente und noch viele andere beobachtet und zum Teil an sich selbst erfahren, so wird ihm die amerikanische Einschätzung der Arbeit allmählich einleuchten. Die gesellschaftliche Stellung der Arbeit bewegt sich auf keinem höheren Niveau als in ihren anderen Verhältnissen. Dem Beobachter wird es auch nicht entgehen, daß dieses Mißverhältnis in gesellschaftlichem Ansehen zwischen Reichtum und Armut sich zusehends zu ungunsten der ärmeren Klassen verschiebt, indem die reiche Kaste infolge ihres wachsenden Einflusses und der hiermit verbundenen arroganten Überhebungen die Scheidelinie immer schärfer markiert und eine wirkliche Scheidewand gegen die minder begüterten Volksklassen aufrichtet. Ein geselliger Verkehr zwischen den einzelnen Bevölkerungsschichten findet daher nicht statt. Ist das Gesellschaftsleben überhaupt ein aller Gemütlichkeit entbehrendes und mit dem des kontinentalen Europa nicht zu vergleichen, so bemerkt man andererseits zwischen den reichen und armen Klassen eine tiefe Kluft sich ausbreiten, die in dem Maße sich erweitert, als die beiderseitigen Verhältnisse differieren. Eine Annäherung zwischen reich und arm ist tatsächlich ausgeschlossen. Eher läßt sich zwischen einem russischen Bauernmädchen und einer Großfürstin ein gesellschaftlicher Verkehr denken, als zwischen einer Proletarierin und einer Millionärin in Amerika. Die Emporkömmlinge (homines novi) sind äußerst eifersüchtig auf die ihnen durch äußere Glücksumstände zuteil gewordenen materiellen und gesellschaftlichen Vorteile, und es schmeichelt ihrer Eitelkeit ganz besonders, wenn sie ihre Verbindung mit dem großen Publikum lösen und ihr Leben innerhalb einer engeren Gesellschaftszone verbringen können. Sie sind um so eifersüchtiger, als sie sich ihrer ursprünglichen Abstammung bewußt sind und nehmen daher mit um so größerem Eifer darauf Bedacht, ihre ursprüngliche Gemeinschaft mit dem Plebejertum zu verwischen und auszutilgen.

Das amerikanische Leben, worin Herz und Gemüt keine Stätte gefunden haben und Geldgier und Habsucht auch auf das engere Gesellschaftsleben ihre tiefen Schatten werfen, ist nur ein Scheinleben, kein Leben, das von einem Gehalt ausgefüllt ist. Das Äußerliche, Dekorative muß den Gehalt ersetzen, und dieser äußerlichen Ausschmückung dient vor allem die Reklame. Die Reklame ist ein wichtiger Faktor, der alle Vorgänge im amerikanischen Leben beeinflußt und dessen Einwirkung sich niemand, der mit dem Publikum Beziehungen unterhält, entziehen kann. Es liegt in der Natur der Reklame, Übertreibungen und Entstellungen der wahren Verhältnisse zu liefern, über dem Äußerlichen den Kern der Sache vergessen zu machen. Natürlich ist es in erster Linie der Geschäftsmann, der sich der Reklame bedient, um die Wichtigkeit und Reellität seines Geschäftes plausibel zu machen.[82] Vom kleinsten Detaillisten bis zum Grossisten und Fabrikanten — sie alle bedienen sich in ausgedehntestem Maße der Reklame, wovon die großen Tagesblätter, in denen so und so viele Spalten der Reklame gewidmet sind, Zeugnis ablegen. Keine Mittel werden gescheut, keine passende Gelegenheit versäumt, um durch irgendwelche Reklame die Aufmerksamkeit des Publikums auf sich zu lenken. Welch gewaltige Summen diesem Zwecke geopfert werden, zeigen die großen, jahraus jahrein erscheinenden kostspieligen Annoncen in den Zeitungen: die bedeutenderen Geschäfte müssen fortwährend einen Reservefonds in Bereitschaft stellen, der nur für Reklame bestimmt ist. Es existiert ein wahrer Wettlauf unter der Geschäftswelt, den Konkurrenten an marktschreierischer Reklame zu überbieten, und aller Witz wird aufgeboten, um die Reklame wirksam zu machen. In seiner Sprache hat der Amerikaner einen mächtigen Förderer für das Reklamewesen, denn keine Sprache der Welt eignet sich hierzu besser als das Englische. Kürze und Präzision des Ausdrucks — die Haupterfordernisse einer guten Reklame — sind der englischen Sprache mehr als einer anderen eigen, mag sie nun auch in anderer Beziehung manche Schwächen zeigen. Indessen beherrscht die Reklame nicht nur die Geschäftswelt, sondern sie tritt in allen Beziehungen des Lebens hervor: so auch im Gesellschaftsleben und in den geistigen Schöpfungen.

Im engeren Gesellschaftsleben dient die Reklame menschlicher Eitelkeit, wovon die Tagespresse redlich Zeugnis gibt. Hier sind es Personen, die der „society“ (irgendein exklusiver Gesellschaftskreis) angehören, die sich der Presse bedienen, um von sich Reklame zu machen. Unbedeutende Vorkommnisse, kaum der Beachtung wert, werden als Tagesereignisse aufgezählt, um der Ehrsucht Befriedigung zu geben. Daß im Gesellschaftsleben bei ihrer dominierenden Rolle die Frauenwelt eine ganz hervorragende Rolle spielt, und sie einen guten Teil gesellschaftlicher Reklame für ihre Selbstherrlichkeit in Anspruch nimmt, ist nur ein Ausfluß ihrer rechtlich bevorzugten Stellung. Die Amerikanerin, ob nun eine Stadtdame oder eine Dorfschöne — sobald sie halbwegs zur „Society“ gehört oder sich wenigstens hinzurechnet, wünscht die sie betreffenden Ereignisse, soweit sie hierdurch ihren Bekanntenkreisen oder auch Fernstehenden zu imponieren glaubt, in den Tageszeitungen notiert zu sehen. Zu solchen Vorkommnissen zählen Reisen, Besuche, Verlobungen, Eheschließungen, ferner Entlobungen und Ehescheidungen. In den lokalen Neuigkeitsnotizen der Tagespresse wimmelt es gerade von „Mistress“ (Madame) und „Miss“ (Fräulein), besonders zu Zeiten der Reisesaison, wo man glauben könnte, nur die Damenwelt würde den Vergnügungen der Bade- und Reisesaison huldigen, während die Männer hübsch zu Hause bleiben. Oder man könnte auch zum Glauben kommen, wenn man die Interessen der Weiber so eifrig notiert findet, die Männer hätten die

Rolle der Dienerschaft übernommen, deren man nicht gern Erwähnung tut.

Die Amerikanerin, ob nun ledig oder verheiratet, macht sich in allen Lebenslagen wichtig, und ihre privilegierte Stellung entspricht ganz ihrem Naturell oder ihren Charakteranlagen. Die Amerikanerin ist stolz, selbstbewußt, widerspenstig gegen äußere auf sie wirkende Einflüsse und unversöhnlich gegen persönliche Widersacher. Sie trägt in der Öffentlichkeit und in der Gesellschaft eine große Gleichgültigkeit zur Schau, was zur irrtümlichen Meinung Veranlassung geben könnte, als lege sie kein Gewicht auf die Werbungen der Männerwelt. Sie neigt aber zu großer Leidenschaftlichkeit hin, sobald äußere Rücksichten ihr keine Beschränkungen mehr auferlegen. Ihre Liebe geht nicht tief, aber es schmeichelt ihrem Ehrgeize, wenn sie die Männerwelt in ihre feingezogenen Netze hineinzuziehen weiß. Sie ist eine vollendete Kurtisane, die die Männerwelt an sich zieht und wieder abstoßt, sobald sie sich bewußt ist, die Herrschaft über sie erlangt zu haben. Sie sucht die Zuneigung nicht um der Liebe sondern um des Triumphes willen, den es ihr bereitet, die Männer um sie werben zu sehen. Im Grunde genommen wird sie von großen Leidenschaften beherrscht, die jedoch nicht von Dauer sind, und wie der Amerikaner von Natur aus ein geriebener Spekulant ist, so die Amerikanerin eine schlaue Venus. Ihre Liebe ist unständig, ihr Charakter wankelmütig, und während sie scheinbar einem Manne zugetan ist, wird ihr Herz von neuen Leidenschaften bewegt. Sie ist keine traute Lebensgefährtin, wie man es anderwärts findet, denn ihre unaustilgbare Sucht nach Herrschen und in der Familie die tonangebende Rolle zu spielen, wird auf einen selbständigen Charakter abstoßend wirken und nur da den Wunsch nach Trennung vermeiden, wo der Ehemann sich fatalistisch seinem Schicksal ergeben hat.

Die Amerikanerin liest viel, doch vorwiegend Unterhaltungs- und Sensationsstoffe, insbesondere ist sie eine eifrige Leserin der Tagespresse, indessen bekundet sie auch Sinn und Interesse für Gegenstände, die nicht zum alltäglichen gehören, und dies weit mehr als der Amerikaner, was sich daraus erklärt, daß ihr mehr Mußezeit eingeräumt ist als dem Manne, dem das Gewinnfieber jeden Sinn für andere geistige Betätigungen geraubt hat. Daß die Amerikanerin rachsüchtig ist, wenn sie in ihren Eroberungszügen sich getäuscht sieht, ist weiter nichts als die Folge gekränkter Eitelkeit. Wegen der großen ihr zustehenden Rechte kann es gefährlich werden, sich einer Amerikanerin zu nähern und mit ihr Beziehungen anzuknüpfen, wenn man sich nicht vorher schon endgültig entschlossen hat, sich ihren Forderungen und Wünschen gefügsam zu unterwerfen.[33] So kann dem Liebhaber ein Bruch des Eheversprechens (break of promise) Tausende von Dollars kosten, was indes für die betreffende Dame oftmals angenehmer ist, als wenn der „Bruch" nicht erfolgt wäre. Daß es sich bei derartigen Prozessen nur um gut situierte Leute handeln kann, die eine Entschädigungssumme auch zahlen können, ist selbstverständlich.

Daß die Amerikanerin eine gewisse Gastfreundschaft übt, auch uneigennütziger Art, und daß sie gegen Fremde höflich und zuvorkommend ist, wollen wir ihr gutschreiben. Während der Unterredung ist sie lebhaft und unterhaltend, doch wird man im Gespräche mit ihr herausfinden, daß es ihr schmeichelt und sie es gerne wahrnimmt, wenn man in irgendwelcher Weise zu verstehen gibt, daß man ihre gesellschaftliche Ausnahmestellung kennt, und gleichzeitig sie fühlen läßt, daß man sie anerkennt. Wenn der Fremde, der die Gesetze und Sitten des Landes kennt, mit einer Amerikanerin verkehrt, so überkommt ihn ein Gefühl, als wenn er zu einem Geschöpfe zweiten Grades degradiert wäre, was auch der Grund ist, daß ein wirklich inniger Verkehr zwischen den beiden Geschlechtern, wie er in außeramerikanischen Gebieten beobachtet werden kann, nicht stattfindet. Die Bevorrechtung des einen und die Reduzierung der Rechte des anderen sind keine Verhältnisse, die ein gemütliches, inniges Zusammenleben bedingen.

Wenn im städtischen Leben durch die Natur der Verhältnisse eine gewisse Steifheit im Verkehr der beiden Geschlechter Platz gegriffen hat, so sollte man wenigstens im Dorfleben einen trauteren Verkehr erwarten. Aber nichts von alledem! Das Leben in den amerikanischen Dörfern ist ebenso ungemütlich und ungesellig wie in den Städten, ja noch durch eine größere Langweiligkeit ausgezeichnet. Trotzdem sich diese Dorfjungens und Dorfschönen von Jugend auf gegenseitig kennen und ein geselliger Umgang unter ihnen das Natürlichste von der Welt wäre, verleugnen auch die Dorfmädchen ihre naive Prüderie nicht und vermeiden ängstlich alles, was eventuell gegen die Landessitte und den öden puritanischen Geist verstoßen könnte. Man vernimmt in den amerikanischen Dörfern zur Ruhezeit, des Abends oder an Sonn- und Feiertagen keine fröhlichen Gesänge oder beobachtet Vergnügungen unter den jungen Leuten, wie dies anderwärts, zumal in deutschen oder schweizerischen Dörfern, zu sehen oder zu beobachten ist. Zeitweilig werden auf dem Lande sog. „Picknicks" abgehalten, wo die Jugend sich zusammenfindet, aber da auch bei diesen Picknicks die amerikanischen steifen Sitten sich nicht verleugnen, so kann diesen Picknicks das Attribut des Vergnügens oder der Belustigung kaum zugestanden werden. Während an Sonntagen, wo ein amerikanisches Dorf so ziemlich den Charakter eines Friedhofs darstellt, die Mädchen (girls) in ihren Wohnungen sich eingeschlossen halten oder Bekanntenbesuche austauschen, sitzen die Jungens (boys) in den bekannten „grocerie stores", in den Dorfläden, wo sie bei einer Pfeife Tabak auf dem Ladentische oder sonstigen zum Sitzen geeigneten Gegenständen herumlungernd, sich ihre Wochenneuigkeiten erzählen. Daß sie fröhlich singen oder zechen, ist schon deshalb nicht möglich, weil diese amerikanischen Bauerndörfer zu neun Zehntel dem Temperenzfanatismus unterliegen und daher ein gegenseitiger Trunk ausgeschlossen ist. Findet sich dann irgendwo ausnahmsweise eine Wirtschaft, so ist sie natürlich Sonntags geschlossen, und nur durch ein Hintertürchen vermag der Durstige in das Schanklokal zu dringen. Wenn man diese Szenen in den Dörfern — oder auch in den Städten — beobachtet, so könnte es scheinen, als ob ein Gang in eine öffentliche Wirtschaft etwas Verbrecherisches wäre, den man nur im geheimen tun könnte. Dorfschöne erblickt man in den Wirtschaftslokalen nun ganz und gar nicht. Daß junge Mädchen in Begleitung von Burschen Arm in Arm einer Wirtschaft zusteuern oder gar Mädchen allein, wie man dies in Europa vielfach sieht, eine Wirtschaft besuchen, würde als ein schwerer Schlag gegen die Landessitte aufgefaßt werden. Die fanatischen Temperenzweiber würden über eine unheilvolle Entartung ihres Geschlechts zetern und alle Gesetze anrufen, um diesem Unheil zu steuern. Das Ganze ist natürlich amerikanische Heuchelei, der überdies noch das Brandmal eines Despotismus anhaftet, wie er schlimmer kaum gedacht werden kann. Wenn man dieser Prüderie und Heuchelei die Tatsache gegenüberstellt, daß sog. bessere Bürgermädchen in den Städten, unter Wissen ihrer Eltern oder wenigstens ohne Widerspruch derselben mit ihren Liebhabern in Hotels dann und wann Quartier nehmen, und nachher unbehelligt und unbedenklich in ihr elterliches Haus zurückkehren, oder, was sehr häufig geschieht, Ehemänner mit fremden Ehefrauen und Ehefrauen mit fremden Ehemännern in den Hotels Zusammenkünfte pflegen, so weiß man wahrlich nicht mehr, was man von einem solchen Hypokritentum denken soll. Im amerikanischen Gesellschaftsleben gilt die Maxime: nur den Schein der Öffentlichkeit gegenüber wahren. Was man im geheimen tut, ist durch den Charakter des Geheimen selbst gerechtfertigt, wer aber das Geheime nicht zu wahren weiß, verstößt gegen die Landessitte und verdient, öffentlich an den Pranger gestellt zu werden. Die ganze amerikanische Moral geht also darauf hinaus, den Schein für sich zu haben und ihn sorgfältig zu hüten. Wer mit diesen Grundsätzen zu rechnen weiß, kann getrost alles unternehmen und kein Vorwurf wird ihn treffen. Hiermit hängt auch die amerikanische Auffassung des Charakterbegriffes zusammen, wonach der Charakter des Menschen nicht, wie die europäische Begriffsauffassung lehrt, als Maßstab zur Bestimmung des inneren Wertes eines Individuums zu gelten hat, sondern nur als äußerliches Dekorationsmittel dient. Die wahren Moral- und Charakterbegriffe sind der amerikanischen Rasse fremd geblieben, was nicht zum geringsten seinen Grund in dem alle

Lebensäußerungen durchdringenden und überwuchernden Hang nach Gelderwerb hat. Unter plutokratischen Verhältnissen, wo der Reichtum seine laxen Maxime als mustergültig und als Leitstern auch für die breiten Schichten der Bevölkerung aufstellt, können Lebenserscheinungen höherer Art, wie Moral und Charakter, nicht existieren. Die amerikanische tonangebende Gesellschaft ist spezifisch eine solche des Erwerbs, gleichviel mit welchen Mitteln dies geschieht, und im Rahmen einer solchen kann eine Pflege höher gearteter Kultur nicht stattfinden.

Ein Volk, das im Reiche des Materiellen seine Ideale sucht, hat keinen Sinn für Ideale, die außerhalb des Materiellen liegen. Unter diesem Gesichtspunkte muß man die geistigen Bewegungen erfassen, wenn man das, was in den amerikanischen Staatengebieten auf geistigen Gebieten geleistet worden ist und wird, sich klar machen will. Die geistigen Produkte, wie sie in Wort und Schrift zu Ausdruck kommen, werden durch die Denk- und Sinnesart einer Nation mächtig beeinflußt. Die geistigen Schöpfungen sind nur ein Niederschlag oder ein Abbild dieses Geistes. Nicht allein das ist wahr, was der Philosoph Feuerbach sagt, daß der Mensch „ist“, was er „ißt“, sondern auch, daß der Mensch in seinem geistigen Verhalten durch seinen Sinn für den rein äußerlichen Erwerb beeinflußt ist.

Wir kennen ein Volk, dessen Nachkömmlinge allerdings im Laufe der Jahrhunderte zur Unbedeutendheit herabgesunken sind, das auf geistigem Gebiete so Hervorragendes leistete — wir meinen die alten Griechen — daß wir anzunehmen gezwungen sind, daß dort innerhalb gewisser Teile der Bevölkerung ein hohes, intensives Streben und Interesse an der Pflege geistiger Kultur bestanden haben muß, andernfalls wären die geistigen Schöpfungen der alten Griechen kaum erklärlich. Wenn man auch einerseits bedauern muß, daß damals die produktive Arbeit durch Sklavenhände ausgeführt wurde, so kann man andererseits den altgriechischen Leistungen auf literarischem Gebiete seine Anerkennung nicht versagen, und man wird diese Leistungen um so merkwürdiger finden, als jene Autoren eine verhältnismäßig geringe Summe von Erfahrungen und Erkenntnissen besaßen und sie nur wenig aus der geistigen Vorratskammer von Vorgängern zehren konnten. Wenn man die Welt bereist hat und die Schriften eines Aristoteles, eines Plutarch, eines Sophokles oder Euripides, eines Thukydides von neuem zur Hand nimmt, so muß man erstaunen über den Reichtum des Geistes, der sich in einer Zeit offenbarte, die zwei Jahrtausende hinter uns liegt und aus dessen Tatbestand man ganz bedenkliche Schlüsse auf den geistigen Fortschritt ziehen muß. In der Befähigung, die Begriffe zu analysieren und zu definieren, im logischen Aufbau der Gedankenreihen und in der Macht und Präzision des Ausdrucks sind genannte Autoren wohl nie übertroffen worden.

Weniger universell, aber in einzelnen Fachgebieten doch ausgezeichnet, waren die geistigen Schöpfungen der alten Römer, so im Gebiete der Rhetorik und der Geschichtschreibung. Zu den hervorragendsten Repräsentanten des römischen Schriftstellertums zählen wir Cicero, Livius, Virgil, Horaz, Tacitus und Suetonius. Diese Geistesschöpfungen der alten Griechen und Römer müssen uns vor Augen führen, daß in bestimmten Bevölkerungskreisen jener Rassen viel geistige Kraft wirksam war, die einer besseren Entfaltung und vor allem eines größeren Wirkungskreises wert gewesen wäre. Aber in der Folge eintretende unglückliche ökonomische Verhältnisse ließen die geistigen Kräfte dieser Rassen nicht zu einer durchgreifenden Betätigung gelangen, bzw. dieselben dem allgemeinen Nutzen und Interesse dienstbar machen. Die nachklassische, d. h. spätere Literatur der Griechen und Römer zeigt alle Anzeichen des Verfalls, der sich hauptsächlich darin erkennbar machte, daß die geistigen Schöpfungen in das Sonderinteresse der Macht und des Reichtums gestellt wurden. Sie dienten vorzugsweise der Verherrlichung der Mächtigen und Großen, wodurch es geschah, daß sie, anstatt, wie dies in ihren ersten Ansätzen der Fall war, der Ausbildung und Aufklärung des Geistes gewidmet waren, den menschlichen Größenwahn großzogen und pflegten. Anstatt das geistige Leben zu vertiefen und zu veredeln, mußte jene Abart geistiger Erzeugnisse dasselbe versumpfen und ihm jede selbständige Regung rauben. Die moderne amerikanische Literatur zeigt in manchen Punkten eine merkwürdige Ähnlichkeit mit der griechischen und römischen Literatur der späteren Perioden, indem sie ihre Hauptaufgabe darin zu erblicken vermeint, sich in den Dienst des Reichtums zu stellen. Außerdem ist nicht zu verkennen, daß in manchen Zweigen der modernen nordamerikanischen Literatur ein gewisser Zug von Pessimismus sich zeigt, der uns lebhaft an die bekannte Schopenhauersche Philosophie erinnert.[34]

Es kann nicht behauptet werden, daß das Amerikanertum seit der Gründung eines eigenen Staatswesens in größerem Umfange wirklich Bedeutendes und Originelles auf geistigem Gebiete geleistet hat; dem Amerikaner fehlt der Sinn und die Ausdauer, sich mit Gegenständen zu befassen, die ein eingehendes Studium und viel Nachdenken erfordern. Er hat wenig Interesse, sich irgendwie mit einem Gegenstande zu beschäftigen, der ihm von den Bedürfnissen des Lebens zu weit abliegt und dessen Studium ihm keinen Gewinn greifbarer Art in Aussicht stellt. Sein Blick ist so auf das Leben geheftet, daß er die geistigen Bewegungen, das geistige Leben und im engeren Sinne die Wissenschaft nur unter dem Gesichtspunkte würdigt, wie diese geistigen Betätigungen sich vorteilhaft für das materielle Leben stellen.[35]

Geisteswissenschaften wie Philosophie finden im Lande Onkel Sams nur geringe Pflege, und in bezug auf die Wissensgebiete wie Theologie, Jurisprudenz, Medizin und Staatswissenschaften wird beim Unterricht das Hauptaugenmerk auf das für die vorhandenen Bedürfnisse Zweckdienlichste und auf eine möglichst schnelle Durcharbeitung des gebotenen Stoffes gelegt. Dem amerikanischen Unterricht in den höheren Wissensgebieten, wie Philosophie und Naturwissenschaften usw., mangelt vor allem die gründliche wissenschaftliche Behandlung des Stoffes, eine Unterrichtsmethode allerdings, die bei der vielfach mangelhaften Vorbildung der Studierenden auf manche Schwierigkeiten bezüglich des Verständnisses des Vortrages stoßen würde. Auch ist die „Lehrfreiheit" in gewissen Gebieten, wie auch in anderen Ländern, eine beschränkte.[36]

Wenn nun auch in den höheren Wissensgebieten die amerikanische Rasse nichts sonderliches leistet, so ist andererseits doch nicht zu verkennen, daß im Gebiete der Technik und der Gewerbe eine umfangreiche und reichhaltige Literatur sich breit macht. In diesen Gebieten wimmelt es geradezu von Zeitschriften und Zeitungen, die für den jeweiligen Interessenten manches Instruktive enthalten. Diese Fachschriften im Gebiete der Technik und der Gewerbe sagen dem Naturell des Amerikaners mehr zu als allgemeine geistige Erzeugnisse, denn ihre Notizen und Ausführungen können seinem nach Geld gierigen Geiste mehr Vorteile in Aussicht stellen, als letztere Gattung.

Wie die Geistesprodukte so zeigt auch das amerikanische Schulwesen die Tendenz, vorwiegend der Verbreitung der Kenntnisse zu dienen, wie sie die Bedürfnisse des materiellen Lebens erheischen. Auch hier gilt der berühmte Spruch: time is money. Die sog. Volksschule (grammar oder primary school), zu einem großen Teil unter Leitung junger unerfahrener Mädchen stehend, und dies in den Städten wie auf dem Lande, bietet nur gerade das, was man in bezug auf dürftiges Wissen von einer Schule verlangen kann. So wenig in Geistesbildung an diesen Volksschulen geschieht, so wenig in bezug auf Ausbildung der Herzens- und Gemütsanlagen. So ein amerikanischer Bauernjunge, wenn er kaum zehn Frühlinge zählt, lebt und schwebt in den Dollars und Cents, das Geldmachen beherrscht schon seinen ganzen Gedankenkreis und läßt kein Interesse an anderen Dingen aufkommen. Noch schlimmer steht es um die städtischen Jungens, die den „Cents“ eifriger nachjagen, als der Teufel den ihm verfallenen Seelen.

Der Kernpunkt des amerikanischen Schulwesens liegt in seinen bekannten „colleges“, d. h. Fachschulen der verschiedenartigsten Kategorien. Da gibt es — und diese besonders sind allenthalben verbreitet — die „commercial colleges“ (Handels- und Gewerbeschulen), „law colleges“ (Schule für Ausbildung im Rechtswesen), „medical colleges“ (Schulen für Mediziner) usw.; dazu kommen noch die sog. „normal schools“, die etwa den deutschen Seminaren entsprechen. In all diesen Lehrkursen, deren Lehrzeit im Durchschnitt sehr kurz bemessen ist, oft nur 4—6 Monate dauert, werden die verschiedenen Spezialgebiete mit bewunderungswürdiger Schnelligkeit und Oberflächlichkeit durchgehechelt, denn auch dem Lehrer wie dem Schüler gilt der Grundsatz: time is money.

Was nun die Universitäten (universities), deren Zöglingen der Sport oft mehr gilt als ernste Wissenschaft, im besonderen[87] anbetrifft, so entsprechen sie keineswegs den deutschen Universitäten, die in Aufstellung ihres Lehrplans allgemein als Musteranstalten gelten, indem von dem Lehrplan der amerikanischen Universitäten mehrere große Fachgebiete ausgeschieden sind und in speziellen „colleges“ gelehrt werden. So werden auf diesen Hochschulen Philosophie, Geschichte, Mathematik und Naturwissenschaften, Politik und Ästhetik gelehrt, während der Unterricht in Jurisprudenz, Theologie und Medizin speziellen Fachschulen anvertraut ist. Die Universität in Chicago hat beispielsweise die vier Fakultäten der Kunst (Arts), der Wissenschaft (science), des Handels und der Politik (Commerce and Politics) und der Philosophie (Philosophy). Dazu treten an den Universitäten noch besondere Kollegien über Gebiete, deren Behandlung man anderwärts töricht findet, über Gebiete, für die sich irgendein reicher Protektor oder irgendeine reiche Protektorin interessiert, und die sich nun das Vergnügen machen, einen speziellen Lehrstuhl für die „Professur“ zu errichten und finanziell zu unterhalten.

Es ist nicht zu leugnen, daß allen diesen Schulen das Merkmal des Oberflächlichen anhaftet, da ein tieferes Eindringen in die verschiedenen Wissensgebiete nicht angestrebt und auch nicht verlangt wird. Dem hastigen, unsteten, nur auf der Oberfläche weilenden Geist des Amerikaners ist ein Nachsinnen und ein Nachgrübeln zuwider, und er verlangt in all seinen Unternehmungen sobald als möglich greifbare Vorteile, andernfalls verliert er das Interesse am betreffenden Gegenstande.

Was nun die geistige Beschäftigung des Amerikaners überhaupt anbetrifft, so ist nicht zu leugnen, daß er viel liest, aber nur das, was ihm ohne Mühe verständlich ist, was ihm eventuell von Nutzen sein kann, oder was seinen Sinn in Aufregung bringt. In Wirklichkeit ist er unbelesen wie die meisten Menschen.[38] Seine Lieblingslektüre ist die Tagespresse, deren geistige Höhe mit der seinigen harmoniert, die er also ohne Mühe liest und die ihm durch die Berichterstattung der täglich irgendwo auftretenden Neuigkeiten seine Gelüste nach Sensation befriedigt. In der Zeitungspresse erwartet er alles Wünschenswerte: die politischen Tagesfragen, Geschäftsvorkommnisse, sensationelle Tagesereignisse lokaler Natur usw. Der Einfluß der Tagespresse ist groß, was keineswegs zu begrüßen ist, da ihr Schwerpunkt in breiter Ausmalung und Aufbauschung des momentan Gebotenen liegt und sie keinerlei ethische oder aufklärende Momente enthält. Die amerikanische Zeitungspresse ist geistig flach, ihre Darstellungen bewegen sich auf ausgetretenen Pfaden und haben nur flüchtigen Wert, gleich dem Leben einer Eintagsfliege. Das unruhige amerikanische Leben spiegelt sich in der Presse wieder, sie gibt nur Befriedigung für den Moment der Lektüre, und man merkt es dem ganzen weitschweifigen Wortschwall an, daß er nur dazu dienen soll, den Mangel an eigenen, originellen Gedanken zu verdecken. Sie ist fortwährend auf der Suche nach etwas Neuem begriffen, und wenn der Moment nichts bietet, wird etwas erfunden. Durch diese eigenartige Praxis erzeugt sie im Leser selber das Bedürfnis, nicht bloß täglich, sondern wie an größeren Plätzen mehrmals täglich dergleichen frische Geisteskost vorgesetzt zu bekommen, und er wird nur selten in die Lage kommen, das einmal Gelesene nach Wert und Inhalt zu prüfen.

Die amerikanischen Zeitungen, wenigstens in den Städten, sind große industrielle Unternehmungen, meistens Aktiengesellschaften, die oft mit fabelhaften Summen operieren. Da sie die gesuchteste Lektüre bilden, so stellen ihre Unternehmungen einen rentablen Erwerbszweig dar, und zwar sowohl infolge des Abonnementsbezugs und des Straßenverkaufs als auch dadurch, daß sie von Privaten und der Geschäftswelt zu Annoncenzwecken stark in Anspruch genommen werden. Aus diesem unverhältnismäßig großen Absatze, wie auch aus angegebenem Umstande, daß die Zeitungspresse das Medium für das gesamte kauf- und verkaufslustige Publikum bildet, erklärt es sich, daß diese amerikanischen Zeitungen oft große Reichtümer aufhäufen, wie man sie anderwärts nicht leicht findet.

Die Zeitungsgebäude in den großen Städten sind oft wahre Riesenbauten, die uns einen Begriff geben von dem Apparat, der dort in Tätigkeit gesetzt ist. Wir erinnern an die Etablissements der „Neuyork World“, „Neuyork Times“, Neuyork Herald“, „Philadelphia Times“, „Chicago Inter Ocean“, „St. Louis Globe Democrate“, „San Francisco Chronicle“ und des „San Francisco Call“. Aber nicht bloß in großen Städten, wo es sich als lukratives Unternehmen durch seine Kolossalbauten dem Publikum dokumentiert, floriert das amerikanische Zeitungswesen, sondern auch in der „Provinz“, also an kleineren Plätzen macht dasselbe gute Geschäfte, was als Beweis gelten kann, wie das Amerikanertum diesen Erwerbszweig in Anspruch nimmt. Es bedarf seiner und nimmt es zu Hilfe bei den verschiedensten Anlässen, so daß die Zeitungen zu einem allgemein gesuchten Kaufsartikel sich gestalten, nicht weniger begehrt als ein zur Lebenshaltung notwendiger Bedarfsartikel. Neben geschäftlichen Anzeigen sucht der Amerikaner auch nach dem Sensationellen, und da er weiß, daß seine Zeitung auf dem Gebiete der Neuigkeiten das denkbar Möglichste leistet, so kann er ihr nicht entraten, ob er nun in einem entlegenen Präriedorfe wohnt oder in der Großstadt.

Die amerikanische Zeitung, geschmeidig wie ein Aal und dienstbereit wie ein Sklave, bietet alles auf, um ihre Gönner in guter Laune zu halten. Sie weiß jede Schwäche, die dem Amerikanertum anhaftet, zu verdecken und jedwedes ihm Zusagende auf goldener Tablette zu servieren. Sie kennt seine Alltagsbestrebungen und sucht sich in ihren Darstellungen seinen Interessen und Herzenswünschen sorgsamst anzupassen. Sie vermeidet daher alle Kritik, jede selbständige Haltung in irgendwelcher Form, jedes selbständige Urteil. Sie gibt die Begebenheiten und Ereignisse in weitschweifiger, umständlicher Form, oft entstellt und übertrieben, aber enthält sich jedweder kritischen Bemerkung, weil sie fürchtet, bei einer entgegengesetzten Meinung oder Anschauung eines Lesers oder einer Leserin hierdurch Anstoß zu erregen.

Die amerikanische Zeitungspresse ist schmeichlerisch und großsprecherisch zugleich, und beides liegt im Sinne des Amerikaners. Sie treibt den Byzantinismus, d. h. Anbeterei und Schmeichelei in einer Form, die um so abstoßender wirkt, als dieser Byzantinismus nicht aus Gründen des Zwanges, wie dies unter einem despotischen politischen Regime der Fall ist, hervorgeht, sondern im Hinblick auf die Freiheit der Presse als freie Willensäußerung und freie Kundgebung erscheint. Daß der Amerikaner aller Ideale verlustig gegangen ist, könnte man schließlich noch verzeihlich finden, daß er aber keine andere Sprache zu führen weiß, als die, welche seiner Einbildung und seinem Größenwahn schmeichelt, daß er nur das, was das Amerikanertum lobt, hören und lesen will, ist ein bedenklicher Zustand moralischer Schwäche und weist gleichzeitig auf eine große Voreingenommenheit von sich selbst hin. So wenig er Kritik übt, so wenig besitzt er die Stärke, Kritik zu ertragen. Man wird überall finden, daß es gefährlich ist, irgendwelche kritische Worte über die Verhältnisse von Onkel Sams Landen auszusprechen: in diesem Momente verändert sich die Gesinnung des Amerikaners urplötzlich, und er wird aus dem besten Freund ein erbitterter Feind. Unbekannt mit anderweitigen Verhältnissen, hält er die seinigen „jenseits“ des Tadels und der Kritik, sie allein erscheinen ihm mustergültig. Diese irrige und geradezu verderbliche Auffassung, die auch von europäischen Ideologen und Amerikaschwärmern geteilt wurde, wird von der Zeitungspresse nach Kräften ausgenützt und breitgetreten, und zwar sowohl aus geschäftlichen Rücksichten, als auch aus ihrem Streben, als Hauptvertreterin der panamerikanischen Interessen zu gelten. Sie bauscht daher alles, von dem sie annehmen darf, daß sie hierdurch in den Augen des Yankee sich Gefallen erwirbt, zu einer kolossalen Scheingröße auf. Geistig genommen wirkt die englisch-amerikanische Presse erschreckend geistesverödend und, da sie in der Pflege des Sensationellen einen mächtigen Hebel ihrer eigenen Interessen erblickt, aufregend, und erreicht es, daß der Leser an wirklicher geistiger Kost keinen Gefallen mehr findet.

Obgleich jede amerikanische Zeitung ihren reichlichen Teil vom Sensationellen enthält, so gibt es doch noch eine besondere Spezies dieser Presse, die die Sensation als ihre Hauptaufgabe aufgestellt hat. Es ist dies die sog. gelbe Presse, deren besondere Tätigkeit darin besteht, Tages- und politische Ereignisse in riesiger Vergrößerung ihren Lesern vorzuführen und die gleichzeitig keine Gelegenheit vorübergehen läßt, sich als oberste Hüterin der panamerikanischen Politik aufzuwerfen. Sie ist auch die fanatische Verfechterin jener berüchtigt gewordenen Monroe Doktrin, wonach außeramerikanische, insbesondere europäische Mächte, auch wenn noch soviel Anlaß gegeben wäre, sich aller Einmischung in amerikanische Vorgänge zu enthalten hätten und nur die Washingtoner Regierung als oberste Richterin zu gelten hätte. Sie ist in hohem Grade nativistisch oder fremdenfeindlich und ist jederzeit bereit, ihren Bannstrahl zu schleudern gegen Elemente, die den panamerikanischen Interessen zu opponieren wagen. Sollte diese Presse die Oberhand gewinnen, was bei dem exzentrischen Wesen des Amerikaners gar nicht zu verwundern wäre, so sind Reibungen mit fremden Mächten unausbleiblich, und vielleicht gibt sich dann Gelegenheit, jener Monroelehre eine Auslegung zu geben, die man jenseits des Ozeans gar nicht erwartet hätte.

Die Affenliebe der englisch-amerikanischen Zeitungspresse für ihr eigenes Land hat es bis jetzt noch nicht fertig gebracht, für die Beseitigung resp. Milderung der vielen Gebrechen, die dem Lande bzw. den Verhältnissen des Landes anhaften, zu plädieren, doch ist das Bemühen dieser Presse anerkennenswert, alles Schadhafte mit dem Mantel der Nächstenliebe zuzudecken und der Außenwelt davon nichts merken zu lassen. Neben Groß- und Wichtigtun ist ihre Sucht nach Schönfärberei ein charakteristisches Merkmal ihrer Betätigung: sie übt diese letztere mit Meisterschaft und keine andere Rasse kann es ihr in dieser Weise gleichtun. Wenn man die Schilderungen liest, die die amerikanische Presse über die Zustände ihres Landes entwirft: über Grund- und Bodenverhältnisse, Erwerbsverhältnisse, über die Gesetzes- und Sittenverhältnisse, über die Energie und Tatkraft des Amerikanertums, so könnte der Unkundige zur Meinung kommen, er wäre jetzt in einem Lande angekommen, wie es seinem längst gefühlten Bedürfnisse entspräche, in einem Lande, wo er alle Aussicht hätte, seine Bemühungen mit Erfolg gekrönt zu sehen. Die Schönfärberei der Presse geht so weit, alle schlimmen Vorkommnisse in ihrem Lande: wie öffentliche Negerverbrennungen, Einkerkerung völlig Unschuldiger, nichtswürdige Vorkommnisse im Gebiete der Gesetzgebung und Verwaltung, traurige Begebenheiten in Familienkreisen, Menschenraub[39] usw., dem Leser in einer Form vorzuführen, daß er meint, diese Ereignisse seien nichts Besonderes und würden nichts Abnormales zeigen und seien auch keineswegs imstande, auf das amerikanische Leben irgendeinen Schatten zu werfen. Kein Wort der Kritik, kein Ausdruck des Unwillens oder der Entrüstung, auch über die haarsträubendsten Vorkommnisse nicht, ist in dieser Presse zu finden!

Der Durchschnittsamerikaner, dessen geographischer Horizont mit seinem Lande abschließt und für den die übrige Welt in geographischer, ethnographischer und ökonomischer Richtung eine terra incognita ist, hält sich auf Grund der massenhaften Einwanderung zur Anschauung berechtigt, daß Mangel am Allernotwendigsten, was der Mensch zu seiner Lebenshaltung bedarf, also Mangel an Nahrungsmitteln, die Fremden zur Auswanderung antreibt und dieselben deshalb Nordamerika aufsuchen, weil dieses Gebiet an allem nur Wünschenswerten Überfluß habe. Natürlich ist die Tagespresse eifrigst dahinter, dieses blöde Vorurteil der amerikanischen Rasse gegenüber den Verhältnissen anderer Länder zu nähren und die grobe Unwissenheit in bezug auf die Verhältnisse außeramerikanischer Produktionsgebiete zu erhalten. Der Lügengeist und die Großmannsucht der amerikanischen Presse offenbart sich nirgends auffälliger als in der Art und Weise der

Darstellung der ökonomischen Zustände ihres Landes. Wie sie einerseits dem Reichtum und seinen Machteinflüssen huldigt, so sucht sie die weitverbreitete, die mittleren und unteren Schichten der Bevölkerung durchdringende Armut totzuschweigen. Ihre ganzen das ökonomische Leben des Landes betreffenden Auslassungen sind ein fein gesponnenes Gewebe von Entstellungen, nur darauf berechnet, Onkel Sam in ein vorteilhaftes Licht gegenüber der Außenwelt zu rücken. Sie geht nicht bloß auf eine geistige Versumpfung des Lebens aus, sondern sucht auch die Leser durch erdichtete Darlegungen in Unwissenheit zu belassen. Kein merklich freier Geist zeigt sich in ihr, ob sie nun der republikanischen oder demokratischen Parteirichtung angehört, denn im Grunde ist sie stark konservativ-plutokratisch, ganz dem plutokratischen Gesellschaftssystem angepaßt. Demzufolge wird das Schicksal der Armut vollständig ignoriert, als ob die Vertreter derselben einer Menschenrasse angehörten, wie die Periöken und Heloten der alten Griechen oder die servi der alten Römer, die zwar geduldet seien, aber keineswegs ein Recht zu ihrer Lebensexistenz hätten. Zu den Repräsentanten der Armut zählen aber im Lande von Onkel Sam stark drei Viertel der Bevölkerung, alle Schattierungen darstellend, vom arbeitslosen Proletarier durch alle Stufen jener armseligen Bevölkerungselemente, die entweder in einem Dienstverhältnis stehen, oder aber mit Hilfe eines sog. „Bruchgeschäftes" sich kümmerlich durchs Leben winden.[40] Jene vielfach zu beobachtende Armut, wie sie in den Prärien und Bergregionen über weit ausgedehnte Landstriche hin auftritt, wo das Großbesitztum den Kleinbesitz aus seiner ehemaligen selbständigen Existenz verdrängt und ihn zu einer Art von Lebensform herabgedrückt hat, — jene erschreckende Form von Armut, wie man sie zu gewissen Jahreszeiten in den Großstädten, wie Neuyork, Philadelphia Chicago, St. Louis u. a. zu beobachten die Gelegenheit hat, wo viele Tausende arbeitslos, ohne allen Schutz und ohne alle Hilfe der Gesetzgebung, heimatlos umherirren, nicht wissend, wohin sie gehören, — jene traurigen, armseligen Verhältnisse, wie wir sie in großen Stadtvierteln und zumal in den Hinterhäusern, oberen Stockwerken und insbesondere in den berüchtigten „Zinshäusern" antreffen, wo die Menschen wie die Kaninchen zusammengepfercht hausen, mit wenig Anteil an Luft und Licht und noch weniger Anteil an sonstigen Gütern — über all diese Verhältnisse und Schicksale ist die amerikanische Presse sorgfältig bemüht, den tonangebenden Elementen der Gesellschaft, der „society," nichts kund werden zu lassen, vermutlich weil sie fürchtet, durch Schilderungen des Elends den oberen Gesellschaftsschichten die Lust an den Genüssen zu verderben. Während sie aber die Kehrseite der Medaille verbergen, füllen die Zeitungen ihre Spalten mit Ergüssen, wie sie den reichen Gesellschaftsklassen schmeicheln, und besonders wird der Damenwelt, d. h. den „ladies of the society" nach allen Richtungen hin Weihrauch gestreut. Der Glaube der Amerikanerin, sie wäre ein außerordentliches Geschöpf, das kein Vorwurf treffe und dessen Interessen niemand zu nahe treten dürfe, wird von der Presse geflissentlich genährt, wodurch eine Eigenliebe und Selbstüberschätzung erzeugt wird, die keine Kritik mehr an sich herankommen läßt. Vollends die Weiber der oberen Zehntausend werden von der Presse in allen Tonarten gepriesen und sie würden es übel vermerken, wenn irgendein Vorgang, der ihre Hoheit betrifft, nicht irgendwo zu lesen wäre. Ihre Eitelkeit ist so groß, daß sie keine Rücksichten auf anderweitige persönliche Interessen nehmen und verlangen, daß ihre eigenen Interessen als die wichtigsten zu verzeichnen sind. Man lese nur die Lokalnotizen der großen Tagesblätter und man wird finden, welche übertriebene Aufmerksamkeit bei Besprechungen gesellschaftlicher Vorgänge dem weiblichen Geschlecht, soweit es zur „society" gehört, entgegengebracht wird. Nicht das Unbedeutendste, das der betreffenden Dame etwa schmeicheln könnte, ist weggelassen, so daß man oft in Versuchung kommt zu meinen, die Befriedigung eines trivialen Eitelkeitsbedürfnisses stehe hierzulande höher als die Behandlung wichtiger und ernster Tagesfragen. Die Millionärinnen beanspruchen einen redlichen Teil von den Zeitungsspalten, und die amerikanischen Zeitungsschreiber, diese modernen Typen eines höfischen Zeitungsstils, wissen beispielsweise bei festlichen Anlässen nicht genug breitspurig auszumalen, welches Mienen- und Gebärdenspiel diese reichen Damen zur Schau trugen, in welche Gewänder sie gehüllt und wie sie mit Perlen, Diamanten und Opalen besät waren.[41] Natürlich liest man nur von Damen, so daß man meinen könnte, hierzulande gäbe es keine Männer! Schade nur, daß diese in Eitelkeit und Reichtum schwelgenden Weiber nicht auch das große Gefolge von Armut, das doch nichts weiteres als die natürliche Wirkung ihres Reichtums ist, als äußeres Gepränge zur Schau stellen können. Ein Troß von Armen im Gefolge würde die Wirkungen des großen privaten Reichtums zutreffender darstellen als das Schaugepränge einer einzelnen Person; ein solches Gefolge wäre eine drastische, die Wirkungen des Luxus aufzeigende Illustration, womit sich jeder Nationalökonom zufrieden geben könnte.

Die amerikanische Zeitungspresse wird nicht genügend erkannt, wenn man nicht ihrer Grundtendenz, eine nativistische, d. h. auslandsfeindliche Gesinnung im Amerikanertum zu erzeugen und zu pflegen, sich bewußt wird. Der neue Ankömmling wird von dieser Tendenz wenig merken oder wenig empfinden, und man muß schon in die Schliche dieser Presse eingeweiht sein, um diesen Geist, der sich gegen das Ausland kehrt und gleichzeitig dem „Panamerikanertum" huldigt, herauszufinden. Haß und Zwietracht gegen das Ausländertum zu säen, alle Vorurteile zu nähren, welche gegen fremde Rassen bestehen, politische Ereignisse und Begebenheiten, die man vielleicht dahin auslegen könnte, als wäre ihre Spitze gegen das Amerikanertum gerichtet, zu übertreiben und aufzubauschen — diese Aufgabe hat, wie erwähnt, in erster Linie die gelbe Presse übernommen, zu welcher Zeitungskategorie die vielgelesensten und verbreitetsten Tagesblätter zählen. Wenn man den Begriff des Nativismus nicht zu eng nimmt, so kann man zwar die gesamte englisch-amerikanische Presse zu dieser Gattung rechnen, denn alle sind den nicht englisch-amerikanischen dort ansässigen Elementen nicht freundlich gesinnt. Indessen betreiben einige davon ganz besonders den Fremdenhaß als ihre Spezialität, sie stehen fortwährend auf der Hochwarte, um vielleicht in den Tagesereignissen etwas zu erspähen, das sie als Folie ihrer Angriffe benützen können. Daß die Temperenzpresse vor allem in dieser Richtung tätig ist, ist nach ihrem ganzen Wesen und Zweck ohne weiteres klar. Die Temperenzpresse möchte am liebsten das ganze Ausländertum nach seiner ursprünglichen Heimat zurücktransportiert sehen, da nach ihrer Ansicht dasselbe die größte Schuld trägt, daß der böse Alkohol in Nordamerika noch existiert und nicht schon von der Bildfläche verschwunden ist.

Da das Deutschtum neben dem Amerikanertum am stärksten vertreten ist, da es seine Sitten und Gewohnheiten noch nicht ganz im Sinne der gelben Presse hat ändern wollen, da es durch Energie und Intelligenz sich zu Ansehen und Einfluß in dem neuen Gebiete emporgeschwungen hat, so fällt es vorzugsweise dem Neid jener Presse anheim. In diesen Anfechtungen wird sie von dem Irländertum, das neben den Polen und Czechen zu der am meisten deutschfeindlichen Rasse zählt, mächtig unterstützt. Der Neid und der Haß darüber, daß das Deutschtum auf allen Gebieten und ganz besonders im Gebiete geistiger Erzeugnisse sich in der Weltgeschichte eine hervorragende Stellung gesichert hat, und nicht minder darüber, daß das deutsche Heimatgebiet als ein mächtiges, kraftvolles Reich dasteht, sitzen diesen deutschfeindlichen Rassen und Nationalitäten so fest, daß sie zu einer anderen Gesinnung gegen das deutsche Element nicht zu bekehren sind.

Es hat Zeiten gegeben, wo es gefährlich war, sich der deutschen Sprache zu bedienen, ob nun an öffentlichen Plätzen oder privaten Zirkeln, und dies war noch, wie mir alte Ansiedler versicherten, bis zu Beginn der Entscheidungskämpfe zwischen Deutschland und Frankreich an vielen Orten der Fall. Erst der für Deutschland günstige Ausgang jener Kämpfe schuf eine Änderung in der Stellung der Deutschen überhaupt wie im besonderen hinsichtlich ihres Einflusses in außerdeutschen Gebieten. Jener Krieg war daher eine Wohltat für das Deutschtum im

Auslande. Insbesondere für die in Onkel Sams Landen ansässigen Deutschen waren jene Erfolge von großem Vorteil, sie brauchten ihre Nationalität, ihren deutschen Namen, ihre Sprache nicht mehr ängstlich zu verheimlichen, wie es vordem vielfach aus geschäftlichen Rücksichten geschah, sondern sie durften ihre Abstammung ohne Rückhalt bekennen. Wenngleich nun auch das Ansehen der Deutschen gestiegen ist und sie an einzelnen großen Niederlassungen, wie in Neuyork, Philadelphia, Cincinnati, St. Louis und anderen großen Städten numerisch stark vertreten sind, so haben sie bis jetzt doch noch nicht vermocht, ihrer Sprache einen auch nur teilweise offiziellen Charakter zu verschaffen, sei dies nun im Gebiete der Gesetzgebung oder der Verwaltung. Wenn man bedenkt, welch große Kulturarbeit das deutsche Element seit mehr als einem halben Jahrhundert in Nordamerika vollbracht hat, so wäre die Forderung, daß sie wenigstens an den Orten, wo sie der Zahl nach überwiegen, ganz nach ihren Gewohnheiten und Sitten, unter eigener Gesetzgebung und Verwaltung leben könnten, nur gerecht und billig. Schon mehrmals wurde der Gedanke angeregt, die Deutschen sollen sich einander anschließen, Verbände und Organisationen gründen, die sich über das ganze nordamerikanische Gebiet, wo Deutsche in erheblicher Anzahl zu treffen sind, erstrecken sollen, um die Wege zu ebnen, die zu dauernder Erhaltung und Pflege ihrer Sprache und Sitten führen sollten. Unter dem engherzigen, vom Geist des öden Puritanismus getragenen Regime der englisch-irisch-amerikanischen Rasse kann es dem Deutschen nie wohl zumute werden, er fühlt fortwährend einen Druck auf seinem Gemüt, dem er aber nicht zu entrinnen weiß. Gleichzeitig muß er sehen und erkennen, wie er rings von Feinden umgeben ist, die ihn teils wegen seiner Nationalität als solcher, weil er eben ein Deutscher ist, befehden, teils auch wegen seiner besseren Schulung, seines redlichen Vorwärtsstrebens und nicht zum wenigsten wegen seiner frohen, heiteren Sinnesart, womit er unter dem amerikanischen Völkergemisch so ziemlich allein steht, ihm mißgünstig sind, und er müßte, wenn er sein nationales Stellungsverhältnis voll begriffe, um so mehr Veranlassung haben, sich mit seinen Stammesbrüdern zu verbinden, um dem Deutschtum dorten mehr und mehr Geltung zu verschaffen. Die großen deutschen Zeitungen sollten dazu die Initiative ergreifen, wenn sie es mit der Erhaltung des Deutschtums ernsthaft nehmen, es erfordert dies, auch abgesehen von Gründen nationaler Gesinnung, der Selbsterhaltungstrieb, denn diese Blätter müssen doch sehen, daß wenn das Amerikanertum überwuchert, auch das deutsche Idiom in Mitleidenschaft gezogen wird.

Ein Zusammenwirken der an größeren Plätzen ansässigen Deutschen wäre ein Weckruf für die vereinzelt und zerstreut lebenden Deutschen und würde überall da, wo nicht ganz ungünstige Fälle vorliegen oder der Yankeegeist das deutsche Gemüt bereits ausgetilgt hat, mit Freuden begrüßt werden. Als Prinz Heinrich vor einigen Jahren seine bekannte Amerikareise unternahm, war dies für das dortige deutsche Element ein Sammelruf und eine Mahnung, auch auf fremder Erde seine Abstammung kund zu tun, und mancher alte Schläfer, der kaum noch wußte, daß seine Wiege in Deutschland stand, wurde emporgerüttelt und daran erinnert, seine Abstammung nicht zu vergessen und dieselbe nach Kräften geltend zu machen. Aus dem Empfang, wie er allerorts dem Prinzen zuteil wurde, war zu ersehen, daß die Deutschen in Amerika ihn als den willkommenen Repräsentanten des Deutschtums feierten, dem sie zwar nicht mehr direkt angehören, daß ihnen aber durch den Besuch Gelegenheit geboten sei, ihre Sympathien dem Sohne des angestammten Mutterlandes zu bezeigen.[42]

Man kann beobachten, daß jede Nationalität, die in einem fremden Gebiete ansässig ist, ihre Anhänglichkeit an ihre frühere Heimat bewahrt und bereit ist, im gegebenen Falle dieselbe öffentlich kund zu tun. Mögen auch einzelne ihrem Heimatlande sich völlig entfremden und alles Interesse an den Schicksalen desselben verlieren, so läßt sich dies von der Nationalität im ganzen keineswegs behaupten: sie nimmt, wie man wahrnehmen kann, tatsächlich mehr Interesse an den Vorgängen im Heimatlande als an denen des neuen Ansiedlungsgebietes. Aber mit der Anhänglichkeit an die ursprüngliche Heimat, die jeder Nation eigen ist, ist für die betreffende Nationalität nichts getan, und es wird sich darum handeln, in dem neuen Niederlassungsgebiete Verhältnisse zu schaffen und Einrichtungen zu treffen, die sowohl für sie selbst als für das Ansehen des Mutterlandes von vorteilhaftem Einflusse sind. Jeder Beobachter muß unserer Behauptung beipflichten, daß unter den Personen, die dem Auswanderungskontingent angehören, ein verhältnismäßig großer Prozentsatz von Unternehmungs- und Arbeitsgeist, ebenso von Intelligenz sich findet, daß daher die Auswanderung unter gewissen Verhältnissen weder vom ökonomischen noch vom intellektuellen Standpunkte eine wünschenswerte Erscheinung ist. Gemeiniglich sind es jüngere Personen, also noch produktive Kräfte, die sich zum Schritt der Auswanderung entschließen, dabei keineswegs in ökonomischen Verhältnissen lebend, worin die Menschen nicht mehr die Kraft in sich spüren, eine Besserstellung ihrer Lebenslage anzustreben. Viele dieser Auswanderer, von denen manche schon denkwürdige Pioniere der Kultur geworden sind, kommen in der Folge in Verhältnisse, die sehr viel Mut und Energie erfordern, um angesichts der vielen sich entgegenstellenden Widerwärtigkeiten und Hemmnisse nicht Schiffbruch zu leiden. Zeigt schon diese einfache Überlegung zur Genüge, daß eine Übersiedlung solcher tatkräftiger Personen einen ökonomischen Verlust für das Heimatgebiet bedeutet, so wird der Schaden, den die Auswanderung dem Mutterlande zufügt, ein ganz empfindlicher, wenn der Ansiedler in seinem neuen Produktionsgebiete neben der ökonomischen auch die Verbindung aufgibt, die er mittelst Sprache und Sitten mit seiner bisherigen Heimat besessen hatte. Muß er sich überdies einer neuen Gesetzgebung unterwerfen, so sind alle seine alten Beziehungen aufgehoben und er kann für sein Geburtsland als ein positiver Verlust gelten.

Niemand wird bestreiten, daß die Auswanderung von ökonomischen und intellektuellen Kräften für das Mutterland ein großer Übelstand ist, der nur dadurch in seinen schädlichen

Wirkungen einigermaßen abgeschwächt werden kann, wenn die ausgewanderten Bevölkerungselemente durch Wahrung fundamentaler Verhältnisse, wie Sprache und Sitten, ihre Abstammung kund tun. Werden Sprache und Sitten im neuen Niederlassungsgebiete beibehalten, so ist für das Ansehen der betreffenden Nationalität schon viel gewonnen, und es würde sich hiernach in erster Linie darum handeln, daß die neuen Ansiedler auch auf Verwaltung und Gesetzgebung einigen Einfluß erlangen. Das wird bei ernstlichem Wollen in dem Falle am leichtesten durchführbar sein, wenn Angehörige einer auf einer höheren Kulturstufe stehenden Nation in großen Massen auswandern und sich gleichzeitig im fremdländischen Gebiete örtlich soviel wie möglich zusammenschließen, um so die Gründung von Organisationen zum Zwecke der Wahrung ihrer nationalen Sitten und Gebräuche zu erleichtern.

Das Deutschtum, das jetzt durch mehr als sechs Dezennien hindurch ein starkes Kontingent zur Auswanderung nach Nordamerika stellt und nach ungefährer Schätzung 12 Millionen Stammesangehörige dorten zählt, wäre in erster Linie dazu berufen gewesen, innerhalb des Gebietes ihrer größeren Niederlassungen an ihren nationalen Eigentümlichkeiten und Errungenschaften festzuhalten, und so echt deutschnationale Kultur im neuen Produktionsgebiete zu pflegen. Zwar machte sich die englisch-amerikanische Rasse mit ihrer Sprache, Sitte und Gesetzgebung allenthalben wichtig und trat gebieterisch auf, jederzeit bereit, den nachfolgenden neuen Ansiedlern ihre Herrschaft aufzudrängen. Es schien, als ob die englisch-amerikanische Rasse alle Rechte, die sich an das Land und seine Bevölkerung knüpften, zum voraus mit Beschlag belegt hätte und nun kein Mittel scheute, andere Rassen und Nationalitäten in diesem noch größtenteils erst der Kultur zu erschließenden Lande ihrem Machtgebote dienstbar zu machen. Wären die Deutschen bei ihrer Einwanderung über die dortigen Verhältnisse besser unterrichtet gewesen, so hätten sie gewiß nicht gezögert, ihre Stammesangehörigkeit gegenüber der als Machthaberin sich aufspielenden englisch-amerikanischen Rasse schärfer zu betonen, Sprache und Gebräuche beizubehalten, um so in der Folge auf Gesetzgebung und Verwaltung einen entsprechenden Einfluß zu erlangen. Aber die Ungewohntheit mit den neuen Verhältnissen, die fremde Sprache und die fremden Sitten, denen sie begegneten, sowie überdies ein nicht wegzuleugnender Mangel an nationalem Bewußtsein hinderten sie, gleich bei ihrer Niederlassung Schritte zu ergreifen, die geeignet waren, ihrer nationalen Abstammung die gebührende Achtung und Stellung zu erobern. Abgesehen von dem einen Teile der Bevölkerung von Pennsylvanien, der unter dem Namen „Deutsch-Pennsylvanier" bekannt ist und die überkommene Sprache trotz allen englisch-amerikanischen Einflusses beibehalten und auf seine Nachkommenschaft Generationen hindurch vererbt hat, und abgesehen von vereinzelten Kolonien in Texas, Kansas, Missouri, Wisconsin, Jowa und Minnesota, die rühmlich an ihrer Nationalität festgehalten haben, haben die Deutschen im allgemeinen wenig darauf Bedacht genommen, das, was sie von ihren Vätern ererbt, auch in den neuen Landen geltend zu machen und weiter zu kultivieren, sondern sie haben infolge eines unverzeihlichen Assimilationssinnes den neuen vorhandenen Verhältnissen gegenüber eine große Schwäche und sich allzu leicht den Überhebungen einer fremdländischen, ihrer nicht ebenbürtigen Rasse gefügig gezeigt. In großen Niederlassungen, die vorwiegend eine Bevölkerung deutscher Abstammung aufweisen, wie Philadelphia, Neuyork, Cincinnati, Milwaukee und St. Louis u. a. müßte unbedingt der deutsche Einfluß, wie er sich in Geltendmachung der Sprache und Sitten, in seiner Mitwirkung in Gesetzgebung und Verwaltung äußert, eine bedeutsame Rolle spielen; statt dessen beobachtet man das Deutschtum in eine sekundäre Rolle gedrängt, seiner Sprache und Sitten verlustig gehend und einer fremdländischen Gesetzgebung unterworfen. Die irisch-englisch-amerikanische Eifersucht, wozu noch der Einfluß der deutschfeindlichen polnisch-czechischen Rasse hinzukommt, hat bis jetzt eine unabhängige, selbständige Vereinigung der deutschen Ansässigen zu hintertreiben gewußt. Indessen ist es für das Deutschtum in Nordamerika noch nicht zu spät, sich aufzuraffen und Organisationen zu schaffen, die die Erhaltung deutscher Art garantieren und die Vermischung deutschnationaler Gesittung mit der amerikanischen verhindern. Eine kraftvolle, mit Umsicht geleitete und über die bedeutenderen, vorwiegend von Deutschen bewohnten Produktionsgebiete sich erstreckende Organisation müßte die betreffenden Landesteile und Örtlichkeiten zu wirklich deutschen umgestalten, so daß jeder neu hinzukommende deutsche Einwanderer im neuen Niederlassungsgebiete eine zweite deutsche Heimat finden könnte. Das Bewußtsein, daß er nach seiner Auswanderung kein ungewohntes fremdländisches Joch zu tragen hat, und daß er bloß seinen Standort, nicht aber seine Nationalität aufgibt, würde seinen Unternehmungsgeist und seine Schaffenslust stärken und die Entbehrungen und Strapazen, die die Gründung eines neuen Heims gemeiniglich im Gefolge hat, leichter tragen helfen. So möge denn, wie das Deutschtum in seinem alten Heimatlande sich trotz aller Widersacher zu einer mächtigen unabhängigen Nation hindurchgerungen hat, in der weiteren Zukunft dasselbe auch im neuen von ihm angesiedelten Gebiete sich unabhängig von fremdem Einflusse machen und seine nationalen Besitztümer und Errungenschaften bewahren!

Anmerkungen.

[1] Umgebung von Neuyork und Einlauf der Dampfer. Nähert man sich vom Ozean aus der Weltstadt Neuyork, so erblickt man, nachdem man den kleinen Landstreifen Sandy Hook mit seinem Leuchtturm passiert hat, zur Rechten die Inseln Coney Island und Long Island, an die sich weiter nördlich die Stadt Brooklyn anschließt. Zur Linken gewahrt man die Insel Staten Island mit den nördlich der Reihenfolge nach sich angliedernden Plätzen Jersey City und Hoboken. Die Stadt Neuyork selbst, auf der Insel Manhattan gelegen und vom Hudson und East River umgeben, hat man, wenn man die Obere Bay (Upper Bay) oder den Neuyorker Hafen kreuzt, direkt vor sich liegen, und man gewahrt vom Meere aus alle die höher gelegenen Punkte des unteren, gegen den Hafen zu gelegenen Stadtteils. Auf der Fahrt durch die Obere Bay passieren wir die kleinen, unscheinbaren Inseln Liberty Island, Governor's Island und — als Ausmusterungsplatz der Einwanderer resp. Zwischendeckpassagiere bekannt — Ellis Island. An das Nordende von Neuyork, über dem Harlemfluß gelegen, schließt sich die große Vorstadt Bronx an.

Nach Passierung des Leuchtturms von Sandy Hook, des engen Meeresarms („the Narrows") zwischen Long Island und Staten Island, sowie nach Durchkreuzung der Oberen Bay wenden sich die europäischen Dampfer teils Hoboken, an der Westseite des Hudsonflusses gelegen, zu, teils steuern sie nach der Ostseite des Hudson, also nach der Neuyorker Seite dieses Flusses, wo die respektiven Ankerplätze und Docks liegen.

[2] Auf Ellis Island. Bekanntlich werden die Zwischendeckspassagiere (vulgo Einwanderer genannt) bei ihrer Ankunft im Hafen von Neuyork aus ihren Ozeandampfern ausgeladen und in Spezialdampfern auf den im Neuyorker Hafen gelegenen Ausmusterungsplatz

„Ellis Island" verbracht, wo sie einer Prüfung unterzogen werden, ob sie auch landungsfähig sind. Den Neulingen ist hier gleich Gelegenheit geboten, einen Vorgeschmack von der berühmten amerikanischen Freiheit zu erhalten. Nachdem sie stundenlang auf den steinernen Treppengängen in Hangen und Bangen gewartet haben, werden sie langsam in die den Mittelbau des Riesengebäudes durchziehende Einwanderungs- resp. Ausmusterungshalle eingelassen, wo sie einzeln die durch Barrieren eingeschlossenen engen Mittel- und Seitengänge zu passieren haben, gegen deren Ende zu sie einer oberflächlichen gesundheitlichen Prüfung unterworfen werden. Die dort postierten sog. Doktoren fühlen ihnen den Puls und schauen ihnen gleichzeitig scharf in die Augen, ob sie aus ihren Wahrnehmungen Schlüsse auf eine etwa vorhandene Krankheit ziehen könnten. Diejenigen, welche den hygienischen Vorschriften nicht entsprechen, werden vorerst in besonderen zu diesem Zwecke abgesonderten Gelassen zurückbehalten, während die übrigen einer zweiten Prozedur unterzogen werden, nämlich der, ob sie auch das vorgeschriebene Quantum von Barmittel (gegenwärtig 30 Dollars) mit sich führen. Hat der „Einwanderer" auch diese Forderung erfüllt, so wird er in Freiheit gesetzt und kann auf einem beliebigen, den Verkehr zwischen Ellis Island und Neuyork vermittelnden Küstendampfer seine Reise nach der Weltstadt fortsetzen.

Wir bemerken noch, daß sich die Gesamtprozedur oft auf die Dauer eines ganzen Tags erstreckt, daß in der Ausmusterungshalle das Schauspiel eines bunten Völkergemisches sich zeigt und daß eine Menge Dolmetscher und Agenten anwesend sind, von denen die letzteren keinen Moment zögern, die in ihre Obhut sich stellenden Grünlinge (Landsleute oder andere) oft in der raffiniertesten Weise zu schröpfen.

[8] Der Auswanderer. Wer seine Heimat verläßt, um sich auf einem fremdländischen Gebiete anzusiedeln, muß sich bewußt sein, daß er erstlich alle seine Beziehungen zur alten Heimat aufgibt, zweitens daß er ganz neuen, zum Teil ungewohnten Verhältnissen gegenüberstehen wird, und endlich daß er in fremden Landen ohne alle Beziehungen steht. Das Ganze macht die Situation des Auswanderers unsicher und kritisch, selbst dann, wenn er Kapital mitbringt und sich käuflich Eigentum erwerben kann. In einem Lande wie Nordamerika, wo alles auf Geschäft und Spekulation hinausgeht, wo die Arbeit im allgemeinen schwerer ist und mehr intensiv betrieben wird als in Europa, wo eine fremde Landessprache besteht und ewige Reibungen und Zwistigkeiten, Neid und Eifersucht unter den vielerlei Nationalitäten und Rassen herrschen, ist seine Lage doppelt schwierig, und es nimmt seine ganze Kraft und Energie in Anspruch, um einigermaßen vorwärts zu kommen. Die Sehnsucht nach der Heimat darf ihn nicht drücken,

sondern er muß vom Gedanken durchdrungen sein, daß er den ihn umgebenden Verhältnissen die Stirne bieten muß und daß es aus dieser neu geschaffenen Situation für ihn keinen Ausweg mehr gibt.

[4] Amerikanische Bezeichnungen im Eisenbahnwesen. Da das amerikanische Eisenbahnwesen nach streng kaufmännischen Prinzipien betrieben wird und bei Übersetzungen notwendig Begriffsverschiebungen stattfinden, so können die amerikanischen Ausdrücke, wie sie im Eisenbahnwesen vorkommen, nur annähernd in Übersetzung wiedergegeben werden. Folgende Bezeichnungen dürften dem Sinn nach richtig wiedergegeben sein: Generaldirektion: Executive Departement; Betriebsinspektion: Traffic Departement; Bahnbauinspektion: Operating Departement; Abteilung für Rechnungswesen: Accounting Departement; Abteilung für Regelung der Rechtsverhältnisse: Law Departement; Generaldirektor: General Manager; Betriebsinspektor: Passenger Traffic Manager; Maschineninspektor: Chief Engineer; Güterinspektor: Freight Traffic Manager; Bahnverwalter, Stationsverwalter: Superintendent; Stationsvorsteher, Stationswart: Depot Agent. Dazu kommen die „Assistants“, Gehilfen oder Assistenten aller Schattierungen, und die dem amerikanischen Eisenbahnwesen eigentümliche und mit dessen kaufmännischem Betrieb zusammenhängende Verwendung von „Agents“, Eisenbahnbeamte und Eisenbahnagenten, die für irgendeinen Zweig der Eisenbahnverwaltung oder auch für Vergrößerung des Betriebs und Verkehrs (wie durch Gewinnung neuer Kundschaft usw.) tätig sind. Man unterscheidet General-, Division-, Passenger-, Freight-, Travelling- und Commercial-Agents.

Die Bahnstrecken werden eingeteilt in „Divisions“ und „Sections“. Die Wegstrecke der ersteren schwankt zwischen 100 und 200 km, die der letzteren beträgt im Durchschnitt 10 km.

[5] Mileage Tickets. Manche große Eisenbahnsysteme in Nordamerika verkaufen, abgesehen von einfachen (single fare tickets) und Retourbilleten (excursion tickets) sog. „mileage tickets“, eine Art Kilometerhefte, die, auf den Namen des Inhabers ausgestellt und nur für ihn gültig, vom Tage des Verkaufs ab ein Jahr Gültigkeit haben. Sie werden ausgegeben für Strecken von 2000 und 1000 Meilen. Der Preis für ein „mileage ticket“ von 2000 Meilen beträgt 50 Dollars, für 1000 Meilen 25 Dollars. Nach Gebrauch und Rückerstattung eines „ticket“ für 2000 Meilen erhält man 10 Dollars Vergütung zurückbezahlt, während bei Billeten, die auf 1000 Meilen lauten, keine Vergütung geleistet wird.

[6] Die amerikanischen „Limiteds“. Alle größeren Bahnsysteme haben ihre „Limiteds“, auch „Flyers“ oder „State Empire Expreß“ genannt. Ein „Limited“ ist ein erstklassiger Schnellzug, welcher

ein höherer Tarif besteht und dessen Benützung gewöhnlich nur unter Lösung einer Schlafwagenkarte gestattet ist. Zudem sind es auch gemeiniglich Züge für größere Entfernungen und von erhöhter Schnelligkeit.

So hat die Neuyork Zentral- und Grand Hudson River-Bahn den „State Empire Expreß": Neuyork—Buffalo; die Wabash-Linie den „Continental Limited": St. Louis—Buffalo—Neuyork; die Missouri-, Kansas- und Texas-Bahn den „Kate Flyer": St. Louis—San Antonio; die Chicago-, Rock Island- und Pacificbahn den „Rocky Mountain Limited": Chicago—Lincoln—Denver; die Union Pacific-Bahn den „Overland Limited"; die Santa Fé-Bahn den „California Limited": San Francisco, Mohave, Albuquerque, Kansas City, Chicago; die Southern Pacific (Süd-Pacificbahn) den „Sunset Limited": Neuorleans, El Paso", Los Angeles, San Francisco. Alle diese Züge sind mit großem Komfort ausgerüstet und haben mancherlei Ähnlichkeit mit den europäischen Orient-Expreßzügen und den D-Zügen.

[7] Mein erster Aufenthalt in Nordamerika betrug 4 Jahre 10 Monate, mein zweiter 16 Monate. Zwischen beiden Reisen lag ein Zeitraum von 10 Jahren.

[8] Der State Empire Expreß. Ein Zug von ungewöhnlicher Schnelligkeit ist der bereits erwähnte „State Empire Expreß" der Neuyork Zentral- und Grand Hudson River-Bahn. Er durchläuft die 715 km lange Strecke Neuyork—Buffalo in acht Stunden.

[9] Naturszenerien in Kolorado. Wer schon von Denver aus über Silverton nach Ouray oder über Durango nach Ridgway über die Denver- und Rio Grande-Bahn gereist ist, hatte Gelegenheit Naturszenerien zu begegnen, die wohl zu den interessantesten zählen, die man überhaupt beobachten kann. Von Denver resp. Kolorado Springs aus westlich ziehend, durchkreuzt die Bahn die große Wasserscheide (the Great Divide) der Felsengebirge, von wo aus die Gewässer, wenn sie westlich ablaufen, dem Stillen, wenn östlich dem Atlantischen Ozean zugetragen werden. Von den vielen hier auftretenden Naturschönheiten, wie riesige Schluchten (gorges oder canons), natürliche Tunnels, Wasserfälle usw. wollen wir nur einige anführen, die aber zu den bedeutendsten ihrer Art zählen.

Etwa 40 km westlich von der Station Gunnison gelangen wir in den berühmten „Black Canon", eine über 25 km lange Bergschlucht, durch die sich die Denver- und Rio Grande-Bahn, deren Fundament auf eine lange Strecke in dieser Schlucht aus Granitfelsen gebildet ist, an Abgründen vorüber und unter Bildung gefährlicher Kurven hindurchzwängt. An mehreren Stellen erheben sich zu beiden Seiten des Bahnkörpers über 2000 Fuß jäh ansteigende Felswände, die zeitweilig so nahe zusammentreten, daß nur noch ein kleiner Streifen des Himmels sichtbar ist und selbst zur Mittagsstunde über dem Bahndamm Dunkelheit herrscht. Eine zweite merkwürdige Naturszenerie ist der „Marshall Pass", der an seiner höchsten Stelle zu 11 000 Fuß aufsteigt. Während der Durchquerung des Passes ist die Fernsicht vielfach gehemmt durch die vielen umliegenden hohen Berggipfel, die jahraus jahrein von Schnee bedeckt sind. Die bedeutendsten Berge, die man in der Umgebung erblickt, gehören zum Gebirgskamm (range) des „Sangre de Christo". Man erblickt in der Runde durchweg nur kahle Felsen, keine waldigen Abhänge oder grünende Täler. Dem Gipfel des Passes zu beobachtet der Reisende viermal sein eigenes Bahngeleise, terrassenförmig voneinander abstehend; das unterste dieser Geleise ist nur noch mit einem scharfen Auge erkennbar. Einen ähnlichen Anblick wie der „Black Canon", doch noch in grandioserer Form, gewährt der Royal Gorge („Königsschlucht!"), zwischen Canon City und Salida gelegen. Auch hier erheben sich Felswände zu beiden Seiten der Bahn bis gegen 3000 Fuß hoch, die, aus tiefschwärzlichem Granit gebildet, der Szenerie entlang des Bahnkörpers ein imposantes Gepräge geben. Zur Linken, wenn man westlich fährt, wälzt der Arkansasfluß seine Fluten durch die massiven Granitblöcke hindurch. Die vom Flußbett und dem Bahndamm Tausende von Fuß aufsteigenden Felsen endigen oft in ganz spitzig auslaufenden Türmen (spires oder pinnacles), was in dieser Bergeseinöde einen wundersamen Anblick gewährt.

[10] Die Negerkneipe in San Antonio. Daß es auch Amerikanerinnen gibt, die keine Temperenzlerinnen sind, zeigte mir unter anderem ein Besuch einer Wirtschaft in San Antonio, wo eine junge, nicht uninteressante Amerikanerin hinter der Bar als Büffet- und Ausschankfräulein mit großem Geschick ihres Amtes waltete. Die Sache erschien mir um so auffallender, als der „saloon" durchweg von Neger und Negerinnen frequentiert war. Tische und Stühle waren keine zu erblicken, dagegen fanden sich sowohl im Schanklokal wie in einem anstoßenden Nebenraume umgestürzte Bierfässer, die sämtliche von der schwarzen Rasse, die fleißig dem aus einer deutschen Brauerei in San Antonio stammenden Gambrinusstoff zusprach, mit Beschlag belegt waren. Die boshaften Männerwitze, die den schwarzen Schönen gegenüber reichlich fielen, schien die Amerikanerin völlig zu ignorieren, und ihr ganzes Augenmerk war augenscheinlich nur darauf gerichtet, ihren Kassenbestand zusehends vergrößert zu sehen. Sie hatte auch eine sehr reichliche Einnahme, denn neben Bier wurde auch viel Whisky verkauft. Während ich die Szene, die mich interessierte, beobachtete, tranken mir einige Negerinnen fleißig vor, was mich veranlaßte, ihnen auf mein Konto eines steigen zu lassen. Das Negervölkchen war lustig und aufgeräumt, und der Beobachter konnte einen interessanten Gegensatz

feststellen zwischen diesen fröhlichen jungen Leuten und den steifen und langweiligen Manieren der spezifisch amerikanischen Jugend.

[11] Umgebung von San Francisco und Einlauf der Ozeandampfer. San Francisco, das sich am nordöstlichen Teile einer 50 km langen Halbinsel, die den Golf von San Francisco vom Stillen Ozean trennt, aufbaut, grenzt im Osten und Norden an den Golf von San Francisco, gegen Süden zu erheben sich in nächster Nähe das Contra Costa- und das Santa Cruz-Gebirge, gegen Nordwesten und Westen hin, etwa 12 km vom westlichen Endpunkt der Stadt entfernt, stoßen wir auf das Goldene Tor resp. den Stillen Ozean. Über dem Golf — östlich — gelangen wir nach Mercede County, über dem Golf und dem Goldenen Tor — nördlich — nach Sonoma County, beides Landbezirke, durch Getreidekulturen, insbesondere auch Weinkultur, ausgezeichnet.

Die großen Dampferlinien, die vom Stillen Ozean aus im Hafen von San Francisco ankern, sind folgende:

Die „Oriental und Occidental"-Dampfschiffahrtsgesellschaft: San Francisco, Honolulu, Yokohama, Nagasaki, Schanghai und Honkong.

Dampfer: Doric, Coptic und Gaelic.

Die „Pacific Mail"-Gesellschaft: dieselbe Route.

Dampfer: Siberia, Korea, China.

Die „Toyo Kisen Kaisha"-Gesellschaft: dieselbe Route.

Dampfer: Nippon Maru, America Maru, Hongkong Maru.

Die Spreckel's Linie (Oceanic Steamship Co.): San Francisco, Tahiti, Honolulu, Pago Pago (auf Samoa), Auckland (Neuseeland), Sydney.

Dampfer: Alameda, Ventura, Mariposa, Sierra, Sonoma.

Außer diesen Schiffahrtslinien ist noch die Kosmos-Linie zu erwähnen, deren Dampfer (Tanis, Kambyses u. a.) zwischen San Francisco und Hamburg verkehren. Die Wegstrecke dieser Dampfer, die Kap Horn resp. zweimal die Sonnenlinie kreuzen, beträgt etwa 20 000 km und die Fahrzeit durchschnittlich 108 Tage. Sie ankern in San Francisco auf Pier 27.

[12] Im Emporium. Eines Tages machte ich einige Einkäufe im Emporium, worin sich der Golden Gate Bazar befindet. Es herrschte ein ziemliches Gedränge, und besonders war die Damenwelt stark vertreten. Wie in all diesen großen Kaufhäusern sind auch im „Goldenen Tor-Bazar" Artikel der verschiedensten Art erhältlich. Natürlich stehen hinsichtlich ihrer Reichhaltigkeit die Gegenstände aus der Textilindustrie obenan. Auch eine Sektion (Abteilung) für Getränkeausschank ist vorhanden, ebenso sind Rauchwaren erhältlich. In einer Sektion (wenn ich nicht irre Sektion 23) befindet sich ein wohlassortiertes Lager von

schriftstellerischen Werken aller Art, worunter Romane und Novellen am zahlreichsten vertreten sind. Zwei junge Damen fungierten in dieser Abteilung als Verkäuferinnen (sales ladies). Unter anderen Werken bemerkte ich Homers Schriften. Die Ausgabe war jedoch keine Originalausgabe, sondern eine solche in englischer Übersetzung. Ich las einige Stellen aus dem 9. Buch der Odyssee, worin die Abenteuer des Ulysses in der Zyklopenhöhle geschildert werden; ebenso einige Verse aus dem 22. Buche der Ilias, das den Kampf zwischen Hektor und Achilles schildert. In der Kraft des Ausdrucks wie in der Lebendigkeit der Darstellung ließ die Übersetzung dem griechischen Original gegenüber viel zu wünschen übrig. Im übrigen rief diese Lektüre in mir lebhafte Erinnerungen an jene Zeiten wach, als ich Homer noch im Original las.

[13] Am Cliff House. Das Cliff-Hotel (Cliff House), etwa 10 km nordwestlich von San Francisco gelegen, gewährt einen prachtvollen Ausblick über den Stillen Ozean. Von hier aus gewahrt man die „Seal Rocks“, mächtig aufstrebende, nahe der Küste gelegene Felskegel, auf denen sich scharenweise die bekannten „seals“ (Seelöwen) herumtummeln. Einige von diesen Tieren erreichen eine Länge von 15 Fuß und ein Gewicht von 12 Zentnern. Mächtig hört man hier die ewigen Wogen schlagen an das untenliegende Felsengestade. In nächster Nähe vom Cliff-Hotel befinden sich die berühmten Sutrobäder: eine öffentliche Schwimmanstalt verbunden mit einem Aquarium, Restaurant und Theater. Oberhalb des Cliff-Hotels ist der „Sutro Heights Park“, der von einem reichen Baumwuchs und einer üppigen Flora durchzogen ist. Von diesem Park aus bemerkt man in westlicher Richtung die 50 km entfernten Farraloneinseln, auf denen ein Leuchtturm sich erhebt.

[14] Eine Naturszenerie eigener Art. Es ist vom Naturforscher Alex. v. Humboldt bemerkt worden, daß, um die Erhabenheit der Natur zu begreifen, man drei Naturschönheiten gesehen haben müsse: nämlich einen Morgen in den Alpen, einen Mittag unter den Tropen und einen Abend in der Wüste. Wir möchten dem eine vierte, vielleicht ebenso eindrucksvolle Naturszenerie hinzufügen: nämlich das Bild einer Landschaft, die, einen großen, fern von allen menschlichen Niederlassungen gelegenen Wiesengrund darstellend, rings von mächtigen Waldungen umsäumt ist, deren hochgewachsene Baumriesen bei niedergehender Sonne ihre Schatten auf die dunkelgrüne Fläche entsenden, so das Imposante und Verlassene der Natur zugleich dem Beschauer merklich und merklicher vor Augen führend. Eine solche Abendlandschaft beobachtete ich in einer unbewohnten Gegend des Indian Territory.

[15] Der alte Texaner. Er war geflüchtet nach den stürmischen 48er Jahren und hatte sich nach einem bewegten, unruhigen Leben und manchen Abenteuern im sonnigen Texas niedergelassen, wo er sich mit dem inzwischen erworbenen Gelde eine Farm kaufte. Er war keineswegs wohlhabend, doch ermöglichte ihm das, was er aus seiner Farm bezog, einen sorgenfreien Lebensunterhalt zu führen. Trotz seines schon vorgerückten Alters arbeitete er noch schwer, und den Pflug verstand er zu führen, wie wenn er noch im besten Mannesalter stände. Neben Mais- und Baumwollebau trieb er noch etwas Viehzucht, auch hatte er in der Nähe der Wohnung eine kleine Rebenanlage (vine-yard), die in günstigen Jahren ihm den nötigen Haustrunk lieferte. Während ich dort zu Besuche war, kostete ich auch von diesem texanischen Rotwein, der zwar einen herben Beigeschmack hatte, aber keineswegs übel mundete. Die anwesende Tochter, eine richtige Tochter der Prärie, die uns den Wein kredenzte, schien lebhaften Anteil zu nehmen an dem Gespräche, das wir über die verflossenen Revolutionsjahre führten und an dem, was ich über die neueren deutschländischen Verhältnisse zu erzählen wußte. Der alte Texaner zeigte keinen Groll über sein Geschick und man merkte seinen Äußerungen an, daß er gern seine alte Heimat noch einmal gesehen hätte, aber Umstände und Verhältnisse ließen ihn nicht mehr dazu kommen.

Das Wohnhaus stand inmitten einer nahezu baumlosen, durchweg ebenen Prärie von einförmigem Charakter. Von dem Wohnungsfenster aus hatte man in der Runde eine große Fernsicht, aber wohin man auch seinen Blick heften mochte, überall zeigte die Landschaft die gleiche Monotonie.

[16] Auf Heckers Farm. Während meines ersten Aufenthaltes in Nordamerika machte ich einen Besuch auf Heckers Farm. Sie liegt einige Kilometer vom Städtchen Belleville, Staat Illinois, entfernt. Auf einer Anhöhe erhebt sich das aus Backsteinen aufgeführte Farmhaus, von wo aus man in der Runde einen Ausblick über die gesamten zur Farm gehörigen Ländereien genießt. Der alte 48er Revolutionär Friedrich Hecker war tot und ich konnte nur noch seine Frau, eine ehrwürdig aussehende Matrone, sowie einen Sohn und eine Tochter sprechen. Man war sehr gastfreundlich zu mir, und der Sohn, ein noch junger Mann von sehr intelligentem Äußeren, auf dessen Anregung ich einige Tage auf der Farm verweilte, zeigte sich sehr belesen und kenntnisreich in bezug auf deutschländische Verhältnisse. Die deutsche Verfassung, die deutsche Gesetzgebung, ebenso das deutsche Schulwesen schienen ihm geläufig zu sein. Wie ich beobachtete, wurde die deutsche Sprache der englischen bevorzugt, und es zeigte sich wieder darin die rühmliche Hinterlassenschaft des dahingeschiedenen Revolutionärs, dessen

polisches Mißgeschick ihm seine deutschnationale Gesinnung nicht rauben konnte und der bestrebt war, die deutsche Sprache in seinen Nachkommen forterhalten zu lassen. Die Farm im ganzen genommen wie die Gebäudeanlagen, der große Vieh- und Geflügelbestand im besonderen ließen auf wohlgeordnete Verhältnisse der Familie schließen.

17 Frauenschönheiten in San Francisco. Wie in anderen Ländern so gibt's auch im Lande Onkel Sams einzelne Plätze, wo die Frauenwelt einen größeren Prozentsatz Schönheiten aufweist als an anderen Orten. So beobachtete ich außer in San Antonio auch in San Francisco einen ziemlich hohen Prozentsatz von Frauenschönheiten. Wer schon einer Aufführung in Moroscows Theater beigewohnt oder wer in den Hauptgeschäftsstunden im Goldenen Tor-Bazar sich umgesehen oder zur „Matinee" sich auf der Marketstraße zwischen dem Palace Hotel und dem Café Zander eine Promenade erlaubt hat, hatte reichlich Gelegenheit, die schöne und vornehme Damenwelt von San Francisco zu bewundern. Man erblickt darunter einzelne geradezu bestrickende Schönheiten, die auch dem hartgesottensten Junggesellen seine abgestorbene Liebe wieder aufleben lassen.

18 Die drei Pennsylvanierinnen. Es ist bekannt, daß die Amerikanerin, wenn sie nicht zur Proletarierin gehört, die durch äußere Verhältnisse zu Arbeitsleistungen gezwungen ist, das Leben eines Sinekuristen führt, d. h. das süße Nichtstun allem anderen vorzieht. Die gut situierte Amerikanerin erfreut sich eines reichlichen Ausmaßes von Muße, und sie versteht es jedenfalls, ihre Mußezeit nach eigenem Ermessen und Behagen auszunützen. Dies trifft zu auf städtische wie auf ländliche Verhältnisse. Während meiner Streifzüge durch Pennsylvanien beobachtete ich auf einer wohlhabenden Farm drei Dorfschönen, die auf der Veranda ihre Mußezeit mit Zeitungs- und Romanlektüre vertrieben. Die eine war die Tochter des Hauses, die anderen zwei zu Besuch anwesende Freundinnen. Die Tochter des Hauses schaukelte sich gemütlich in einer Hängematte, während ihre Freundinnen auf Schaukelstühlen in graziöser Weise sich hin und her bewegten. Aus ihrem Gesichtsteint wie aus ihren zarten Händen mußte man schließen, daß sie wenig dem Sonnenbrand ausgesetzt waren und daß Feldarbeit nicht zu ihren Beschäftigungen zählte. Bald merkte ich, daß es drei Deutsch-Pennsylvanierinnen waren und ich animierte sie, sich der deutschen Sprache zu bedienen. Sie sprachen alle drei geläufig Deutsch, doch keineswegs Hochdeutsch, sondern das bekannte an das Allemannische anklingende Pennsylvaniadeutsch. Ich verbrachte dort einen gemütlichen Nachmittag, und als ich Abschied nahm, versprach ich ihnen, aus einer Buchhandlung in Philadelphia oder Neuyork zum Andenken einige Bücher in deutscher Sprache geschrieben zu übersenden, worüber sie

viel Genugtuung empfanden. Bald darauf erstand ich in der bekannten Steigerschen Buchhandlung, 25 Park Place, Neuyork, Schriften deutscher Klassiker, und zwar Goethes Faust, Heines Buch der Lieder und Schillers Gedichte, die ich den Dorfschönen mit einem Begleitschreiben übersandte des Inhalts, daß es mein erster Wunsch wäre, daß sie auch fürderhin die deutsche Sprache pflegen und auf ihre eventuelle Nachkommenschaft vererben möchten!

[19] Im Josemitetale (Kalifornien). Etwa 280 km südöstlich von San Francisco am Westabfall der Felsengebirge, speziell der Sierra Nevada, liegt das weltbekannte, durch seine Naturschönheiten berühmte Josemitetal. Die Reise dahin auf einem der nächsten Wege — von San Francisco aus berechnet — geht über Stockton und Milton. Das Tal erstreckt sich über eine Länge von 12 km mit einer Durchschnittsbreite von 2 km. Es befindet sich in etwa 4000 Fuß Meereshöhe, umgeben von steil aufsteigenden Felswänden, die sich bis 5000 Fuß über der Talhöhe (4000 Fuß) erheben. Das Tal ist durchflossen vom Mercedflusse, zu dessen beiden Seiten große Wiesengründe mit reicher Flora bemerkbar sind. Zu den interessantesten der jäh in das Tal abfallenden Felswände (cliffs) zählt der sog. „El Capitan". Mächtige Wasserfälle sieht man von den steil aufsteigenden Anhöhen ins Tal herabstürzen und so den Eindruck der Naturszenerie wirksam erhöhend. Einer der schönsten Wasserfälle ist der „Brautschleierfall" (Bridal Veil Fall), der eine Fallhöhe von über 600 Fuß hat. Sein Name rührt daher, daß er bei stark bewegter Luft von ferne aus gesehen den Eindruck eines hin und her flatternden weißen Schleiers hervorruft.

Beim Eintritt in das Tal genießt der Beschauer nach keiner Richtung einen Fernblick mehr und es überkommt ihn ein Gefühl, als wenn er von der übrigen Welt abgeschlossen wäre.

[20] Eine Erinnerung. Als ich bei meiner zweiten Rückkehr von Nordamerika von Köln nach Kastel — rechtsrheinisch — fuhr und die Szenerie zu beiden Seiten des Rheines betrachtete: die grünenden Fluren, die Rebberge und die hieran anstoßenden Waldungen, erinnerte ich mich, daß ich s. Z. im nördlichen Kalifornien eine ähnliche, wenn auch schwächer besiedelte Landschaft mit dem Expreßzug durchfuhr: auch hier erblickte man vom Bahnkörper aus grünende Fluren, Rebgelände und waldige Berge. Dabei überdachte ich den Abstand beider Landschaften, der nicht weniger als 11 000 km betrug. Neben manchen Ähnlichkeitsmerkmalen beider Gegenden war doch ein großer Unterschied festzustellen. Während die kalifornische Landschaft einen Teil einer Oase darstellt, an die sich in nächster Nähe unwirtliche Berge und eine Meereswüste anschließt, liegt die rheinische Landschaft im Zentrum eines großen wirtschaftlichen Gebietes, das

auf weite Entfernungen den Charakter eines fruchtbaren Landstrichs bewahrt.

[21] Abenteuerliche Gestalten. Je weiter man reist, um so mehr lernt man Verhältnisse und Menschen kennen, die man bis dato nicht in den Kreis der Vorstellungen aufgenommen hatte, und die uns daher völlig fremd und unbekannt waren. Hierzu rechnen wir unter anderem jene Personen, die an einem geordneten, sicher gestellten Leben kein Interesse nehmen und nach einem unruhigen Dasein sich sehnen, wie der große Troß der Menschen nach geordneten Verhältnissen. In dieser Richtung habe ich in Nordamerika Menschen kennen gelernt und beobachtet, denen man eine sichere, dauernde Stellung von hohem Einkommen übertragen könnte, ohne daß dieselben auch nur im geringsten ihr Gefallen oder ihre Befriedigung darin finden könnten. Nur im Sturm des Lebens fühlen sie sich in ihrem Element, und jedes ruhig dahinfließende Leben ist ihnen peinlich. Die Unsicherheit der Existenz sagt ihnen mehr zu als das Gegenstück, und kämen sie in Besitz eines geordneten Lebens, so würden sie bald die Gelegenheit wahrnehmen, dieser für sie peinlichen Situation zu entgehen. Merkwürdige Menschen!

[22] Indianerlist. Kommt da eines Tages ein Fremder nach dem Bergstädtchen Carlin, Staat Nevada, und da er von der Reise müde war, so beschloß er, in einem der dortigen Hotels zu übernachten, um des folgenden Morgens seine Reise fortzusetzen. Nachdem er seine Rechnung beglichen, machte er noch in später Abendstunde eine kleine Promenade, die ihn entlang des Bahndammes hinführte. Plötzlich tauchten aus dem Dunkel der Nacht drei Gestalten auf, die unschwer als Vertreter des indianischen Typus zu erkennen waren. Die drei — zwei Indianer und eine Indianerin — gingen auf den Fremden zu, und einer der Indianer, der den Sprecher markierte und geläufig Englisch sprach, ersuchte ihn, in einem der Hotels für ihn zwei Flaschen Whisky zu holen. Dabei ließ er in seiner Hand zwei Silberdollars blinken und machte die Bemerkung: „One dollar for the whiskey and one dollar for your service.“ Der Fremde, der anfangs geneigt war, ihrem Wunsche zu entsprechen, wurde dadurch zuerst stutzig, als sich auch die Indianerin ins Gespräch mischte und in leidenschaftlicher Weise auf den Fremden einredete. Ihre Bemerkung, daß die Indianer selbst in den Wirtschaften keine Getränke erhalten könnten, ließ in ihm den Gedanken entstehen, daß möglicherweise es gefährlich wäre, an die Indianer Schnaps zu verkaufen oder zu übermitteln, und er beschloß nun, den Indianern den Dienst nicht zu leisten. Während er noch mit den Indianern, die zudringlich und zudringlicher wurden und in deren lauernden Blicken zu lesen war, mit welcher Spannung sie den Erfolg ihrer Bemühungen abwarteten, in Gespräch verwickelt war, bemerkte

er, wie in einiger Entfernung eine Mannsgestalt, in einen Mantel gehüllt und mit einem schweren Bergstock bewaffnet, auf und ab ging. Nach einigen weiteren Ausflüchten machte er sich von den Indianern endlich los und ging in sein Hotel zurück. Des anderen Morgens erzählte er dem Hotelbesitzer und Schankwirt den Vorfall mit den Indianern. Darauf gab ihm der Wirt folgende Aufklärung: Hätte er, der Fremde, den Indianern den Dienst geleistet, so wäre er beim Überreichen der zwei Flaschen Whisky von den Indianern festgehalten und der Polizei überliefert worden. Denn es ist streng verboten, an Indianer Schnaps zu verkaufen oder überhaupt dazu behilflich zu sein. Von irgendeinem „Court" (Gericht) wäre er dann wegen unerlaubter Alkoholübermittlung an Indianer, wenn er nicht imstande gewesen wäre, sich durch eine gewisse Summe Geldes loszukaufen, zu mehrjähriger Gefängnisstrafe verurteilt worden, während die Indianer selbst, wenn die List geglückt wäre, 10 Dollars Belohnung und der „City Marshal" als Helfershelfer (in diesem Falle offenbar jene dunkle, mit einem Bergstock versehene Gestalt) eine solche von 100 Dollars eingeheimst hätte. Dies teilte der Wirt seinem Gaste zur Aufklärung mit, die zwar ganz richtig, aber vielleicht keineswegs aufrichtig gemeint war.

[23] Das Territorium Arizona. Einöde reiht sich an Einöde. Rings in der Umgebung, soweit der Fernblick reicht, türmen sich Kalk-, Porphyr- und Granitberge bis zur Schneegrenze empor, nur unterbrochen von unwirtlichem Wüstenplateau. Yukkabäume, Salz-, Mesquite- und Kreosotsträucher, abwechselnd mit Kakteen bilden den Pflanzenwuchs, und man sieht schon aus der Ferne diesen unheimlichen Pflanzengattungen an, daß nur ein Wüstengebiet ihre Heimat sein kann. Man erblickt turmartig in eine schmale Spitze auslaufende Bergeshöhen (zumeist Kalk- und Porphyrberge), dann wieder breitgekrümmte Bergkämme (Granitberge). Doch kein Baum- oder Graswuchs ist auf diesen Höhen zu sehen, weder Nadelhölzer (Koniferen) noch Laubhölzer (Dikotyledonen). Kein Vogelgesang erfüllt die Luft, nur dann und wann sieht man einen verirrten Geier (hawkey) oder eine Schar Raben (ravens) über die Höhen schweben. Das Geheul der Bergwölfe (coyotes) erinnert uns daran, daß zwischen den Sand- und Steinbergen noch nicht alles Tierleben erloschen ist.

Die Bewohner, nur spärlich vertreten, leben, soweit sie nicht in den Niederlassungen Gewerbe oder Spekulation treiben, vom Bergbau, und in den weniger wasserarmen Niederungen von der Viehzucht.

Die Temperatur ist in den Niederungen mit Ausnahme der wenigen Wintermonate ungewöhnlich hoch und konstant. Sieben bis acht Monate des Jahres sendet der glühende Feuerball ununterbrochen seine Gluten auf diese halb erstorbene Erdenregion. Tag für Tag, Monat für Monat derselbe stahlblaue, wolkenlose Himmel. Kein Regenschauer erquickt die dürstende Erde und ihre Bewohner. Zur Sommerszeit entwickelt die Sonne schon des Morgens frühe ihre unheimliche Kraft, und kein Schatten verbreitender Hain oder Wald schützt uns vor der intensiven Hitze. So eifrig begehrt in anderen Erdenregionen die wärmespendende Sonne ist, so verhaßt und widerwärtig erscheint sie uns in den Wüstengegenden von Arizona. Wir suchen uns ihres Einflusses zu entziehen, aber unerbittlich verfolgt sie uns mit ihrer sengenden Glut. Die Nacht bringt wenig Abkühlung und des Morgens ist in der Runde auch nicht ein Tröpfchen Tau zu erblicken.

Die Niederlassungen, die man in Arizona findet, sind klein und weit zerstreut. Selbst die größeren Plätze, wie Prescott und die Hauptstadt Phönix, sind kaum nennenswert. Die meisten Plätze zählen nur 100, viele noch keine zwei Dutzend Einwohner. Dazwischen erblickt man auf Hunderte von Meilen keine einzige menschliche Wohnstätte und kein menschliches Wesen. Eine grauenvolle Einöde umgibt uns, charakterisiert durch die umheimliche Todesstille, worin die Natur versenkt ist. Nur die glühenden Sonnenstrahlen lassen die Luftwellen in einer heftig zitternden Bewegung erscheinen, auch die einzige Bewegung, da kein Lüftchen sich rührt, die in der Natur zu erkennen ist. Und in dieser Einöde leben zerstreut Menschenkinder, um ihren dürftigen, nur unter Strapazen und Entbehrungen zu erlangenden täglichen Lebensunterhalt zu gewinnen!

[24] The grand canon of Colorado. Wer auf der Santa Fé-Bahn (ehemals Atlantic Pacificbahn) durch die öden Gebirgsregionen des Territoriums Arizona reist, darf nicht versäumen, der großen Koloradoschlucht (the grand canon of Colorado) einen Besuch zu machen. Diese große Schlucht des Koloradoflusses erreicht man am besten von der Station Flagstaff aus, die 100 km von der Schlucht entfernt liegt. Auf dem Wege dahin beobachtet man den „San Francisco," einen über 12000 Fuß hohen Bergkegel, der früher ein tätiger Vulkan war, nun aber völlig erloschen ist. Gegen Nordwesten erhebt sich die Lowell Sternwarte. Die Schlucht des Koloradoflusses, eines der größten Naturwunder der Welt, hat eine Länge von 400 km und zeitweilig eine Tiefe von 5000 Fuß. Während des Abstieges auf den Boden der Schlucht hat man Gelegenheit, den Aufbau der Erdschichten zu studieren, und zwar vom Erdzeitalter des „Diluvium" und des „Tertiär" durch die Schichtungen des „Kreide-", „Jura-", „Trias-" und des „Perm-" Erdzeitalters bis zur Steinkohlenzeit. Die Wände der Schlucht, oft parallel laufend, oft ein unregelmäßiges zerklüftetes Aussehen bietend, zeigen ein interessantes, oft buntes Farbenspiel. An einzelnen Punkten

erblickt man von oben den Koloradofluß, der aber in dieser beträchtlichen Entfernung nur noch in der Breite einer Handfläche erscheint. Der Abstieg in die Tiefe wie der Aufstieg ist sehr beschwerlich und kann nur von schwindelfreien Personen ausgeführt werden.

Im übrigen nehmen die Geologen an, daß der Koloradofluß früher da war als die ihn jetzt umgebenden Berge, und daß diese große Schlucht infolge von „Erosion" („Ausnagung des Bodens durch Wassergewalt") entstanden ist, als im Tertiärzeitalter die Felsengebirge sich emporzupressen begannen.

[25] Die Tochter der Berge. Ungefähr 100 km nördlich von Rawlins, Staat Wyoming, besuchte ich eine große Schaffarm (sheep ranche), deren Inhaber schottischer Abkunft war. Die Farm lag in einem Tale, das von einem kleinen Bergflüßchen durchflossen war und dessen Bodenarten sich aus Löß, Lehm und Tonerden zusammensetzten. Der Baumwuchs im Tale war spärlich, dagegen sah man Weidengebüsche und als Hauptbestandteil der Farm das bekannte Alfalfagras. Die Schafherde zählte nach Tausenden von vorwiegend schwarzen Schafen, daneben erblickte man auch Rinder und Pferde. Das Tal selbst, in dem die Farm stand, war rings umgeben von kahlen Bergwänden, die keinen Ausblick in größere Fernen zuließen. Die Familie bestand aus Vater und Mutter, zwei Söhnen und einer Tochter, dazu traten als weitere Farmbewohner vier „Cowboys" und zwei sonstige dienstbare Geister.

Die Tochter, eine schlank gewachsene Brünette von etwa zwanzig Jahren, war eine angenehme Gesellschafterin, und obgleich sie weder geschult noch belesen war, so war sie doch wissensbegierig und nahm an all dem, was an Wissenswertem man ihr erzählte, großes Interesse. Eines Tages standen wir am Fenster ihrer Wohnung, durch das man in der Ferne ringsum mächtige Sandhügel und hohe kahle Granitberge aufsteigen sah. Ich erzählte ihr dabei von meinen heimatlichen Gefilden, von den blühenden Landschaften und den waldigen Bergen, womit sich die hier vorwaltende Gebirgseinöde in keiner Weise vergleichen ließe. Sie sprach den Wunsch aus, auch solche Gegenden kennen zu lernen, aber es werde wohl nie dazu kommen. Im übrigen zeigte sie wie jeder Bergbewohner große Anhänglichkeit an ihre Heimat, und ich glaube, wenn sie auch ihren Wohnsitz in eine blühende Landschaft verlegt hätte, daß ihr die Sehnsucht nach ihren heimatlichen, wenn auch öden und verlassenen Bergen nie ganz entschwunden wäre.

[26] Eine Reklame für den „Overland Limited."

Every day in the year

The Overland Limited

a strictly first-class train, consisting of Buffet Smoking and Library Cars, Pullman Double Drawing-Room Sleeping Cars and Dining Cars runs through between Chicago and California in 3 Days without change via the Chicago, Union Pacific and North-Western Line affording the quickest transit to San Francisco, the gateway to The Hawaiian and Philippine Islands, China and Japan.

In Übersetzung:

Der täglich kursierende erstklassige Schnellzug „Overland Limited", mit allem Komfort der Neuzeit ausgerüstet, führt Rauchwagen, Restaurationswagen, Speise- und Pullman-Schlafwagen, und durchläuft ohne Wagenwechsel die Wegstrecke Chicago—Kalifornien in drei Tagen. Sein Weg, über die Chicago-, Union Pacific- und North Western-Bahn führend, bildet somit die schnellste Überlandroute nach San Francisco, dem Durchgangstor nach den Sandwichs- und Philippine-Inseln, nach China und Japan.

[27] Aus der Hinterlassenschaft eines amerikanischen Diplomaten. Im literarischen Nachlaß eines amerikanischen Diplomaten fanden sich unter anderem folgende merkwürdige Aufzeichnungen:

Traue niemanden, auch deinem besten Freunde nicht, und vertraue ihm nie ein Geheimnis an, das er in gegebenem Momente als Waffe gegen dich ausnützen könnte. In allem, worin er dir schädlich werden könnte, behandle ihn wie deinen Feind.

Kümmere dich nie um das, was andere Menschen über dich sagen, denn sie werden dich loben, wenn es in ihrem Vorteile, und tadeln, wenn du ihnen nicht mehr zum Vorteile sein kannst. In keinem Falle werden sie über dich eine günstige Aussage machen, wenn du allein den Vorteil, und über dich einen Tadel aussprechen, wenn du allein den Schaden hast.

Sei egoistisch und nimm stets nur dein eigenes Interesse wahr; um fremde Interessen kümmere dich nur, wenn du aus ihrer Verfolgung für dich selbst einen Gewinn herausfinden kannst. Dein Egoismus muß so groß sein, daß alles übrige um dich nur in deinem Interesse zu existieren scheint. Alle deine Handlungen müssen von egoistischen Motiven bestimmt sein.

Trage nie Bedenken über deine von Egoismus geleitete Handlungsweise, denn du mußt dir bewußt sein, daß andere ebenso handeln würden, wenn sie ihr Interesse besser verständen. Nur Mangel an Kenntnis ihres eigenen Vorteils kann sie zu Handlungen veranlassen, die fremden Interessen Rechnung tragen.

Wahre deine Grundsätze und teile sie niemanden mit. Denn eine solche Aufklärung weniger selbstsüchtiger Naturen könnte sie umstimmen und zu deinen Grundsätzen bekehren, was wiederum nicht zu deinem Vorteile wäre; suche in deinem Nebenmenschen die Selbstsucht niederzuhalten, soviel in deiner Macht liegt, denn das ist wiederum dein eigener Gewinn.

28 Der Fall „Frenchy." Der gesamten amerikanischen Justiz haftet ein großes Stück Willkür an, worunter besonders jene zahlreich vertretenen Bevölkerungsteile zu leiden haben, die das Recht nicht kaufen können. Diese amerikanische Justizwillkür geht so weit, daß mit Ausnahme der Geldleute niemand sicher ist, ein unglückliches Opfer dieser Pseudojustiz zu werden. Daß auch der Nationalhaß dabei eine Rolle spielt, darf nicht übersehen werden.

Geht da eines Abends ein kürzlich eingewanderter Franzose in der Unterstadt von Neuyork ahnungslos spazieren, als er plötzlich von einem handfesten Polizisten gepackt und auf die Polizeiwache geschleppt wurde. Nicht lange vorher war in einem Neuyorker Hotel ein Mord begangen worden und die Polizei stand bisher ratlos dem unter rätselhaften Umständen ausgeführten Verbrechen gegenüber. Da schwor der Polizeiinspektor, dem die Sache zur Untersuchung anvertraut war, in Kürze den Täter ausfindig zu machen, zu welchem Zwecke er seinen Unterorganen die nötige Weisung gab. Der noch grüne eingewanderte Franzose, später „Frenchy" genannt, ward nun zum Opfer bestimmt. Trotz aller Beteuerungen seiner Unschuld wurde er in der Folge prozessiert und schuldig befunden und zu mehrjährigem Kerker verurteilt. Daß er die englische Sprache zur Verteidigung nicht kannte, und daß er zu mittellos war, um sich einen Verteidiger zu stellen, beschleunigte sein Verhängnis. Lange hernach wurde das Geheimnis des Mordes durch das Geständnis des wirklichen Täters gelüftet und Frenchy, dem ein französischer Advokat nun Beistand leistete, in Freiheit gesetzt. Auf Veranlassung des französischen Konsuls in Neuyork wurde der Unglückliche, allerdings als gebrochener Mann, auf Kosten der französischen Regierung in seine Heimat zurückbefördert.

Derartige Fälle zählen keineswegs zu den Seltenheiten und sie charakterisieren zur Genüge die willkürliche Handhabung der amerikanischen Justiz.

29 Eine Verhaftung. An einem Sonntagnachmittag saß ich in dem großen Schneiderschen Biergarten in St. Louis und amüsierte mich damit, die aus- und eingehende Menschenmenge zu mustern. Die Mehrzahl der Insassen dürfte dem deutschen Element angehört haben. Das Getriebe im Garten erinnerte lebhaft an das eines Münchner Biergartens. Es war an jenem Sonntag, an dem das unter dem Drucke der Temperenzler durchgebrachte Sonntagsgesetz (Verbot des Getränkeverkaufs an Sonntagen betr.) zum erstenmal in St. Louis in Kraft treten sollte. Während ich noch dort saß, erschienen zwei uniformierte Polizisten und ein Polizeisergeant in dem Garten und traten an einen nahe dem Eingang stehenden Tisch, an dem, wie ich bald bemerkte, der Garten- und Brauereibesitzer mit mehreren Freunden Platz

genommen hatte. Der Polizeisergeant erklärte den Besitzer für verhaftet und forderte ihn auf, ihm zu folgen. Als die Verhaftung des Brauereibesitzers wegen Übertretung des Sonntagsgesetzes im Garten ruchbar wurde, entstand eine große Bewegung unter den Gästen, und es fielen heftige Ausdrücke gegen die Urheber dieses Zwangsgesetzes. In der Nähe des Gartens hatte sich unterdessen eine große neugierige und gaffende Menschenmenge angesammelt. Der Garten wurde bald darauf geschlossen. Die Inhaftierung Schneiders dauerte indessen nur kurze Zeit, denn nachdem im Geschäftslokale des Distrikt-Polizeirichters die geforderte Bürgschaftssumme von einem seiner Freunde hinterlegt worden war, wurde er wieder entlassen.

[30] Carrie Nation war ihr Name. Später erfuhr man auch, daß sie verheiratet war. Welch ein Strohmann und Pantoffelheld muß dieser Ehemann gewesen sein, der noch keine Hand gegen das unwürdige Treiben seines Weibes zu rühren wagte! Ein trauriger Ehemann bliebe er, auch wenn er selber fanatisierter Temperenzler gewesen wäre. Ob sie bei etwaigen häuslichen Zwisten mit dem stählernen oder silbernen Beil auf ihn eindrang, ist nicht bekannt geworden.

[31] Amerikanische Brutalitäten. Ein noch junger „green horn" (frisch Eingewanderter) beging die Unvorsichtigkeit, auf ein unter Vorspiegelung falscher Tatsachen gemachtes Anerbieten seitens einer „Employment Office" (Beschäftigungsnachweisbureau) sich auf ein Austernboot verdingen zu lassen. Der „Kapitän" und der „Mate" (Hilfssteuermann) waren Amerikaner, die übrige Besatzung bestand aus drei Irländern, einem Schweden und zwei Deutschen. Da der „Grüne" die schwere Arbeit nicht gewohnt war und auch nicht schnell genug arbeiten konnte, so zog er bald die Aufmerksamkeit des Kapitäns auf sich, der ihn nun tagtäglich auf irgendwelche Art drangsalierte: bald versetzte er ihm während der Arbeit Fußtritte, bald schlug er ihm während des Auslesens der Austern mit dem Hammer auf die durch die Kälte halb steif gewordenen Hände. Der Junge wurde krank, aber er mußte weiter arbeiten. Gegen Ende der Reise (trip) rief der Kapitän den „Grünen" eines Morgens früh auf Deck, wo er ihn ohne weiteres mit schweren Fußtritten zu malträtieren begann. Auf dem kleinen Boote begann nun eine Hetzjagd auf Leben und Tod. Als der Junge vor Ermattung zusammenbrach, erhielt er vom Kapitän noch einen letzten Stoß, der ihn über Bord schleuderte, wodurch nicht bloß der junge Mann von seinem Leiden erlöst, sondern auch der Kapitän von der Verpflichtung der Entlohnung entbunden wurde. Die ganze schreckliche Szene wurde während ihres Verlaufs vom übrigen Personal beobachtet, aber niemand getraute sich, dem verbrecherischen Treiben des Kapitäns Einhalt zu gebieten, um so weniger, als der „Mate" und

die Irländer mit dem Vorgehen des Kapitäns zu sympathisieren schienen.

Auf eine später erfolgte Anzeige wurde der Kapitän allerdings wegen Totschlags („manslaughter") prozessiert und zu mehrjährigem Kerker verurteilt, aber in unverhältnismäßig kurzer Zeit wieder in Freiheit gesetzt. Gleiche oder ähnliche Fälle sind in früheren Jahrzehnten zu Dutzenden auf diesen Austernschiffen vorgekommen, und ganz besonders im Chespeake Golf bei Baltimore — wo übrigens oben geschilderter Fall sich zutrug, — und erst durch das energische Eingreifen der Deutschen Gesellschaft (German Society) in Baltimore wurde diesen Brutalitäten seitens der Polizei und Gerichte schärfer entgegengetreten.

[32] The Beer of Civilization. Eine Reklame. Schlitz' Bier ist das Bier der Zivilisation. Wo immer auf der Welt man auf reinen und vorzüglichen Stoff hält, ist das Bier aus der Brauerei Schlitz als solcher anerkannt. Schon vor mehr als fünfzig Jahren sind die Vertreter dieser Firma den Eroberungszügen der weißen Rasse gefolgt. Über zwanzig Jahre in Südafrika bekannt, in Sibirien berühmt, ehe nur der Gedanke der Legung eines Schienenwegs dort auftauchte und in China und Japan angekündigt und angepriesen, als ihre Bewohner kaum aus ihrem tausendjährigen Schlafe zu erwachen anfingen. Kaum hatte Admiral Dewey Manila eingenommen, so schickte auch schon die Firma Schlitz 216 Wagenladungen Bier dahin. In beiden Hemisphären erfreut sich heutzutage das Bier aus der Brauerei Schlitz in Milwaukee der gleichen Anerkennung und des gleichen Absatzes. In der Tat, das Schlitz-Bier war es, das der Stadt Milwaukee ihren Weltruf verschaffte.

In englischer Sprache lautet die Reklame:

Schlitz beer is the beer of civilization. Go to any part of earth where mankind values purity, and you will find Schlitz beer is the recognized pure beer. For fifty years the Schlitz agencies have followed white men's conquests. They are twenty years old in South Africa. Schlitz beer was famous in Siberia before a railroad was tought of. When Japan and China first began to awake, it was advertised in their newspapers. Almost as soon as Dewey captured Manila, 216 carloads of Schlitz beer were sent there. To-day Schlitz agencies so dot the globe, that when it is midnight at one it is noonday at annother.

[33] Der Fall Burns-Brune. Im März des Jahres 1902 durcheilte Neuyork die Schreckenskunde, daß im Glen Island-Hotel ein junger Mann von seiner Geliebten aus Eifersucht erschossen worden sei. Der Vorfall war natürlich ein angenehmer Bissen für die Sensationspresse Neuyorks. Trotzdem daß es offenkundig zu sein schien,

daß Florence Burns ihren Verehrer, Walter Brune, mit eigener Hand getötet hatte, schlug infolge von künstlicher Stimmungsmache die sogenannte öffentliche Meinung zum größten Teile zugunsten der Täterin um. Die Sensationspresse wurde von Korrespondenzen geradezu überschüttet, die darzulegen suchten, daß Florence Burns unmöglich die Täterin sein könne und der Tod des Walter Brune durch einen unglücklichen Zufall, vielleicht durch Selbstmord, herbeigeführt worden sei. Der Untersuchungsrichter stand ganz auf seiten der schönen Florence und wies alle Belastungszeugen als nicht einwandfrei ab. Der Gang der Untersuchung wie der Verhandlung war eine Komödie, und als Florence von der Anklage freigesprochen wurde, erscholl lauter Beifall im Auditorium, und die Angeklagte wurde von den zahlreich anwesenden Weibern und Mädchen beim Verlassen des Saales umarmt und mit Blumen überschüttet. Sie war in der Tat die Löwin des Tages. Zu bemerken ist noch, daß drei Pärchen, welche in demselben Hotel in kritischer Zeit sich eingemietet hatten, den Tatbestand genau kannten, aber weil sie Grund genug hatten, einer gerichtlichen Untersuchung auszuweichen — es waren nämlich drei verheiratete Männer mit drei fremden Eheweibern aus besseren Gesellschaftskreisen, — so stellten sie ihr Wissen in bewußter Angelegenheit als belanglos hin, und die Untersuchung bestand nicht energisch auf ihre Vernehmung, da die Aussagen genannter Personen nur belastend hätten sein können.

Im übrigen ist der Fall Florence Burns charakteristisch für einen großen Teil amerikanischer Gerichtsverhandlungen und gerichtlicher Untersuchungen.

[34] Schopenhauer und Spinoza. Liest man das philosophische Hauptwerk von Artur Schopenhauer „Die Welt als Wille und die Welt als Vorstellung“, so könnte man versucht sein zu glauben, die Erde wäre nichts als eine Stätte des Leidens, und das Leben hätte keinen anderen Zweck, als dieses Leiden fühlbar zu machen. Grau in grau malt er den Lauf des Menschenlebens, in das kein Lichtstrahl dringt, der geeignet wäre, dasselbe mit seinem Geschick zu versöhnen. Der einzige Lichtstrahl, der in die Seele des Menschen fällt, kann nur die Wirkung haben, daß er sich bewußt wird der traurigen Beschaffenheit der Welt, was ihn veranlassen muß, sich vom Leben wegzuwenden in der Erkenntnis, daß das Nichtsein dem Sein vorzuziehen sei. Eine düstere Philosophie, die zwar ohne Zweifel unter gewissen Verhältnissen ihre Berechtigung hat, jedoch in allgemeiner Form postuliert keineswegs gültig ist. Ganz anders die Philosophie von Baruch Spinoza. Sie bildet das interessante Gegenstück der Schopenhauerschen Philosophie. Nicht in der Resignation und im Wegwenden von den Anforderungen

des Lebens erblickt er die Aufgabe und den Zweck des Menschenlebens, sondern in einem tatkräftigen Mitwirken an aller Kulturarbeit. Die Erkenntnis hat nicht die Wirkung, daß der Mensch das Leben von sich zu werfen bestrebt sein wird, sondern sie ist allerhöchst notwendig, um die Menschen nach vernünftigen Grundsätzen handeln zu lassen, sagt er doch ausdrücklich: Es gibt kein vernünftiges Leben ohne Erkenntnis. Sein philosophisches Hauptwerk „Die Ethik“, ein wahrer Granitbau von Gedanken, zeigt unter einer meisterhaften Zergliederung der Begriffe, wie die schlechten „Affekte“ gezügelt und durch gute ersetzt werden können, von welch großem Vorteile es ist, wenn diese menschlichen Leidenschaften (Affekte) aus klaren Ideen entspringen, indem alsdann die Menschen das Wahre und Echte dem Scheine vorziehen, und wie endlich infolge der Zunahme der allgemeinen Erkenntnis der persönliche Egoismus zurückweicht und die allgemeine Gesittung (Zivilisation) vorschreitet.

[85] Amerikanische Literatur von dauerndem Werte. Neben der Pseudoliteratur, die Nordamerika überschwemmt, gibt es auch, was nicht bestritten werden soll, Werke und Schriften von bleibendem Werte. Hierzu zählen wir: das politische und sozialpolitische Werk „The Commonwealth“ von James Bryce, die geologisch- und physikalisch-geographischen Werke von J. Whitney und Shaler, die Geschichtswerke von Bancroft, Ridpath und Lossing, die ökonomischen Werke von Carey und H. George.

Von den Zeitschriften erwähnen wir als bemerkenswert: Mc Clure's Magazine, Harpers Weekly und Bazar, Scribner's Magazine, The North-American Review, The Review of Reviews, The Nation, Leslie's Weekly und The Cosmopolitan.

[86] Der Fall Roß an der Universität Palo Alto. Ein wie großer Mißstand es ist, wenn öffentliche Lehranstalten, die der allgemeinen Aufklärung und dem allgemeinen Wissen dienen sollen, von Privatpersonen gegründet, unterhalten und protegiert werden, zeigte der s. Z. viel Aufsehen erregende Fall Roß an der Universität Palo Alto in Kalifornien. Professor Roß hielt an der von dem verstorbenen Eisenbahnmillionär Stanford gegründeten Hochschule Vorlesungen über philosophische Gegenstände und unter anderem auch über Volkswirtschaft. Seine Darlegungen über den letzteren Gegenstand, insbesondere seine Stellungnahme zur Silberfrage, erregten in der Folge den Unwillen der Witwe des verstorbenen Eisenbahnmagnaten, der Frau Stanford, und es wurde nun das mehr „dienstbeflissene“ Lehrpersonal gegen ihn aufgehetzt, bis Professor Roß endlich, der Kabale und Intriguen müde, seine Stellung aufgab und in Lincoln, Staat Nebraska, eine Professur annahm. Der ganze Vorgang zeigte, wie an den von reichen

Privatpersonen unterhaltenen Schulen die „Lehrfreiheit“ aufzufassen ist. Diese Universitäten werden von Millionären gegründet — ergo sollen sie auch ihren Interessen dienen.

Einige Wochen nach dem Weggang des Professors Roß las ich auf einer Depeschentafel des San Francisco Bulletin die Worte: Prof. Ross declares this city to be inferior to that of Lincoln. Diese Minderwertigkeitserklärung von San Francisco gegenüber der Prärie-stadt Lincoln seitens des Professors Roß war natürlich an eine ganz andere Adresse gerichtet.

[37] Das Denkmal vor der Berkeley-Universität in Kalifornien. Ungefähr 16 km nordöstlich von San Francisco erhebt sich in malerischer Lage die Universität Berkeley, von wo aus man einen Ausblick über das Städtchen Berkeley und weiterhin über den Golf von San Francisco genießt. Wenn man von Berkeley den Weg entlang wandelt, der, durch einen schattigen Hain ziehend, uns den Universitätsgebäuden zuführt, so erblickt man nahe der Universität ein großes, steinernes Denkmal, das der Fremde anfänglich vermutlich für ein Standbild eines großen Gelehrten oder Staatsmannes hält. Wie groß ist aber sein Erstaunen, wenn er wahrnimmt, daß dieses Denkmal weder einer Zierde der Wissenschaft noch einer staatsmännischen Größe gewidmet ist, sondern nichts weiter darstellt als ein Erinnerungs-monument an einen Preiswettkampf im Fußballspiel, worin die Studentenschaft der Universität Berkeley als Sieger hervorgegangen war. Dieses Denkmal charakterisiert trefflich den Geist der amerikanischen Studentenschaft, die zu dem „Lawn-Tennis“, dem „Kricket“ dem „Fußballspiel“ und dem „Base ball“ weit mehr verwandtschaftliche Beziehungen fühlt und hegt als zu den ernsten und idealen Aufgaben der Wissenschaft.

[38] Über die Unbelesenheit der Menschen. Mehr als neun Zehntel der Menschen sind unbelesen, unbelesen in dem Sinne, daß sie mit wirklich lehrreichen Schriften und Büchern in keiner Weise vertraut sind. Die Lektüre von der gewöhnlichen Tagesliteratur, von Romanen und Novellen, Kalender und Bibel, die allerdings von neun Zehntel der Bevölkerung betrieben wird, führt nicht zu jener Art Belesenheit, wie wir sie im Sinne haben. Diese letztere Art Lektüre stumpft und flacht den Geist mehr ab, als sie ihn auffrischt und aufklärt. Wieviele Menschen gibt es unter den vielen Millionen, die heute leben, die einen Darwin oder Häckel, einen Spinoza oder Kant, einen David Hume oder Thomas Buckle, einen Effertz, K. Marx, oder Dühring, einen Büchner oder Moleschott und ähnliche lehrreiche und aufklärende Schriftsteller gelesen haben? Auch ganz populär gehaltene instruktive Schriften werden von der großen Masse nicht

gelesen. Aber mit einer Menschheit, die wenig Interesse an der Lektüre bildungsreicher Schriften zeigt, ist schwer vorwärts zu kommen.

[39] Menschenraub in San Francisco. Kommt da eines Abends ein Amerikaner in etwas angeheitertem Zustande in eine Kneipe in der Eaststraße, um noch ein „letztes" vor der Nachtruhe zu genehmigen. Da er gut gekleidet und eine goldene Uhrkette bei ihm sichtbar war, erregte er die Aufmerksamkeit der Anwesenden in der Matrosenkneipe, und auch der Wirt warf ihm einen forschenden Blick zu, der erkennen ließ, daß er bemüht war, den Fremden nach seinem Geldbestande einzuschätzen. Der Amerikaner, der aus Kentucky stammte, bemerkte nicht, wie einige der Anwesenden mit dem Wirte geheimnisvolle Blicke wechselten, er trank fleißig mehrere Biere und dazwischen einige Whisky, er merkte auch nicht, wie der Wirt ihm in eines der für ihn bestimmten Gläser ein Pülverchen (einen sog. „knock out") einschüttete. Den Fremden verließ bald das Bewußtsein, und als er erwachte, befand er sich in einem dunklen Raume. Anfänglich glaubte er irre oder seines Augenlichtes beraubt zu sein, als er aber an den Seitenwänden herumtastete und gleichzeitig unter seinen Füßen das Rauschen von Wasserwogen vernahm, wurde ihm allmählich klar, in welch furchtbarer Situation er sich befand. Der Sachverhalt war der: Als er durch den „Knock out"-Trunk betäubt war, wurde er in einen irgendwo im Hause befindlichen Nebenraum geschleppt, dort ausgezogen und geplündert, darauf in abgetragene Kleider gesteckt, und, immer noch in bewußtlosem Zustande, auf einen Karren verbracht, um an den Inhaber eines Walfischfängers ausgeliefert zu werden. Da der Walfischfänger schon eine beträchtliche Strecke von den Piers entfernt auf offener See lag, so konnte niemand die Hilferufe und das Angstgeschrei des im „Bunker" eingeschlossenen Gefangenen hören. Als das Walfischboot des anderen Tages seine Reise nach dem hohen Norden angetreten hatte, wurde der Geraubte aus seinem dunklen Verließ auf das Verdeck heraufgeholt, ihm Schiffskleider angezogen und ihm ohne weiteres die härtesten Schiffsarbeiten aufgetragen. Als der Amerikaner gegen den Raub protestieren wollte, erhielt er als Antwort einen schweren Faustschlag ins Gesicht, und es wurde ihm bedeutet, daß er bei weiteren Reklamationen das Schlimmste zu befürchten hätte. So mußte der Geraubte die mehrere Monate währende Reise des Walfischfängers unter Verrichtung der schwersten Arbeiten, grausamer Behandlung und schlechter Verköstigung durchmachen. Als das Boot vom Walfischfange nach einigen Monaten zurückkehrte, wurde er auf einem der Pier ausgesetzt und ohne Bezahlung entlassen. Seine Reklamationen und Anklageerhebungen halfen nichts: denn die Sache wurde so dargestellt, als wenn er in schwer betrunkenem Zustande ins

Wasser gefallen wäre und, nachdem er herausgefischt worden war, sich selbst dem Kapitän zu Dienstleistungen angeboten hätte. Da er keine Zeugen hatte, konnte er den wirklichen Sachverhalt nicht erhärten, und da er nun einmal als betrunken geschildert wurde, konnte er auch bei den durchweg temperenzlerisch angehauchten amerikanischen Richtern auf kein Erbarmen hoffen, denn im Gegenteil: der amerikanische Richter ist der Ansicht, daß wer betrunken ist, jeder Strafe sich schuldig gemacht hätte.

Derartige Fälle von Menschenraub kommen an gewissen Seeplätzen zur Stunde noch vor, doch nicht mehr so häufig wie früher, wo sie an der Tagesordnung waren.

40 Das Leben einer amerikanischen Proletarierin. Das Leben einer amerikanischen Proletarierin ist typisch für das Leben der Armut überhaupt. In ihrer schmucklos eingerichteten Wohnung, irgendwo im Hinterhaus in einem der obersten Stockwerke gelegen, von wo aus man kaum noch einen Fernblick auf den weit unten liegenden „pit floor" (Parterre) genießt, dürftig eingerichtet, erblickt man nur kahle Wände, und ihr ganzer Haushalt, ihr „outfit" beschränkt sich auf Kompetenzstücke, d. h. solche Gegenstände, die ihr nicht gepfändet werden können. Ihr Leben ist ausgefüllt mit einem fortwährenden Kampf um die Bestreitung des notwendigsten Lebensunterhaltes. Ist sie eine „engagierte" Person, so ist sie der Dauer ihrer gering bezahlten Beschäftigung nie sicher und, einmal arbeitslos, sieht sie sich auf die unterste Stufe der sozialen Leiter herabgedrückt. Sie macht keine Überschüsse, kann daher nicht wie eine Millionärin gütig und mildtätig sein oder Stiftungen machen, denn hierzu reichen ihre aus produktiven Arbeitsleistungen gewonnenen Einkünfte nicht hin. Sie weiß nichts zu erzählen von einer Badesaison. Zwar wimmelt es in den Badezeitungen von „Miss" und „Mrs.", aber trotz allen eifrigen Suchens kann man unsere Proletarierin darunter nicht finden. Sie spielt keine Rolle in der Gesellschaft, gehört nicht zur „society", kann natürlich auch keine Führerin in der Temperenzbewegung, noch viel weniger ein großes Kirchenlicht sein, denn ihre Mitgliedschaft, weil sie mittellos, hat keinen Wert für die Interessen der Kirchengenossenschaft.

Während nur eine Grille einer Millionärin von den Zeitungen weitläufig erörtert und als eine große Wichtigkeit behandelt wird, kümmert sich niemand um das Schicksal der Proletarierin, keine Zeitung nimmt Notiz von ihr, und wie sie unbekannt, von einem harten Los niedergedrückt, durchs Leben ging, so scheidet sie auch aus dem Leben, wenn sie auch das Bewußtsein in sich getragen hat, ein nützliches Mitglied der menschlichen Gesellschaft gewesen zu sein.

[41] Das Leben einer amerikanischen Millionärin. Die amerikanische Millionärin kennt nur die Sonnenseiten des Lebens, und was ihre Entschlüsse etwa zweifelhaft macht, ist nur die Frage, welcher Seite des Genußlebens sie sich zuwenden will. Ihre Wohnung oder besser ihre Wohnungen sind fürstlich und mit viel Luxus, an orientalische Pracht erinnernd, ausgestattet, und in der engeren Lebensweise zeigt sie denselben überfeinerten Geschmack und luxuriösen Aufwand. Die gewöhnlichen Sorgen des Lebens kennt sie nicht, und soweit sie vom Hörensagen vom Kampf ums Dasein weiß, hat sie doch aus Mangel an Erfahrung nicht das geringste Verständnis hierfür. Ihre einzige Sorge, die ihr Leben ausfüllt, ist die Sorge dafür, wie sie am besten ihren Kaprizen, Passionen und Grillen Rechnung tragen kann. Sie ist umschwärmt von Anbetern, die bloß ihre Tugend und Schönheit kennen, aber keine Mängel an ihr zu entdecken vermögen. Da sie nur Schmeicheleien hört, ist sie verwöhnt und kapriziös, eitel und selbstgefällig. Sie hört kein Wort der Kritik, vernimmt nie Worte, die ihrem Eitelkeitsbedürfnisse nicht zusagen. Sie ist natürlich eine große Temperenzlerin, Mitglied von einer Women Temperance Union, auch ein großes Kirchenlicht, irgendeiner Methodisten- oder Presbyterianer-Religionsgenossenschaft zugehörig. Sie liebt, in der Öffentlichkeit viel genannt zu werden, daher macht sie Stiftungen, ist „gütig" und „mildtätig". Dabei wird sie nicht müde, aus dem goldenen Becher des Mehrwerts der Arbeit zu schlürfen, und ehe die Sonne zum Vesperus neigt, hat sie schon mehr für ihren persönlichen Kosten- und Luxusaufwand konsumiert, als zehn Spinnerinnen in Lowell oder Paterson das ganze Jahr hindurch verdienen können.

Bei allen Soireen und in jeder Saison, besonders in der Badesaison, spielt sie eine große Rolle. Sie verkehrt natürlich nur in den „feinsten" Gesellschaftskreisen, besorgt ihre Einkäufe nur an solchen Verkaufsstellen, wo sie sicher ist, von proletarisch angehauchten Existenzen verschont zu sein. Bei jedem Anlasse, der ihre werte Person betrifft, wie Geburtstagsfeier, Verlobungsfeier usw. wird sie von Gratulationsschreiben geradezu überschüttet, als wenn ihre reiche, ihr ebenbürtige Umgebung nur von dem einen Wunsche beseelt sei, ihr zu zeigen, wie neidlos jedermann ihrem Wohlsein gegenüberstehe und wie wohlverdient ihr Glück sei! Um ihren Reichtum äußerlich anschaulich zu dokumentieren, ist sie nicht bloß Besitzerin einer Villa, sondern von mehreren, ist ständige Inhaberin von großen Hotelappartements, womöglich in verschiedenen Weltteilen, ist Besitzerin einer Jacht, Mieterin erstklassiger Dampferkabinen usw.

So geht die amerikanische Millionärin durchs Leben, ohne das Leben selbst auch nur im geringsten nach seinen reellen Anforderungen hin kennen zu lernen, und trotzdem schmeichelt sie sich am Schlusse mit der falschen Meinung, für die Welt segensreich gewirkt zu haben!

[42] Der Baltimore „Morning Herald" und die Kunstpause. An dem Tage, als Prinz Heinrich auf seiner Amerikatour Baltimore berührte, und auf dem Union Bahnhof der Pennsylvania-Bahn die Ehrenbezeigungen der Vertreter der Stadt entgegennahm, brachte der Morning Herald das Bild des Prinzen, bunt koloriert aufgetragen, und dabei einen mehrere Spalten füllenden, in begeisterten Worten gehaltenen Artikel, von dem man hätte glauben können, er wäre in irgendeinem hochoffiziösen deutschländischen Redaktionsbureau entstanden. Das Ganze sollte natürlich nur der Sensation und der Geschäftsreklame dienen. Wie es um die Aufrichtigkeit des Morning Herald bei seinen Ergüssen bestellt war, merkte man bald, wenn man vier Seiten umschlug und dort einen zweiten Artikel, der die Anwesenheit des Prinzen behandelte, durchmusterte. In diesem zeigte sich die wahre Natur der gelben Presse, wovon auch der Morning Herald ein Vertreter ist. Der Artikel behandelte die Kunstpause, die entstanden war, als die Empfangsformalitäten vorüber waren und zur Abfahrt des Zuges noch zehn Minuten Aufenthalt erübrigten. Er betrachtete die Zwischenpause als eine für den Prinzen wie für sein Gefolge höchst peinliche Situation und sprach in abfälliger Weise über die Verlegenheit, welche durch die Kunstpause für die Gäste entstanden war. Er war unverfälscht aus dem Herzen der gelben Presse geschrieben und viel aufrichtiger als die auf der ersten Seite stehenden Begrüßungsworte.

Alphabetisches Namen- und Sachregister.

(Die den Worten beigefügten Ziffern weisen auf die Seitenzahl hin.)

Zeitfracht Medien GmbH
Ferdinand-Jühlke-Straße 7
99095 Erfurt, Deutschland
produktsicherheit@kolibri360.de